図解 三国志

No.031

藤井勝彦 著

新紀元社

はじめに

　吉川英治版『三国志』や三好徹版『興亡三国志』、横山光輝版コミック『三国志』など、日本で三国志と呼ばれる書物の多くは、ご存知のように元～明代の作家・羅貫中が著した『三国志演義』をもとにしたものです。これは、晋代の史家・陳寿が著した正史『三国志』を参考にしながらも、その後1000年もの長きにわたって語り継がれてきた伝承や講談話を随所に盛り込んで、臨場感あふれる物語へと作り替えられたもの。事実を記載した歴史書ではなく、小説であるところに大きな特色があります。小説である以上、嘘が紛れ込んでいることを頭に入れておく必要があるのです。

　清代の史学者・章学誠が「7分の事実、3分の虚構」と看破したように、史実とは異なる虚構、つまり嘘が『三国志演義』の場合は3割も紛れ込んでいるのです。正史『三国志』の淡々とした文面、そして盛り上がりのなさに辟易とした羅貫中が、読者の心をわしづかみにしようと、大仰な作り話を割り込ませて、ワクワクするような物語を作り上げてしまったのです。

　確かに『三国志演義』はおもしろい。ほどよいタイミングで、読者の心をグイッとつかんで離さない筆使いの絶妙さにも、ほとほと感心させられてしまうものです。でも、実はこのことが、三国時代の真の姿を知ろうとするのに、大きな障害となっていることも事実です。英雄談義に心躍らされているだけでは、その時代に生きた人々の苦悩や生き様を知ることができず、かえって誤解を生むだけなのです。

　ドラマチックな演出に心躍らされる『三国志演義』の名場面の多くが、実は嘘で塗り固められたもの。その事実を知らされることは、三国志ファンにとっては夢が破れるようで悲しいかもしれませんが、真摯な態度でこの時代のことを理解するには、それも必要なことだといえるでしょう。

　本書は正史『三国志』と小説『三国志演義』を対比させながら、その違いを明確にしようとしたものです。気になる雑学的な話題も盛り込み、『三国志演義』によって生み出されてしまった虚構にスポットを当て、なるべく史実に近いかたちでこの時代をとらえられるよう工夫したものです。改めてこの時代を見つめ直す、その参考となれば幸いです。

　　　　　　　　　　　　　　　　　　　　　　　　　　　藤井　勝彦

目次

第1章 『三国志演義』のあらすじ 7

- No.001 『三国志演義』とは ― 8
- No.002 桃園の宴 ― 10
- No.003 董卓の横暴 ― 12
- No.004 三英、呂布と戦う ― 14
- No.005 孫堅の最期 ― 16
- No.006 呂布、董卓を殺害 ― 18
- No.007 曹操、軍を起こす ― 20
- No.008 太史慈、小覇王と戦う ― 22
- No.009 呂布の最期 ― 24
- No.010 曹操、英雄を論じる ― 26
- No.011 関羽、千里単騎で走る ― 28
- No.012 小覇王・孫策の死と孫権登場 ― 30
- No.013 「官渡の戦い」 ― 32
- No.014 劉備、檀渓を越ゆ ― 34
- No.015 劉備、「三顧の礼」をもって伏竜を得る ― 36
- No.016 孔明、博望坡で兵を用う ― 38
- No.017 趙雲、単騎主を救う ― 40
- No.018 張飛、長阪橋で目を怒らす ― 42
- No.019 孔明、箭を借りる ― 44
- No.020 黄蓋、「苦肉の計」を用う ― 46
- No.021 孔明、七星壇で東南の風を呼ぶ ― 48
- No.022 関羽、義をもって曹操を放つ ― 50
- No.023 劉備、益州を領す ― 52
- No.024 張遼、逍遙津で威を振るう ― 54
- No.025 劉備、漢中王となる ― 56
- No.026 関羽、麦城に死す ― 58
- No.027 姦雄・曹操、死す ― 60
- No.028 劉備、彝陵に猛威を振るう ― 62
- No.029 劉備、永安宮に崩御す ― 64
- No.030 孔明、七たび孟獲を禽とす ― 66
- No.031 孔明、泣いて馬謖を斬る ― 68
- No.032 巨星、落つ ― 70
- No.033 後主、ついに玉璽を放つ ― 72
- No.034 孫晧、晋帝に稽首す ― 74
- コラム 三国志紀行①
  動乱の世から群雄割拠の時代へ ― 76

第2章 正史『三国志』の内容 77

- No.035 正史『三国志』とは ― 78
- No.036 魏書「武帝紀」第1 ― 80
- No.037 魏書「文帝紀」第2／「明帝紀」第3／「三少帝紀」第4 ― 82
- No.038 魏書「董二袁劉伝」第6 ― 84
- No.039 魏書「呂布臧洪伝」第7 ― 86
- No.040 魏書「二公孫陶四張伝」第8 ― 88
- No.041 魏書「諸夏侯曹伝」第9 ― 90
- No.042 魏書「荀彧荀攸賈詡伝」第10 ― 92
- No.043 魏書「張楽于張徐伝」第17 ― 94
- No.044 魏書「二李臧文呂許典二龐閻伝」第18 ― 96
- No.045 魏書「王毋丘諸葛鄧鍾伝」第28 ― 98
- No.046 魏書「烏丸鮮卑東夷伝」第30 ― 100
- No.047 魏書 その他 ― 102
- No.048 蜀書「劉二牧伝」第1 ― 104
- No.049 蜀書「先主伝」第2 ― 106
- No.050 蜀書「後主伝」第3 ― 108
- No.051 蜀書「二主妃子伝」第4 ― 110
- No.052 蜀書「諸葛亮伝」第5 ― 112
- No.053 蜀書「関張馬黄趙伝」第6 ― 114
- No.054 蜀書「龐統法正伝」第7 ― 116
- No.055 蜀書「蔣琬費禕姜維伝」第14 ― 118
- No.056 蜀書 その他 ― 120
- No.057 呉書「孫破虜討逆伝」第1 ― 122
- No.058 呉書「呉主伝」第2 ― 124
- No.059 呉書「三嗣主伝」第3 ― 126
- No.060 呉書「妃嬪伝」第5 ― 128

目次

- No.061 呉書「張顧諸葛歩伝」第7 — 130
- No.062 呉書「周瑜魯粛呂蒙伝」第9 — 132
- No.063 呉書「程黄韓蔣周陳董甘淩徐潘丁伝」第10 — 134
- No.064 呉書「陸遜伝」第13 — 136
- No.065 呉書 その他 — 138
- コラム 三国志紀行②
  諸葛亮登場から「赤壁の戦い」へ — 140

第3章 『三国志演義』と正史『三国志』 141

- No.066 『三国志演義』と正史『三国志』 — 142
- No.067 劉備は有徳の人だったのか? — 144
- No.068 曹操は姦雄だったのか? — 146
- No.069 諸葛亮は本当に天才軍師なのか? — 148
- No.070 『三国志演義』に登場する架空の人物たち — 150
- No.071 羅貫中によって死因を変えられてしまった英傑たち — 152
- No.072 反董卓連合軍は結集して虎牢関で戦ったのか? — 154
- No.073 単刀赴会でしどろもどろだったのは魯粛ではなく関羽 — 156
- No.074 呂伯奢殺害事件の真相 — 158
- No.075 「天下三分の計」の発案者は魯粛だった!? — 160
- No.076 「空城の計」を実践したのは諸葛亮ではなく趙雲だった — 162
- No.077 「官渡の戦い」で曹操は決して寡勢ではなかった — 164
- No.078 「三顧の礼」はなかった!? — 166
- No.079 「赤壁の戦い」で船に火を点けたのは曹操だった!? — 168
- No.080 黄蓋の「苦肉の計」は作り話だった — 170
- No.081 「赤壁の戦い」に諸葛亮は参加しなかった!? — 172
- No.082 魏延は反逆者ではなかった!? — 174
- No.083 文醜を斬ったのは関羽ではない — 176
- No.084 張飛が長坂橋の上で仁王立ちしたのはウソ — 178
- No.085 「博望坡の戦い」に諸葛亮は参加していなかった — 180
- コラム 三国志紀行③
  三国鼎立から諸葛亮最後の戦いの舞台へ — 182

第4章 雑学 183

- No.086 三国志から生まれた故事成語 — 184
- No.087 三国時代の武器と武具 — 186
- No.088 『三国志演義』の計略 — 188
- No.089 曹操はツァオツァオ — 190
- No.090 関羽は神として祀られている — 192
- No.091 英雄たちの子孫が暮らす村がある — 194
- No.092 三国時代には曹操は死んでいる? — 196
- No.093 三国時代の人物相関図に見る意外な繋がり — 198
- No.094 劉禅は暗君ではなかった!? — 200
- No.095 「後出師の表」は偽物? — 202
- No.096 人口変遷から見えてくる三国時代のお国事情 — 204
- No.097 『三国志演義』に見る超能力者たちの能力比べ — 206
- No.098 『三国志演義』を彩った美女、猛女、醜女たち — 208
- No.099 日本での三国志ブームの変遷 — 210
- No.100 5か所もある「赤壁の戦い」の舞台、本物はどこ? — 212
- No.101 張飛が主役の三国志があった — 214
- No.102 正史『三国志』の記述の不正確さが邪馬台国論争を巻き起こした — 216
- No.103 魏呉蜀三国の国力比較 — 218
- No.104 英傑たちの身体測定 — 220

索引 — 222
参考文献 — 226

第1章
『三国志演義』のあらすじ

No.001
『三国志演義』とは
『三国志演義』全120回

明代の小説家・羅貫中が記した『三国志演義』は、蜀の劉備を中心に、軍師の孔明、武将の関羽や張飛らが八面六臂の活躍を見せる、壮大な歴史小説である。

●「7分の事実、3分の虚構」といわれた歴史物語

『三国志演義』は、『水滸伝』『西遊記』『金瓶梅』と並んで、**中国四大奇書**のひとつとされる歴史物語である。明代の小説家・**羅貫中**（生没年不明／1330～1400年ごろ）が、それまで語り継がれてきた三国志にまつわる講談や芝居、語り物などを再構成し、ひとつの歴史小説としてまとめたものが『三国志演義』だ。それまで流布してきた伝承や説話には荒唐無稽な話も多かったため、羅貫中はこれらを是正し、正史『三国志』と裴松之が加えた注釈を参考にしながら、後世まで読むに堪えうる壮大な歴史小説に仕上げた。

小説なので、清代の史学者・章学誠（1738～1801）が「7分の事実、3分の虚構」と評したように、3割もの創作が加わっている。関羽が青竜偃月刀の一振りで袁紹配下・文醜の首を討ち取る話、張飛が長阪橋に仁王立ちになって大喝するや、夏侯傑が落馬して曹操以下魏の大将たちが逃げ惑う話、「赤壁の戦い」において孔明が奇門遁甲の術で東南の風を呼び起こす話など、いずれも正史『三国志』には記載がない。『三国志演義』のなかで、曹操や孫策が関羽や于吉に呪い殺されたり、孔明が東南の風を巻き起こしたりする話などは作り話と予想できるが、史実では病死した張遼が「広陵の戦い」において丁奉の矢を受けて死んだことになっていたり、249年まで生きていた呉の武将・朱然が「彝陵の戦い」で趙雲に殺されてしまったりなど、史実としては「間違い」といえる話が点在している点には注意しておきたい。

また、魏を正統とする正史と違い、蜀を正統とする視点で描かれる『三国志演義』では、主人公は蜀の劉備であり、それを取り巻く軍師・孔明、武将の関羽や張飛らが八面六臂の活躍を見せる。**劉備は善玉、曹操は悪玉**との立場に立ち、劉備は「弘毅寛厚」（心が広くて温厚なこと）「徳の人」、曹操は悪知恵が働く「悪逆非道の姦雄」として描かれるのも大きな特徴だ。

『三国志演義』のルーツ

明代の小説家・羅貫中が記した『三国志演義』のルーツは、多岐に渡っていた。

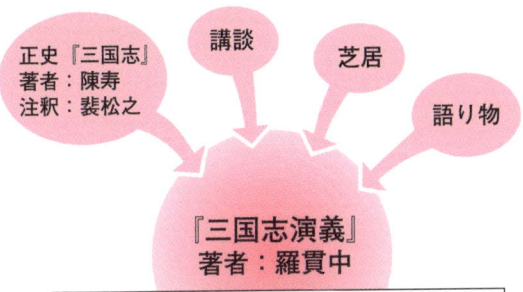

『三国志演義』配役の基本コンセプト

最大の特徴は、劉備が善玉、曹操が悪玉であることだ。

関連項目

●劉備は有徳の人だったのか？→No.067　●曹操は姦雄だったのか？→No.068

No.002
桃園の宴
『三国志演義』第1回

黄巾賊討伐の義兵を募る高札の前で張飛と意気投合した劉備は、村の酒屋で関羽とも出会う。志を同じくする者同士、固い絆で結ばれようとする3人。その契りの儀式やいかに？

●劉備、関羽、張飛の3人が、同志の出会いを喜び合う

「蒼天已に死し、黄天当に立つべし」のスローガンを掲げた黄巾賊が、今にも漢王朝を滅ぼさんと勢い込んでいた時代。黄巾賊討伐の義兵を募る高札の前に、ひとりの英雄が現れた。身の丈7尺5寸(172.5cm)、耳は肩まで垂れ下がり、手は膝下まで届くという異形の男、中山靖王・劉勝の末孫、漢の景帝陛下の玄孫、姓は劉、名は備、字は玄徳その人である。没落し草鞋売りになっているが、れっきとした漢王朝の末裔で、このとき28歳。高札を前に思わずため息を漏らす。そのとき背後から「国のために働こうともしないで、ため息をつくとは何事か！」と喚き声がした。身の丈8尺(184cm)、豹のごとき頭に、つぶらな目と虎のごとき髭を蓄える異様な風采の男、張飛である。「賊を平らげようとは願うものの、力足りぬことを嘆いていたのだ」との劉備の返答に、「ならば、ともに旗揚げしようではないか」と気勢を上げる張飛。ふたりは意気投合し、村の酒屋で酒を酌み交わす。そこへ今度は、身の丈9尺(207cm)もの偉丈夫が登場。顔は棗色、切れ長の目と太く濃い眉という形相の人、関羽である。関羽も賊討伐の兵に加わらんとの志を打ち明け、志を同じくする者同士の出会いを皆大いに喜んだ。

●張飛の屋敷裏の桃園で義兄弟の契りを結ぶ

あくる日3人は、張飛の屋敷裏にある桃園で**「同年同月に生まれんことは得じとも、願わくは同年同月同日に死せん」**と誓い、天地の神を祀り、劉備を兄、関羽を次兄、張飛を弟として、義兄弟の固い契りを結ぶ。酒席を設け、勇士を募って痛飲し、そこに偶然通りかかった豪商・張世平から軍資金を得て、武器や鎧兜を調える。そして、総勢500余もの兵を率いて校尉・雛靖のもとへと出頭し、以降、黄巾賊討伐の一軍として、華々しい活躍ぶりを見せていくのである。

劉備、関羽、張飛の身体測定

3人は異様な風体の男たちであった。

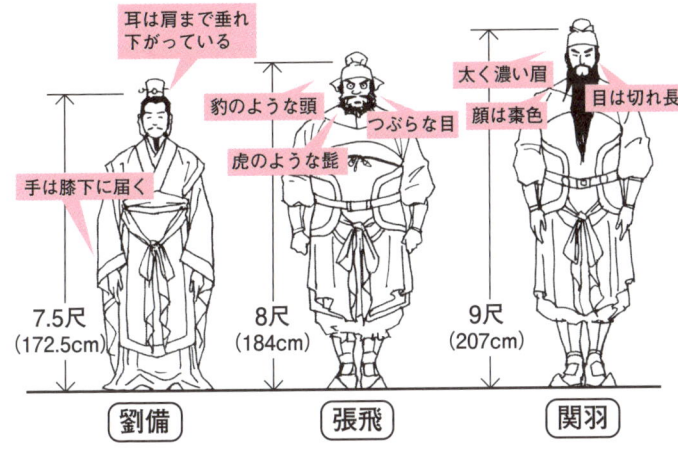

3人の出会いと桃園の契りまでの流れ

意気投合した3人が、桃園で義兄弟の契りを結んだ。

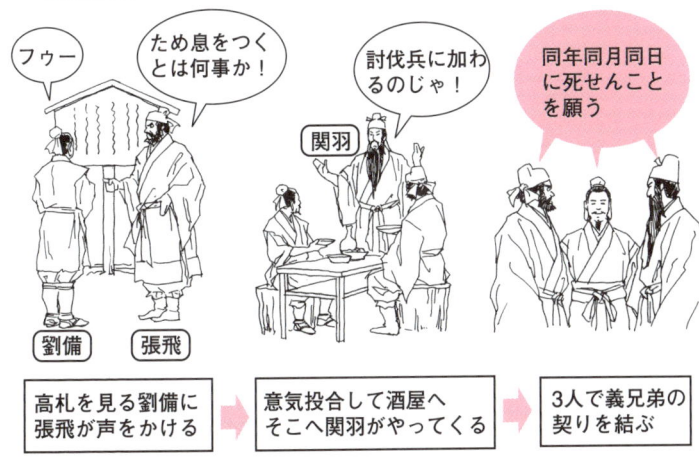

関連項目

●英傑たちの身体測定→No.104

No.003
董卓の横暴
『三国志演義』第4回、第8回

宮廷内では、外戚・何進が宦官に殺されて内紛が発生し、少帝が宮殿から脱出していた。西涼刺史・董卓は、死の直前の何進から要請を受け、洛陽へと救援に向かっていた。

●少帝を引きずり降ろして、弟・陳留王を帝位に就ける

董卓は、陳留王とともに逃避行を続けていた**少帝**の身柄を拘束し、洛陽へと凱旋する。そして、何進の配下をことごとく手中に収めて宮中での実権を握ると、そこから董卓の暴挙が始まった。まず、少帝を帝位から引きずり降ろして弘農王とし、その弟・**陳留王**を帝位に就け、弘農王を永安宮に押し込めた末、鴆毒を盛った酒を無理やり飲ませて殺害。太后をも、楼上から突き落として殺してしまう。それからというもの、夜ごと宮中に押し入っては女官たちを犯し、天子の床にはべるなど勝手気ままな行動に出る。

ある日、外出先でたまたま村祭りに遭遇した董卓は、居並ぶ男たちをことごとく殺害して首を刎ね、車に1000余もの首をぶら下げて、賊を討ち取ってきたといいふらしたという。また、女や金目のものも略奪し、兵士たちに分け与えてしまうなどの惨状が続いた。

●宴席で数百人の捕虜を惨殺

横暴な董卓を成敗しようと気勢を上げていた孫堅が殺害されてしまう(第7回／16ページ)と、董卓はひとまず自身の安全が確保されたと安心し、贅の限りを尽くし始める。25万人もの人民を動員して、長安から250里(約100km)離れた郿に城を築き、20年分の食糧を蓄え、美女800人のほか、黄金、珠玉、絹布、真珠などを集めて、家族とともに暮らした。

あるとき、北地郡で捕らえた捕虜数百人が護送されてきたことがあった。董卓は、宴席の最中に彼らを引き入れ、手足を斬り、目をえぐり、舌を抜き、さらには大鍋で煮殺すなどの蛮行を繰り返している。これを見た百官たちが皆恐れおののくなか、董卓ひとりが悠然と飲み食いし、談笑し続けたといわれる。しかし、こうした董卓の横暴も、そう長くは続かなかった。司徒・王允が、密かに董卓暗殺へと動き始めたからである。

董卓の横暴の数々

宮中で我が物顔に振る舞う董卓の悪行リスト。

董卓の捕虜虐殺シーン

百官たちが集まる宴席で、数百人の捕虜が虐殺されていった。

関連項目
● 魏書「董二袁劉伝」第6 → No.038

No.004

三英、呂布と戦う

『三国志演義』第5回

陳留王を献帝に押し上げて傀儡とし、自らが皇帝のごとく振る舞って横暴の限りを尽くす董卓。これを見かねた曹操は、ついにこれを討とうと動き始める。

●「人中の呂布、馬中の赤兎」と称えられた勇姿

君を殺害し、横暴の限りを尽くす董卓を討たんと、曹操は各地の諸侯に向けて檄文を発する。これに応えて、袁紹、袁術、公孫瓚、孫堅、馬騰ら17人の太守や刺史が、各々数万の兵を引き連れ、洛陽を目指して進軍を開始した。対する董卓は、李傕と郭汜に兵5万を授けて氾水関を守らせ、自らは15万もの兵を率いて、呂布らとともに虎牢関を守る。

公孫瓚ら諸侯8軍が陣を構えると、呂布が鉄騎3000を率いてこれを迎え撃つ。その出で立ちは、紅の錦の戦袍の下に獣面呑頭模様の鎧を纏い、日に1000里を走るという名馬・赤兎馬にうち跨るという勇壮さ。これが「**人中の呂布、馬中の赤兎**」といわれる所以である。

●張飛に続いて、関羽と劉備も加勢

河内の名将・方悦に続いて、穆順や武安国などが呂布に打ちかかっていくが、いずれも数合も矛を交えないうちに、あっけなく討ち取られていく。公孫瓚自らも槊を手に打ち向かうが、これも数合もしないうちにかなわないと逃げ出す。呂布が背中に追いすがって心臓を一突きしようとしたそのとき、横合いから現れたのが、まん丸の目を怒らせ、虎のような髭を逆立てた張飛である。しかし、1丈8尺の矛を手に打ちかかるも、50合火花を散らしても勝負がつかない。そこへ、82斤もの青竜偃月刀を振るって、関羽が挟撃に現れる。3頭の馬が入り交じって打ち合うものの、まだ呂布を倒すことができない。劉備もたまりかね、雌雄二振りの剣を振るって加勢に出る。さすがに3人が相手ではかなわないと、呂布は劉備目がけて戟を突き出すと見せかけ、劉備が身をかわす隙に馬首を返して逃げ出していく。

こうして呂布が敗走すると、董卓は戦いをやめて洛陽へ撤退し、都に火をかけて、民を引き連れ**長安**へと逃亡してしまう。

絢爛豪華な呂布の出で立ち

「人中の呂布、馬中の赤兎」と称えられた華やかさ。

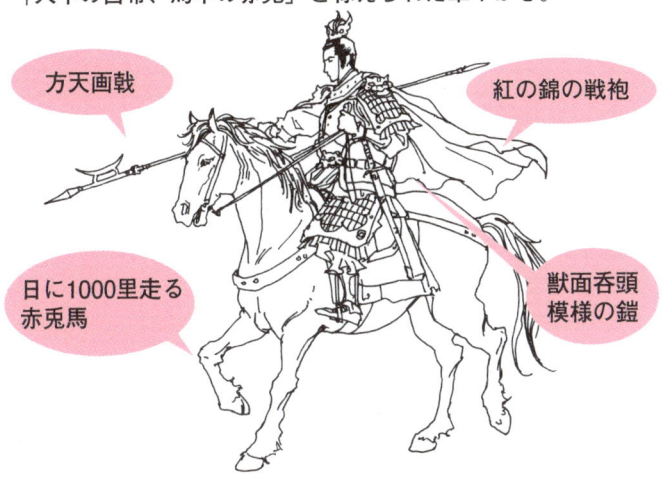

三英と呂布の戦い名場面

猛将・呂布に、張飛、関羽、劉備が次々と打ちかかっていく。

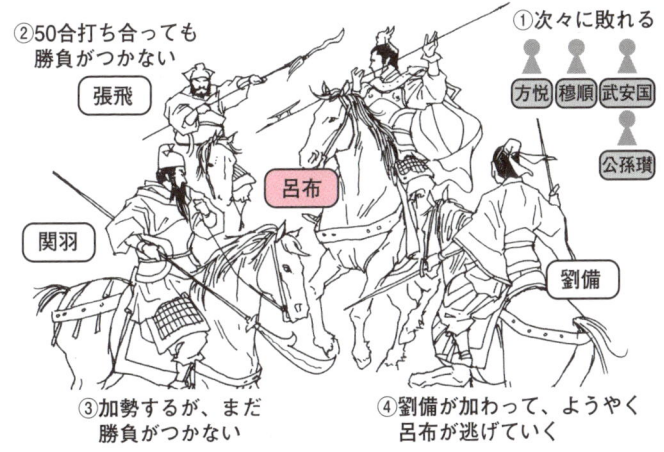

関連項目

●英傑たちの身体測定→No.104

No.005
孫堅の最期
『三国志演義』第7回

董卓が洛陽から長安へ都を移してさらに権勢を誇っていたころ、各地の群雄たちは連合軍を解散し、互いに勢力を争った。劉表と敵対した袁術は、孫堅を使って劉表の攻撃に向かわせる。

●孫堅軍が、襄陽城に籠城する劉表軍を取り囲む

　大船を率いて劉表討伐へ向かった孫堅に対して、劉表は黄祖に先鋒を命じてこれにあたらせた。黄祖は、長江の岸に弩や弓手を潜ませ、孫堅の船団が近づくや、一斉に矢を射始める。しかし、矢は船に突き刺さるだけで、孫堅軍の兵士たちに損害を与えることはなかった。船に刺さった矢を引き抜いて数えてみると、10数万本にも達したという。この矢を用いて孫堅軍が反撃を開始すると、岸辺の黄祖軍はたまらず退却していった。孫堅は黄蓋に船を守らせ、自らが兵を率いて黄祖を追撃する。黄祖が敗軍をまとめて劉表に目通りするや、劉表は蔡瑁に1万余の兵を率いさせ、襄陽城外の峴山に布陣させた。これを追って孫堅が進撃してくると、蔡瑁は馬に跨り躍り出す。孫堅の武将・程普が鉄脊の矛を小脇に抱えてこれと対戦すると、蔡瑁は数合もせぬうちに、かなわないと襄陽城へ逃げ込んだ。孫堅は、軍を四方に分けて城壁を取り囲み、今にも攻め滅ぼさんと意気込んでいく。

●孫堅、蒯良の計略にはまり、石矢を浴びて憤死す

　一方、守りを固める襄陽城中では、蒯良が孫堅を討とうと一計を案じる。呂公に500騎を与え、囲みを破って峴山へと駆け込ませ、孫堅を伏兵が待ち構える場所へと引き込んでいくのだ。これにまんまとはめられた孫堅は、諸将を呼び寄せることもせず、30騎あまりを引き連れて後を追う。孫堅が先駆けしてただ一騎となったところで、呂公は馬首を返して孫堅に立ち向かってくる。ただ1合交えただけで、山上へと逃げていく呂公。これを追って孫堅が山頂へ駆け上ろうとしたそのとき、突如銅鑼の音とともに、山上からどっと大石が降り注ぎ、林のなかから雨あられと矢が飛んでくる。哀れにも孫堅は、全身に石と矢を浴びて、あっけなく絶命してしまうのである。享年37歳という若さであった。

孫堅の劉表攻撃の前哨戦

孫堅が劉表討伐に向かうと、劉表は黄祖や蔡瑁を繰り出して応戦してくる。しかし、戦局は孫堅に有利であった。

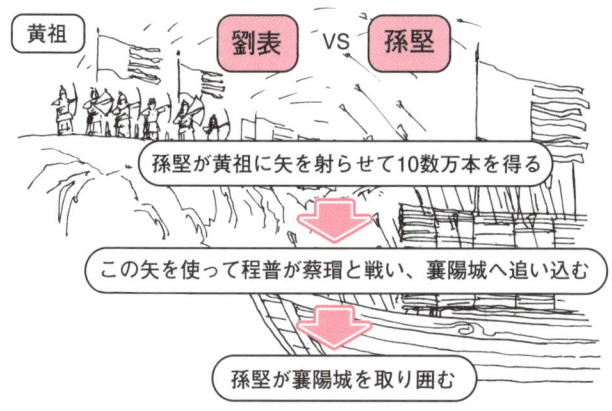

孫堅の最期

呂公に引き込まれて山上へと向かう孫堅。しかし、そこには伏兵が待ち構えていた。

関連項目

●呉書「孫破虜討逆伝」第1→No.057

No.006
呂布、董卓を殺害
『三国志演義』第8回、第9回

暴君・董卓の横暴さに心を痛めていた司徒・王允。これに対して、王允に娘のように可愛がられていた歌姫・貂蝉は、自らの身を犠牲にすることを申し出る。そして王允は、呂布を使う策略を仕かける。

●王允が「美女連環の計」で呂布の取り込みに成功

　新しい都・長安でも横暴を重ねる董卓を見かねた司徒・王允は、館の歌姫・貂蝉を董卓の護衛にあたる呂布に近づけて、董卓暗殺を企てようとする。ふたりに美女をあてがって敵対させるという「**美女連環の計**」である。「呂布に貂蝉を嫁がせると見せかけて、その実、董卓へあてがう。呂布は怒り心頭に発して、董卓に刃を向ける」というシナリオである。呂布は、この王允の策にまんまとはまり、ついに董卓暗殺を決意するのである。

●国賊・董卓の哀れな最期

　董卓暗殺の意を決したとはいえ、猛将・呂布といえども、豪腕で用心深い董卓を仕留めるのは容易ではなかった。そこで王允は一計を案じ、董卓を政にかこつけて長安の宮殿に呼び出し、呂布ともども潜ませていた兵に襲わせることにした。王允の意を汲んだ騎都尉・李粛が董卓のいる郿へ向かい、天子が御位を董卓に譲るという偽の詔を伝えると、董卓は喜び勇んで長安へやってくる。途中、乗っていた車の車輪が折れるなど不吉なことが相次いだが、その都度、李粛がいい兆しと取り繕って、董卓を安心させている。

　翌朝、董卓が宮中へ赴くと、李粛は供の兵士を北掖門の外にとめ置いて、なかに入る。ここで董卓は、王允らが皆宝剣を手にしているのを見て「何事じゃ？」と李粛に問うが、李粛は答えない。そこをすかさず王允が「国賊ぞ！出合え！」と叫ぶや、100人ばかりの兵が一斉に戟や槊を手に突いてかかる。董卓が慌てふためいて「奉先はおらぬか？」と呂布を呼ぶと、呂布は車の後ろから躍り出て「逆賊め、覚悟しろ」といい放つと同時に、戟で喉を突き刺し、さらに李粛が首を掻き切ってしまう。呂布が詔を高々と掲げて「逆賊董卓を討ち取ったり」と叫ぶと、居並ぶ兵士や役人らは、皆こぞって万歳を唱えた。

「美女連環の計」の相関図

王允は、歌姫・貂蝉を呂布に嫁ぐよう仕向けておきながら董卓にあてがい、ふたりが対立するように仕向けていく。

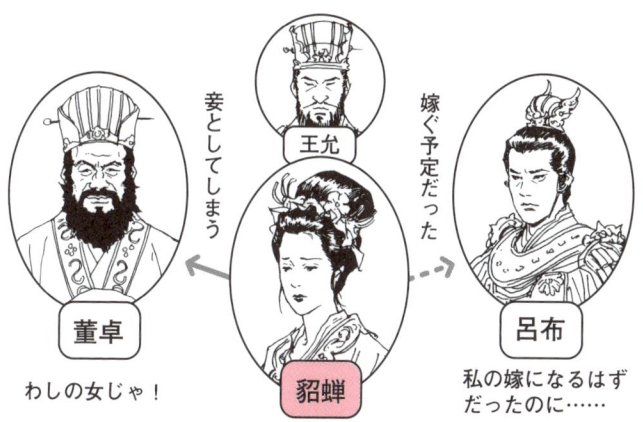

董卓暗殺シーン

宮中へとおびき出された董卓は、兵を門の外へ置いたまま、なかへと入っていく。そのとき、王允らが宝剣を手に躍りかかっていく。

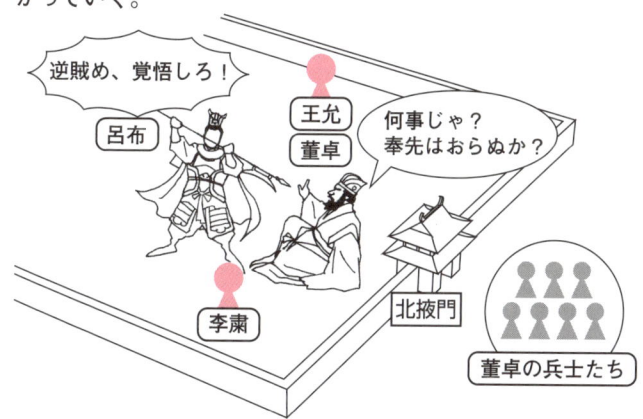

関連項目

●魏書「董二袁劉伝」第6→No.038

No.007

曹操、軍を起こす
『三国志演義』第 10 回

逆賊・董卓もついに殺され、ようやく天下泰平の世が訪れるかに見えた。しかし、それも束の間、董卓配下の李傕や郭汜が兵を率いて実権を握り、政情は不安定に。そんななか、曹操が台頭する。

●馬騰・韓遂軍も、李傕・郭汜軍にあえなく敗退

董卓亡きあと、逆賊・**李傕**と**郭汜**は、献帝を人質にとって大権を掌握し、朝政をほしいままにして人民を虐げていく。ふたりの傍若無人な態度に業を煮やした西涼太守・馬騰と并州刺史・韓遂は、賊を討たんと10万の軍勢を率いて長安へと攻め上ってくる。しかし、勇猛な馬騰の子・馬超の奮戦にもかかわらず、李傕と郭汜が幕僚・賈詡の進言に従って防御の策に徹すると、馬騰や韓遂らは長駆してきたこともあって兵糧が尽き、退却を余儀なくさせられる。その後、李傕や郭汜らが西涼の猛将たちを敗走させてからは、諸侯の誰ひとりとして、反旗を翻す者はいなくなってしまう。

●曹操が青州黄巾軍を得て、一大勢力にのし上がる

そんな政情を見透かしてか、青州にいた黄巾軍の宗徒数十万人が、各地で蜂起を繰り返し始める。これを討たんと、太僕・朱儁は曹操を推挙。李傕はこれに応えて、曹操に青州黄巾賊の平定を命じるのである。曹操は聖旨を拝受してついに軍を起こし、済北の相・鮑信とともに寿陽へと向かう。このとき、鮑信は賊中深く入り込み、敵軍に囲まれて敗死してしまうが、曹操は行く先々で賊を追い散らし、済北まで進んでいる。曹操の快進撃に恐れをなした賊軍から投降してくる者が後を絶たず、わずか100日あまりで全軍を降参させることに成功。降参した賊兵の数は**30万**あまり、100余万もの男女が配下に加わるという大成果である。曹操は、そのなかから精鋭を選りすぐって青州兵と名づけ、自軍へ組み込んでいく。この戦いをきっかけに、曹操の名は天下に鳴り響き、四方の名士や猛将たちが続々と馳せ参じてくる。**荀彧**、**程昱**、**郭嘉**といった名士や、**于禁**、**典韋**といった猛将も、このときに身を寄せてきた者たちである。ここにおいて曹操は、ついに山東全域を威圧するほどの強大な勢力にのし上がったのである。

馬騰と韓遂の反乱

李傕と郭汜の横暴に怒った馬騰と韓遂が、長安へと攻め上ってくる。しかし、兵糧が尽きて退却していくのである。

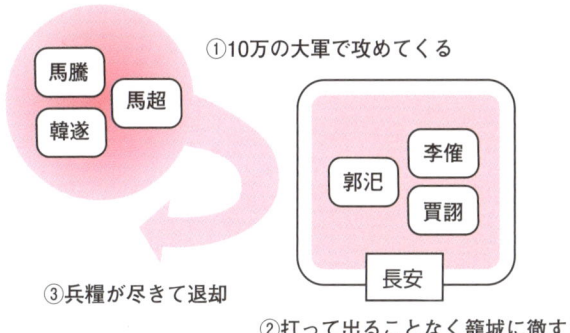

①10万の大軍で攻めてくる
②打って出ることなく籠城に徹する
③兵糧が尽きて退却

青州黄巾軍を平定

反乱を繰り返していた青州黄巾賊を曹操が征伐、その精兵数十万を自軍に組み込んでいく。

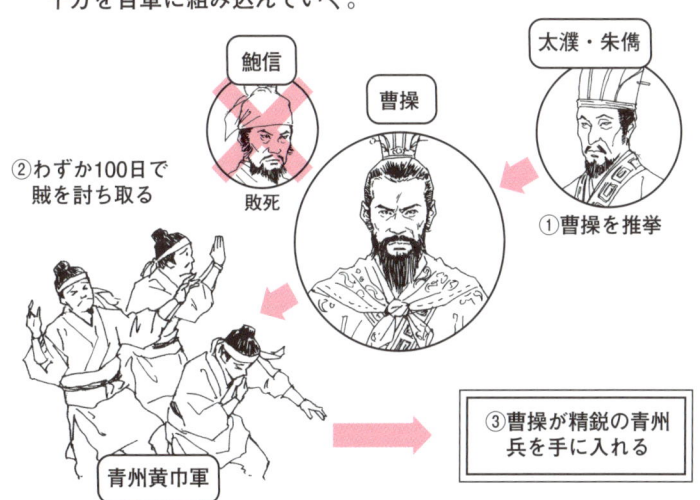

①曹操を推挙
②わずか100日で賊を討ち取る
③曹操が精鋭の青州兵を手に入れる

関連項目
●魏書「武帝紀」第1→No.036 ●「官渡の戦い」で曹操は決して寡勢ではなかった→No.077

No.008
太史慈、小覇王と戦う
『三国志演義』第15回

孫堅が無惨な死を遂げたのち、子の孫策は父が仕えていた袁術の配下となって、荒武者ぶりを発揮していく。やがて力をつけ始めると、独立の機会を狙っていくのである。

●孫策が袁術から兵を借り受けて、劉繇との対戦に臨む

　孫策の母舅・呉景は、揚州の刺史・劉繇との戦いで苦しんでいた。曲阿に残した老母はじめ家族一同、いつ何時危うい目に遭うかもしれない。孫策は袁術から、**伝国の玉璽**を質草として兵3000と馬500頭を借り受け、曲阿へ出陣した。劉繇陣営からは、まず張英が黄蓋や孫策と渡り合うが敗走する。劉繇は自ら兵を率いて神亭嶺の南麓に陣を張った。孫策はその北麓に陣を構えるが、すぐ近くに光武帝廟があることを思い出した。周囲の反対を押し切り、黄蓋や程普ら13騎を従えただけで陣を出て、山に登って参詣した孫策は、峠を越えて劉繇陣営の偵察に向かう。これを知った劉繇は策略ありと取り合わなかったが、太史慈は孫策を捕らえる絶好の機会と見て、一目散に駆けていく。つき従うは、身分の低い部将ひとりだけである。

●太史慈、孫策ともに襟首をつかんで殴り合う

　孫策が偵察を終えて馬首を返そうとしたとき、太史慈らを乗せた2頭の馬が飛ぶように駆け降りてくる。「孫策はどいつだ？」と大音声に叫ぶ太史慈に「貴様らふたりでかかってこようとも、逃げるようなわしではない」と答える孫策。両雄槍をしごいてかけ合わすこと、50合しても決着はつかない。場所を変えてさらに50合合わせたところで、両雄とも相手の槍をがしっと小脇に抱えたまま組み合い、馬から転げ落ちる。ふたりは襟をつかんで殴り合い、戦袍もぼろぼろにちぎれ飛ぶという有り様だった。孫策が太史慈の背中の短戟を引き抜けば、太史慈も孫策の兜をもぎ取る。孫策が短戟を振りかざせば、太史慈は兜でこれを受け止める。そこへどっと喚声が上がり、劉繇方の援軍1000人が馳せ、程普ら13騎も駆けつけて、ようやくふたりは手を離し、両軍入り乱れての戦いとなった。その後、**周瑜**が援軍に駆けつけたものの、激しい風雨となったため、両陣営とも兵をまとめて退いていく。

孫策軍 VS 劉繇軍の戦いの構図

呉景を助けようと、劉繇軍攻略に向かう孫策。その途上、わずかな兵だけを率いて敵陣偵察に向かう。

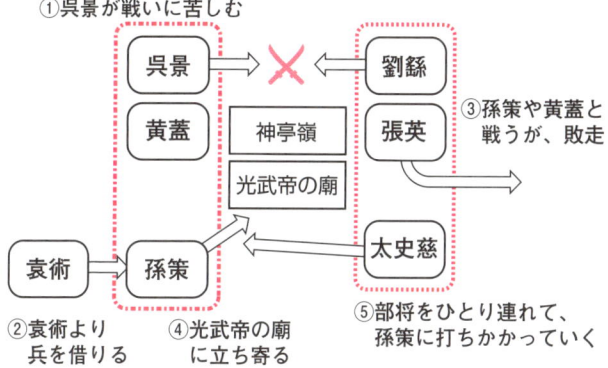

孫策 VS 太史慈の一騎打ち

馬から転げ落ちたふたりは、襟をつかんで殴り合う。孫策が太史慈の短戟を奪い取れば、太史慈は孫策の兜をもぎ取る。

関連項目

●魏書 その他→No.047　●呉書「孫破虜討逆伝」第1→No.057

No.009
呂布の最期
『三国志演義』第19回

反董卓連合軍に参加したあとの劉備は、陶謙から徐州を任されていたが、呂布に城を奪われ、小城・小沛に身を寄せる。しかし、そこも呂布に奪われて、曹操のもとに身を寄せる。

●曹操が下邳城を囲むも、呂布は籠城し酒に溺れていく

呂布に小沛を奪われ妻子とも離ればなれになった劉備は、曹操のもとに身を寄せる。曹操は曹仁に兵3000を与えて小沛攻略に向かわせ、自らは劉備とともに、徐州に籠もる呂布討伐に向かった。呂布を見限った陳登・陳珪親子の計らいで、呂布はすでに小沛と徐州を失い、**下邳城**ただ一城を保つのみだった。曹操は自ら下邳攻略に向かうが、呂布が持久戦に持ち込もうとしたため、戦闘はなかなか開始されない。陳宮が盛んに出陣を促すも、妻の厳氏や貂蟬が涙ながらに引き止め、呂布は酒に溺れるばかりであった。

しかし、持久戦に飽きた呂布は、幕僚・許汜の「袁術とともに内外から挟撃すれば、曹操の軍勢を破ることができる」との進言を受け、袁術に加勢を求める。袁術から、娘を差し出せば援軍を送るといわれると、娘を鎧で包み、自ら背負って城を飛び出すが、すぐに関羽、張飛、劉備に阻まれて、再び城へと舞い戻ってしまう。その後、呂布は悶々と城内で酒に溺れて過ごすうちに、泗水を決壊させられて**水攻め**に遭い、一層苦しめられていく。

●臣下に縛り上げられて、くびり殺されてしまう

戦いが長引くうち、城内からは不穏な動きも見え始めてきた。禁酒令を破って罪棒50回の刑を受けた侯成が、宋憲と結託して赤兎を盗み、曹操に献上して内応の手はずを整えたのである。翌日、曹操が攻撃してくると、呂布も釣られて打って出る。呂布は明け方から昼過ぎまで戦って疲れ果て、つい椅子に座ったまま眠ってしまったところを、宋憲たちに縛り上げられる。

曹操の前に連れてこられた呂布が「縄目がきつ過ぎる」と文句をいうと、曹操は「虎を縛るのだから、きつくせざるを得まい」といった。その後、曹操が呂布を許しそうな気配を察した劉備は、即座に「**丁原、董卓のことをお忘れなく**」といい、曹操は我に返って呂布をくびり殺すよう命じた。

下邳城攻撃までの足取り

劉備を小沛から追い出したものの、陳登親子の計略で城を追われた呂布が下邳城に立て籠もるや、曹操の猛攻が始まる。

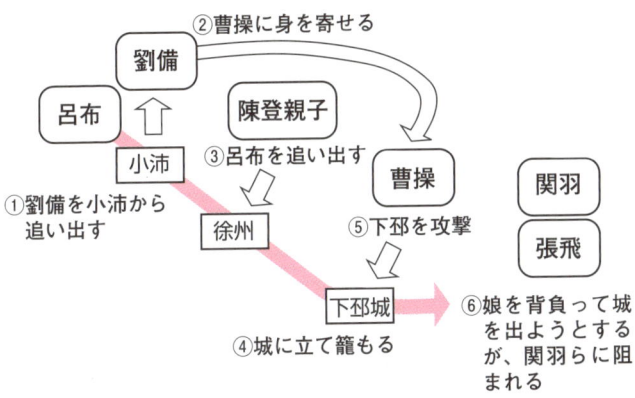

呂布捕縛の瞬間

呂布は、戦い疲れて眠りこけていたところを、配下によって縛り上げられてしまう。曹操の前に引っ立てられてきたとき、最後のあがきを見せる。

関連項目

● 魏書「呂布臧洪伝」第7→No.039

No.010

曹操、英雄を論じる

『三国志演義』第21回

力を得た曹操は、李傕と郭汜のもとから逃れた献帝を奉じて許を都とし、天子の威光を背景に傍若無人に振る舞っていく。これを憂いた董承らが、密かに曹操の暗殺を謀っていく。

●曹操暗殺の連判状に劉備も名を連ねる

献帝をないがしろにする国賊・曹操を暗殺せんとして、車騎将軍・董承らが極秘裏に動き始めた。与するは、工部侍郎・王子服、長水校尉・仲輯、議郎・呉碩、昭信将軍・呉子蘭、西涼太守・馬騰ら6名で、すでに連判状も認めてある。董承は劉備にも参加を呼びかけ、連判状にその名を記させている。以降、劉備は曹操に疑われないよう、裏庭に畑を作って自ら耕作し、大志あるところを包み隠そうという「韜晦の策」を講じている。

●「英雄とは貴殿とわしじゃ」の一言に、思わず箸を落とす

あくる日、曹操が劉備を館に招いた。梅の実が実っているので、それを愛でながら酒でも酌み交わそうというのである。差し向かいで大いに酒を飲むふたり。宴もたけなわとなったころ、曹操が「当世の英雄をご存知か？」と話しかけてくる。劉備が袁術の名をあげると、曹操は「あれは古塚のしゃれ頭」と、一言のもとに否定する。4代三公の名門出身の袁紹は「小心者で優柔不断」、9州に名を轟かす劉表は「虚名ばかり」、江東の領袖・孫策は「父親の威光あっての男」、益州の劉璋は「番犬のような男」、張繡、張魯、韓遂らは「小人ばかりで話にもならん」と、散々にこき下ろしてにべもない。曹操は、英雄というのは「大志を抱き、宇宙をも包み込む豪気と、天地を呑吐する志を抱く者」と話す。そして「**天下の英雄といえるのは、貴公とこのわしじゃ**」というのである。これを聞いた劉備は、図星を衝かれたためはっと息を呑み、思わず手にしていた箸を落としてしまう。幸いにもその刹那、雷鳴が轟いたため、劉備は「あの雷のせいで醜態をお見せしました」と、箸を落としたことを雷のせいにして、自らの真意を悟られることもなく、その場を無事に切り抜けた。その後、劉備は曹操の隙を衝いて逃げ出したのであった。

劉備の「韜晦の策」

曹操を誅滅せんとする董承らの計画に、劉備も加わることになる。それを曹操に知られまいと、呑気な風を装って畑を耕すのである。

曹操から英雄と断じられたそのとき、劉備は!?

「英雄とはおぬしとわしよ」といわれた劉備は、思わず手にしていた箸を落としてしまう。

思わず箸を落としてしまったそのとき、幸いにも雷が轟く。
劉備は、これを雷のせいにして難を逃れた。

関連項目
●魏書「武帝紀」第1→No.036　●蜀書「先主伝」第2→No.049

No.011
関羽、千里単騎で走る
『三国志演義』第26回、第27回

曹操のもとを去った劉備だったが、曹操から攻められ袁紹のもとへと逃亡。下邳で劉備の2夫人を守っていた関羽は、劉備の居所がわかれば立ち去るという条件つきで、曹操に降伏する。

●顔良と文醜を斬って恩を返した関羽が、曹操のもとを去る

曹操軍の一員として、袁紹軍の猛将・**顔良**と**文醜**を一刀のもとに斬り捨て手柄を立てた関羽は、曹操に暇請いをするために丞相府にまかり出る。しかし、曹操は立ち退かせまいとして、わざと回避牌を掲げて会おうとしない。関羽はしかたなく、暇を告げる書面を認めて丞相府に届けさせ、曹操から贈られた金銀を庫に収めたまま、2夫人とともに立ち去っていく。

●5つの関所を越え、6人の大将を斬って義兄のもとへ

関羽が出立したことを知った曹操は、財物にも心を動かされなかった関羽の志に感銘を受け、いささかの餞別でも贈りたいとして、数十騎を引き連れて後を追う。関羽は橋の上で、馬から降りることもせず、錦の袍を引き出物として受け取ったのち、さらに北へと歩を進めていくのである。

ひとつ目の関所・東嶺関は、大将・孔秀が兵500を率いて峠を固めていた。通行手形を持たぬ者を通すわけにはいかぬと通行を拒んだため、関羽はしかたなく薙刀一振りでこれを斬り倒し、洛陽を目指す。洛陽では太守・韓福に矢を射られて傷を負うが、口で矢を抜き取り、流れる血をそのままにして韓福に迫り、韓福と部将・孟坦を斬って捨てた。続く氾水関では、流星鎚の使い手・卞喜が、計略をもって関羽を虜にしようとするが、僧・普浄に助けられて無事に通り過ぎ、さらに榮陽では、太守・王植が従事・胡班に命じて火攻めにしようとするが、胡班は関羽の忠義ぶりに感服し、わざと逃がしてしまう。そして、黄河の渡し口までやってくると、秦琪が軍勢を率いて立ちはだかる。しかしこれも、関羽の薙刀一振りで首が飛んでしまった。結局、関羽は**5か所の関所を破り、6人の大将を斬った**のち、曹操の領地を抜け、張飛、劉備の順に再会を果たす。ちなみにこのすぐあとに、趙雲や周倉が劉備の配下に加わっている。

関羽が曹操のもとを離れる

顔良と文醜を斬って恩を返した関羽は、曹操に暇請いに向かうが、居留守を使われてしまう。

関羽の五関六将殺害の流れ

劉備のもとへと向かう関羽に立ちはだかる五関六将。

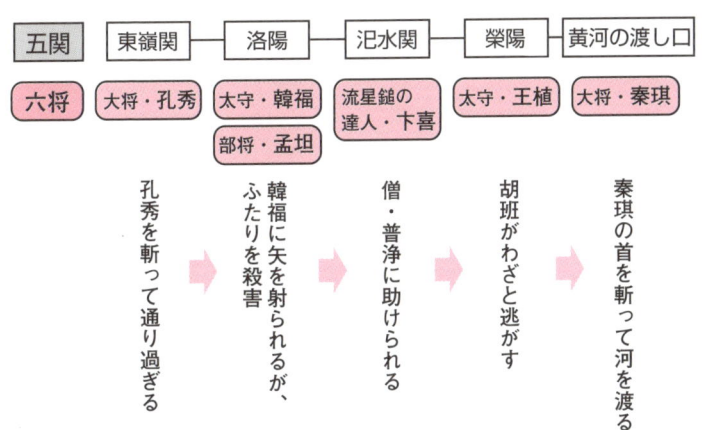

関連項目

●文醜を斬ったのは関羽ではなかった→No.083

No.012

小覇王・孫策の死と孫権登場

『三国志演義』第29回

関羽が五関六将を討ち取って劉備のもとへと戻っていったころ、江東の地を続々と平定して盟主に躍り上がった孫策に、大きな禍が降りかかろうとしていた。

●許貢の食客が、密かに孫策の命を狙い始める

江東を平らげて以降、勢力を拡大した孫策は、曹操に大司馬の地位を求めたがかなわず、これを恨みに思って、曹操の拠点・許都を襲撃しようと計画する。呉郡太守・**許貢**がそれを知って密かに曹操に上書を認めるが、曹操のもとに届けられる前に孫策に見つかり、許貢は殺される。以降、**許貢の家に寄食していた3人の男たち**が仇を討とうと、虎視眈々と機会を狙う。

●于吉の亡霊に惑わされ、全身の傷が張り裂けて絶命

丹徒県西山で巻狩を催したとき、孫策は1頭の大きな鹿を追って、単騎、山上まで登った。孫策の命を狙う男たちは、これを絶好の機会と見て山中で待ち構え、孫策が前を通り過ぎようとした刹那、ひとりが孫策の左腿に槍を刺す。孫策は驚いて馬上から斬りつけようとするが、刀身が抜け落ちてしまう。その隙にもうひとりが矢を放つと、矢は孫策の横面に突き刺さる。孫策が必死の形相で矢を抜き取り、弓につがえて射かけた者を射ると、男は絶命した。しかし、残るふたりが左右から槍を突き立てる。あわやというとき、程普が数人とともに現れたので、孫策はかろうじて命拾いする。

孫策は矢傷を華佗の弟子に治療させたが、毒が回っていたので、100日は安静にしないと命に支障をきたすといわれる。20日ほどは療養したが、短気ゆえにじっとしていられず、ついに出陣の宴を張った。そのとき出会った道士・**于吉**に臣下たちが平伏する姿を見ると、孫策はこれを妖術使いと決めつけ、兵に命じて于吉の首を刎ねてしまう。以降、于吉の亡霊が現れては孫策を苦しめる。たまりかねた孫策が一声叫ぶなり、全身の傷口が裂け、死の床に就いてしまった。死に臨んで孫策は、**孫権**に「江東の兵を率いては、わしはそなたに劣りはしないが、賢臣を用いて江東を保つとなれば、わしはそなたにかなわない」といい、静かにこの世を去る。享年26歳だった。

孫策が仇と狙われるまでの流れ

孫策の曹操襲撃計画を漏らそうとした許貢を、孫策が殺害するまでの流れ。

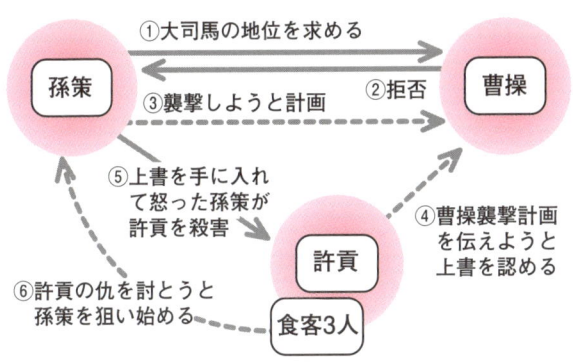

孫策の死

許貢の食客3人に襲われて瀕死の重傷を負う孫策。100日の安静を守れず、ついに死の床に就いてしまう。

関連項目

●呉書「孫破虜討逆伝」第1→No.057　●呉書「呉主伝」第2→No.058

No.013
「官渡の戦い」
『三国志演義』第30回

青州黄巾兵を自軍に取り込んで勢力拡大を続けた曹操は、いよいよ最大勢力の袁紹との一騎打ちに臨んでいく。袁紹軍は70万という大軍、対する曹操軍は7万。数の上では10倍もの敵に立ち向かう決戦が始まった。

●曹操が発石車を、袁紹が掘子軍を繰り出すも決着つかず

　袁紹が**70万**の大軍を率いて官渡へと攻め上ると、曹操は荀彧に許都の留守を委ねて、**7万**の兵とともにこれを迎え討つべく出立した。ふたりが官渡で対陣するや、まず曹操が張遼を出馬させる。対して袁紹は張郃を繰り出す。両雄40～50合打ち合うも勝負がつかない。許褚が加勢に出ると、高覧がこれに向かう。4人がもみ合う隙に、曹操は夏侯惇と曹洪にそれぞれ兵3000を与えて敵陣に切り込ませた。しかし、審配が2万もの弩弓を射込ませると、さすがの曹操軍も敗走する。このあと袁紹は、曹操陣営の前に50余の土山を築かせ、櫓を配して雨あられと矢を射かけた。対して曹操は、発石車を作って袁紹軍の櫓を壊していく。さらに、袁紹が掘子軍を編成して曹操の陣中深くまで坑道を掘らせると、曹操は掘割を巡らせてこれに対抗。こうしてふたりの戦いは、決着がつかないまま膠着状態が続いた。

●許攸の投降をきっかけに烏巣襲撃を開始

　しかし、曹操の幼馴染みの**許攸**が袁紹軍を捨てて曹操のもとへ投じてきたことで、戦いの主導権は曹操が握ることになる。許攸が曹操に耳寄りな情報をもたらしたのだ。袁紹軍の兵糧輜重すべてが、**烏巣**に蓄えられているというのである。しかも、守りを固める大将・淳于瓊は、酒に溺れてなんの備えもしていないという。これを聞いた曹操は、さっそく張遼と許褚を前軍、徐晃と于禁を殿、自らは中軍として歩騎5000を率いて出陣。夜道をついで烏巣へと向かっている。敵陣へとたどり着けば、淳于瓊は案の定、酔い潰れていた。烏巣は曹操軍に火矢を放たれて、兵糧はことごとく焼き払われ、淳于瓊は捕らえられて、耳、鼻、手の指を斬り落とされたうえで敵陣へ送られている。袁紹は烏巣救援に1万、官渡に5000の兵を送り込むが、すでに事成れり。袁紹は軍の大半を失ってしまうのである。

「官渡の戦い」の前哨戦

70万もの大軍を擁する袁紹軍に対して、わずか7万の兵で戦う曹操。その前哨戦は両者とも決着がつかず、膠着状態が続いていく。

曹操軍	×	袁紹軍
7万人	兵力	70万人
張遼	VS	張郃
許褚	VS	高覧
夏侯惇 曹洪	VS	審配
発石車で櫓を壊す	VS	50あまりの土山の上の櫓から矢を射る
掘割を巡らせて対抗	VS	掘子軍が坑道を掘る

許攸の投降で情勢が一転

烏巣に袁紹軍の兵糧が蓄えられていることを知った曹操は、5000の精兵を率いて淳于瓊を襲う。

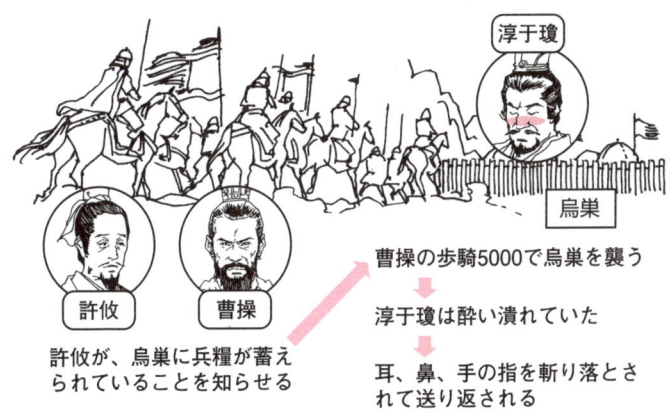

許攸が、烏巣に兵糧が蓄えられていることを知らせる

曹操の歩騎5000で烏巣を襲う

淳于瓊は酔い潰れていた

耳、鼻、手の指を斬り落とされて送り返される

関連項目

●魏書「武帝紀」第1→No.036　●「官渡の戦い」で曹操は決して寡勢ではなかった→No.077

No.014
劉備、檀渓を越ゆ
『三国志演義』第34回

「官渡の戦い」において袁紹側についた劉備は、袁紹敗退後、荊州の劉表のもとへと身を寄せた。そこでは平穏な日々が続いたものの、些細なことから危機を招いてしまう。

●劉表の後妻・蔡夫人が劉備暗殺を企てる

劉備が荊州に身を寄せて以来、劉表は劉備を下にも置かぬほど手厚くもてなし、襄陽北の小城・**新野城**を与えるほどであった。しかし劉備は、劉表の後継者争いに巻き込まれてしまう。

劉表には、先妻・陳氏が生んだ長男・琦と、後妻・蔡氏が生んだ次男・琮がいたが、劉表は柔弱な琦では大事にあたれそうもないとして、琮に跡を継がせたいと願っていた。しかし、次男を選べば礼に背くとして、劉備は長子相続を進言する。これを耳にした蔡夫人は劉備を憎み、弟・蔡瑁と謀って劉備暗殺を計画。客舎にいるところを襲って殺害しようとするが、伊籍がこれを察知して劉備に知らせたので、劉備は新野へと逃げ帰っている。

●的盧が一躍3丈、檀渓を飛び越える

あくる日、蔡瑁は密かに蔡夫人と示し合わせ、諸官を襄陽に集めて、その場に劉備を呼んで殺害しようと計画する。そして新野へ使いをやり、劉備に襄陽へ出向くように伝える。劉備は不安に思ったものの、断ることもできず、趙雲と歩騎300を連れて再び襄陽へと向かう。蔡瑁は、東門を蔡和、南門を蔡中、北門を蔡壎に守らせたが、西門の先には激流・檀渓があるので固める必要がないと、警備に力を入れなかった。宴もたけなわとなったところで、蔡瑁の伏兵が一斉に襲いかかる手はずだったが、このときも伊籍が目配せしたため、劉備は伏兵がいることを悟った。劉備は厠にいくふりをして、そのまま**愛馬・的盧**に乗って西門から飛び出したが、行く手には轟々と流れる檀渓があるのみ。振り返れば追い手がそこまで迫ってくる。慌てて檀渓へと踏み込んだものの、激流に呑み込まれてしまう。「もはやこれまでか」と嘆いたそのとき、的盧は一躍3丈、勢いよく躍り上がって、ついに西岸へと這い上がり、劉備は逃げ延びることができたのである。

劉備が劉表家の後継者争いに巻き込まれる

劉表家の家系図から、人物関係を把握しておきたい。

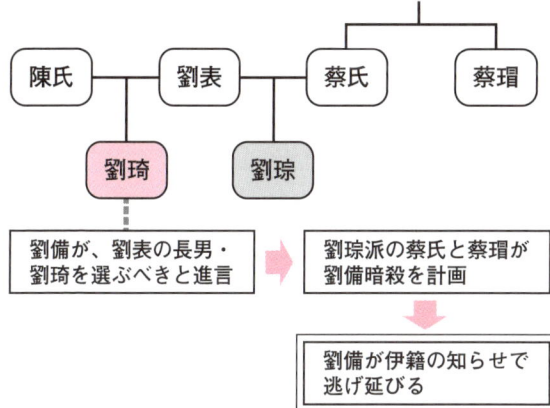

劉備の脱出劇

伊籍の目配せで危機を悟り、西門から脱出した劉備。しかし、そこに待ち受けるのは檀渓の激流であった。

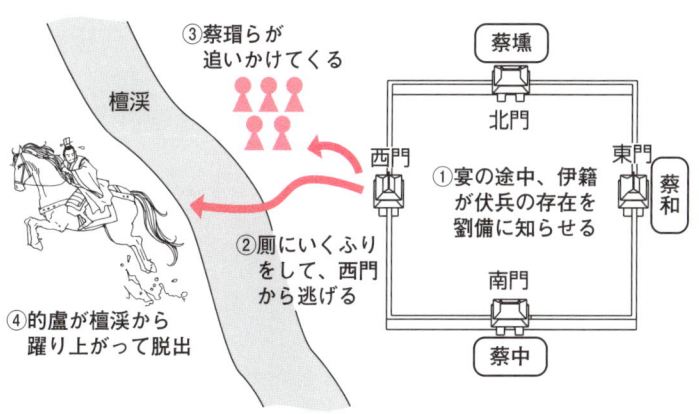

関連項目

●魏書「董二袁劉伝」第6→No.038

No.015
劉備、「三顧の礼」をもって伏竜を得る
『三国志演義』第36回、第37回、第38回

劉備は名軍師・徐庶を得て、曹操から樊城を奪い取る。徐庶の存在を疎ましく思った曹操は、徐庶の母親を捕らえて人質とし、徐庶を劉備のもとから立ち去るように仕向けていく。

●徐庶が立ち去る際に孔明を推挙

　母を人質に取られたことを知った**徐庶**は、曹操の計略とも知らず、ついに劉備のもとを去って曹操陣営へと旅立つ。その際、襄陽から20里の隆中に賢者がいることを劉備に言い伝える。管仲、楽毅にも勝る才人で、かつて**水鏡先生**が「**伏竜、鳳雛**ふたりのうち、ひとりでも得ることができれば天下を安ずることもかなう」と評していた伏竜が、ほかならぬこの男なのだ。姓は諸葛、名は亮、字を孔明。そう言い残して徐庶は立ち去っていく。

●3度の訪問でようやく孔明と出会う

　劉備はさっそく進物を調えて、関羽、張飛ともども隆中へと向かう。林のなかの草葺きの家にたどり着いて柴の戸を叩くと、なかからひとりの童子が出てきて孔明の不在を告げる。帰りが4～5日になるか15～16日になるかも、わからないという。2度目は吹雪のなかの訪問である。ようやく隆中へとたどり着いて在宅を問うと、なかにいたのは孔明の弟・均であった。一筆認めて帰りかけたとき、梁父の吟を詠う孔明の舅・黄承彦とも出会う。

　月日が流れて、新年を迎える。占者に占わせて吉日を選び、斎戒沐浴して衣服を改め、三たび孔明宅を訪れると、3度目にしてようやく本人が在宅であった。そのとき孔明は昼寝の最中。童子が起こそうとするのを劉備が押し止め、起きるまでしばらく三義兄弟とも外で立ち尽くしている。ようやく目を覚ました孔明を見れば、身の丈8尺(184cm)、顔は冠の白玉のごとく、頭には綸巾を戴き、鶴氅を纏うという神仙のごとき出で立ちである。劉備が天下に大義を示さんと大志を述べれば、孔明は劉備に、荊州と益州を確保して鼎足の一端を担えば、やがて中原への進出も可能になろうという「**天下三分の計**」を披露する。劉備は孔明の明晰ぶりに感嘆し、軍師として招き入れる。こうして孔明は、皆とともに新野へと向かっていくのである。

徐庶が立ち去るときに孔明を推挙

曹操に母を人質に取られ、しかたなく立ち去っていく徐庶。別れ際に孔明を推挙していく。

- 劉備
- 徐庶
- 管仲、楽毅にも勝る才人、孔明を推挙します
- 水鏡先生が伏竜と称えた人だ！

「三顧の礼」の一連の流れ

3度目の訪問で、ようやく孔明と出会った劉備。それまでの一連の流れを追ってみたい。

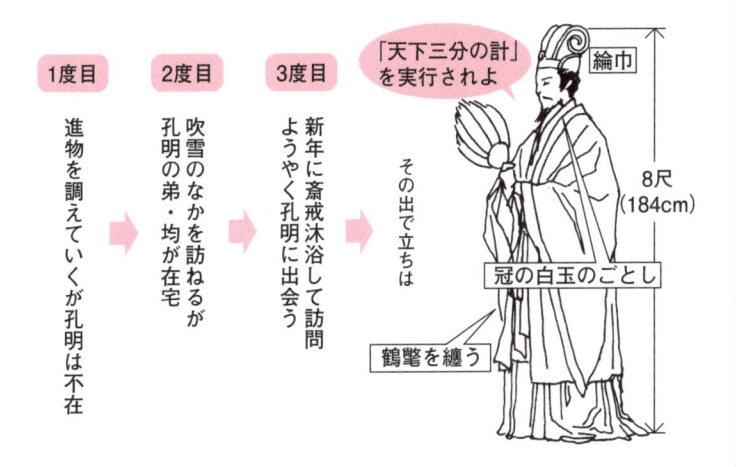

1度目: 進物を調えていくが孔明は不在

2度目: 吹雪のなかを訪ねるが孔明の弟・均が在宅

3度目: 新年に斎戒沐浴してようやく孔明に出会う

「天下三分の計」を実行されよ

その出で立ちは
- 綸巾
- 8尺（184cm）
- 冠の白玉のごとし
- 鶴氅を纏う

関連項目

●蜀書「諸葛亮伝」第5→No.052　●「三顧の礼」はなかった!?→No.078

No.016
孔明、博望坡で兵を用う
『三国志演義』第39回

「三顧の礼」をもって軍師・孔明を得た劉備。ふたりは水魚の交わりのごとく、強い絆で結ばれていく。そして孔明は、初陣で華々しい活躍ぶりを見せるのであった。

●夏侯惇が10万の軍勢を率いて博望坡へ進軍

　三公を廃して自ら丞相となった曹操は、徐々に力を持ってきた劉備を早々に始末するべきだと考えていた。そこで**夏侯惇**を都督に任じて、于禁、李典、夏侯蘭、韓浩を副将とし、10万の大軍を率いて博望坡へと進軍させた。これに対して劉備は、孔明に佩剣と官印を貸し与えて全権を委ねる。**孔明の初陣**である。孔明は、関羽に1000の軍勢を率いて豫山に潜ませ、敵がきても見過ごし、南に火の手が上がったら打って出よと命じる。張飛には、安林に潜み、南に火の手が上がれば博望城の兵糧屯積所に火をかけよと、細々と命を皆に下していく。

●孔明の初陣、見事に功を奏して大勝利を導く

　夏侯惇が博望坡に至ると、まず趙雲が躍り出る。数合打ち合ったところで、趙雲は負けたふりをして、夏侯惇を博望坡へと引き込んでいく。そこは一面、葦が生い茂り、樹木が立ち並ぶ山川がすぐ間近に迫るというところであった。夏侯惇は李典に忠告されて、そこが守りにくい地であることに気がつき、馬首を返して立ち去ろうとしたそのとき、どっと喚声が上がる。一斉に火の手が上がり、四方八方が火の海と化してしまうのである。曹操軍は大混乱に陥り、味方をも踏み潰して逃げ惑うという有り様であった。李典は博望城へ逃げ込もうとするが、関羽に阻まれて城に入れず、血路を切り開いて落ち延びていく。于禁も、糧秣車が焼かれてしまったので、間道伝いに逃げていった。夏侯蘭と韓浩が糧秣を守ろうと救援に向かうが、時すでに遅し。待ち構えた張飛にはね除けられている。また、その後孔明の計略で空城となった新野城に入った曹仁軍も、火攻め、水攻めで大惨敗。こうして、孔明の初采配は見事に曹操軍を蹴散らし、関羽、張飛ともども皆目を見張り、敬意を表するのであった。

「博望坡の戦い」の陣容

曹操が夏侯惇を都督として博望坡へ送り出す。対して劉備は、孔明に全権を託す。その陣容を見てみよう。

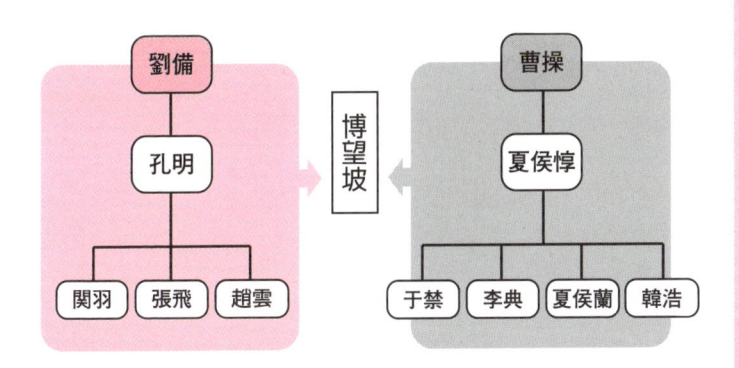

劉備 — 孔明 — 関羽／張飛／趙雲
　　　　　　→ 博望坡 ←
曹操 — 夏侯惇 — 于禁／李典／夏侯蘭／韓浩

孔明の初陣の模様

孔明の計略をもとに、趙雲、関羽、張飛らが曹操軍を次々に敗走させていく。その活躍の流れを追ってみたい。

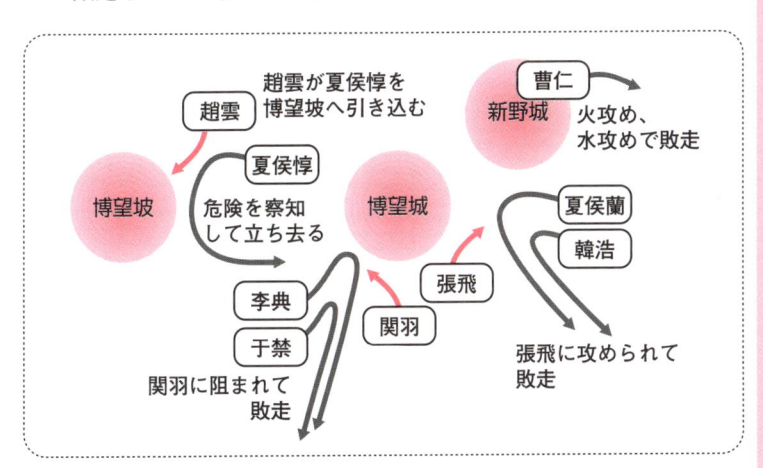

- 趙雲が夏侯惇を博望坡へ引き込む
- 博望坡 — 夏侯惇：危険を察知して立ち去る
- 博望城
- 曹仁／新野城：火攻め、水攻めで敗走
- 李典／于禁：関羽に阻まれて敗走
- 張飛／関羽
- 夏侯蘭／韓浩：張飛に攻められて敗走

関連項目

● 「博望坡の戦い」に諸葛亮は参加していなかった→No.085

No.017
趙雲、単騎主を救う
『三国志演義』第41回、第42回

「博望坡の戦い」では、孔明の神懸かり的な采配で大勝をものにした劉備軍だったが、敗れた曹操軍は、全軍をあげて打ちかかってくる。逃げる劉備軍には、数万もの領民がつき従った。

●曹操が精鋭5000を率いて劉備軍に迫る

「博望坡の戦い」に敗れた曹操は、怒り心頭に発して、全軍を率いて劉備のいる樊城へと押し寄せていった。劉備は樊城を捨て、要衝・江陵を目指して南下していく。しかし、数万もの領民を抱えての逃避行は難を極め、日に10里あまりしか進めないという有り様だった。

劉備が、軍用金や兵糧が蓄えられているという江陵に向かったと知った曹操は、先に江陵を取られてはやっかいと、精鋭の騎兵5000を選りすぐって追いかけ、当陽県でようやく劉備軍に追いついた。劉備は精鋭2000を率いて戦うが、敗れてちりぢりになって逃げていく。劉備に従う者はわずか100騎で、臣下や家族、領民ともども行方がわからなくなってしまった。

●趙雲が阿斗を抱いて獅子奮迅の活躍

このころ、劉備の家族の警護にあたっていた**趙雲**も、戦いのなかで劉備の家族と離ればなれになったため、必死でその行方を捜していた。長阪橋から北へと捜し回るが、どこにも姿が見えない。そして、単騎で群衆のなかを駆け抜けていったところで、ようやく甘夫人と出会う。夫人を馬に乗せて長阪橋にいた張飛に預け、再び馬首を返し、もときた道を戻っていく。

そして、とある民家の崩れかけた土塀の陰で、**阿斗を抱いた糜夫人**を見つけた。足を槍で突かれて歩くこともできず、途方に暮れていたのである。趙雲はすぐに糜夫人を馬に乗せようとするが、足手まといになることを恐れた糜夫人は、阿斗を趙雲に託し、井戸に身を投げてしまった。しかたなく趙雲は、阿斗を胸に抱いて、敵兵をかいくぐって逃げ戻っていく。劉備に目通りして阿斗を差し出すと、劉備は突然赤子を地面に叩きつけ、「**お前のせいで、大将を死なすところであったわ**」という。趙雲は感銘を受け、以後死力を尽くして、劉備につき従っていくのである。

劉備の敗走劇

曹操の大軍から逃れようと南下を始めるものの、とうとう当陽県で追いつかれ、劉備軍はちりぢりになって逃げ延びていく。

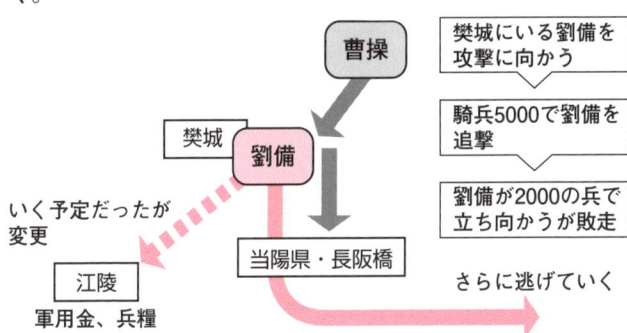

```
                      曹操  → 樊城にいる劉備を攻撃に向かう
                       ↓
          樊城                 → 騎兵5000で劉備を追撃
              劉備
                       ↓    → 劉備が2000の兵で立ち向かうが敗走
いく予定だったが
変更
                  当陽県・長阪橋
     江陵                      さらに逃げていく
   軍用金、兵糧
```

長阪橋での趙雲の活躍

甘夫人を助け出したのち、阿斗を抱いた糜夫人を発見。しかし、足手まといになることを恐れた糜夫人は、井戸に身を投げてしまう。趙雲は阿斗を抱いて脱出する。

甘夫人を助けて張飛に預ける	足手まといになるとして、井戸に飛び込んでしまう	阿斗を抱いて脱出する

関連項目

●蜀書「二主妃子伝」第4→No.051 　●蜀書「関張馬黄趙伝」第6→No.053

No.018
張飛、長阪橋で目を怒らす
『三国志演義』第42回

趙雲が甘夫人と阿斗を救い出して劉備のもとへ戻ったあと、劉備軍の殿となった張飛は、ひとり長阪橋で、迫りくる曹操軍を阻止しようと待ち構えていた。

●張飛の大喝に、夏侯傑が肝を潰して落馬する

　阿斗を胸に抱いた趙雲が無事に橋を渡り終えると、張飛は橋の上で蛇矛を手にひっさげ、馬に跨ったまま、髭を逆立て目を怒らせて敵を待ち構えていた。まずは軍勢を率いて文聘が追いかけてきたが、張飛の気迫に気圧されて、慌てて馬を止めて様子をうかがっている。橋の東の林のなかから、もうもうと土煙が巻き上がって、なにやら**伏せ勢の気配**もある。ほどなく曹仁、李典、夏侯惇、夏侯淵、楽進、張遼、張郃、許褚らも駆けつけてきたが、張飛の恐ろしげな形相を見て、誰ひとりとして前に出ようとする者がいない。早馬の知らせを聞いて曹操も駆けつけてきたが、「**我こそは燕人張飛なり！**」と万雷はためくがごとき大音声に驚き慌て、さらに張飛が「誰ぞ勝負する者はおらぬか！？」と大喝すると、勢いに呑み込まれて後ずさりする。

　張飛は敵勢が動揺し始めたのを目にするや、すかさず「戦うのか逃げるのか、はっきりせい！」と叫んだものだから、曹操の傍らにいた夏侯傑が肝を潰して馬から転び落ちてしまった。と同時に、曹操までもが馬首を返して逃げ始めると、居並ぶ大将たちも皆浮き足立って、一斉に西のかなたへと飛ぶように逃げていく。曹操は冠や簪などをことごとく落とし、大将までもが槍を捨て、兜まで落としていくという有り様であった。

●橋が落とされたことで、伏せ勢のないことを悟る

　髪を振り乱し逃げる曹操に、張遼と許褚が気を鎮めるよう声をかける。「たかが張飛ひとりぐらい、なにを恐れることがありましょうや」と。これに気を取り直した曹操は、張遼と許褚に戻って様子を見にいかせると、張飛は曹操らが立ち去ったあと、従ってきた20騎に橋を切り落とさせ、引き揚げていた。これを知った曹操は伏せ勢がないことを悟り、直ちに1万の軍勢を使わして浮き橋を作って川を渡り、劉備討伐へと軍を進めていく。

長阪橋での張飛の活躍

長阪橋の真ん中に立ちはだかって張飛が大音声で叫ぶと、曹操軍の大将たちは驚いて逃げていった。

誰か戦う者はおらんのか!?

林のなかからもうもうと土煙

曹操 真っ先に逃げ出していく

夏侯傑 驚いて落馬

張飛が橋を切り落とす

曹操軍を食い止めたものの、張飛が橋を切り落としたことで、伏兵がいないことを曹操に悟られてしまう。

劉備：伏兵がいないことが、バレてしまうではないか

張飛：橋を切ってきました

曹操：橋を壊したということは、伏兵はいないぞ!?

関連項目

●蜀書「関張馬黄趙伝」第6→No.053　●張飛が長阪橋の上で仁王立ちしたのはウソ→No.084

No.019
孔明、箭を借りる
『三国志演義』第46回

長阪橋で曹操軍の猛攻からかろうじて逃れた劉備は、孫権と同盟を結び、ともに曹操と対陣することになる。しかし、周瑜は孔明の才能を妬んで、その命を狙おうとする。

●周瑜が孔明に10万本の矢の調達を依頼する

　周瑜は、詭計を用いて敵の水軍都督・蔡瑁と張允を曹操に殺させることに成功した。しかし、その計略を孔明が見抜いていたことを知った周瑜は、孔明の奇才を憎み、策略をもって処罰しようと、孔明に**10万本の矢**を10日以内で用意するように依頼する。職人に申しつけてわざと手間取らせ、約束の期日までに調達できないよう、手はずしたうえでの依頼であった。

　これに対して孔明は、「**10日といわず、3日で調達しましょう**」といい、調達できなかったときには、いかなる厳罰も受けるという誓紙まで入れる。

●20艘の船に10万本の矢が突き刺さる

　まず孔明は、魯粛に船20艘を用意させた。それぞれに兵30人を乗せ、周りに青い煙幕を張り巡らせ、両側に藁の束を並べるというものである。魯粛はいわれるままに用意するが、使い方さえわからなかった。さらに、2日目になっても使用する気配もない。3日目の四更のころにようやく孔明から使いがきて、一緒に矢を取りにいくよう耳打ちされる。こうして魯粛は孔明とともに、長い綱で繋ぎ合わせた20艘の船に乗って、北岸へと漕ぎ出していく。

　この日は、対座する相手の顔もわからないほど、濃い霧に包まれた日であった。曹操の砦に近づくと、孔明は船を西から東へ1列に並べさせ、一斉に太鼓を叩き、鬨の声を上げさせた。魯粛が慌てるのをよそに、孔明はのんびり酒肴を楽しんでいる。霧のなか、不意打ちをくらった曹操は、伏せ勢を恐れて打って出ず、1万もの射手に雨のように矢を射させる。頃合いよしと孔明が船を反転させ、またもや太鼓を叩いて鬨の声を上げると、矢がまた船に突き刺さる。そのあと朝日が昇って霧が晴れかかると、孔明は急いで引き返した。船が岸に着いて矢を運ばせて数えると、**10余万本にもなっていた**。周瑜は孔明の奇智に、ただ舌を巻くしかなかった。

周瑜の孔明殺害計画

孔明の才能が自分よりも優れていることに腹を立てた周瑜が、孔明に難題を持ちかけて孔明殺害を画策する。

周瑜：「10日以内に矢を調達していただきたい！」
周瑜（心中）：「約束を守れないようにしてしまおう！」
孔明：「いい考えがあるから大丈夫！」
孔明：「3日で調達して見せましょう」

孔明の「草船借箭の計」の名シーン

孔明と魯粛のふたりが船内で話しているうちに、10余万本の矢が20艘の船に突き刺さっていく。

孔明
魯粛
曹操軍　一斉に矢を射る
20艘の船を連ねてやってくる
10余万本の矢が船に突き刺さる

関連項目
●蜀書「諸葛亮伝」第5→No.052 　●呉書「周瑜魯粛呂蒙伝」第9→No.062

No.019 第1章●『三国志演義』のあらすじ

No.020

黄蓋、「苦肉の計」を用う

『三国志演義』第46回

赤壁において、曹操の大軍と対陣する呉の周瑜と劉備軍の孔明。しかし、大軍を前にして為す術もなく、悶々とする日々が続いていた。そのようななかで、黄蓋がある策を進言する。

●老将・黄蓋が「苦肉の計」の大役を引き受ける

周瑜は曹操の水軍陣地を密かに視察して、その兵法にかなった陣取りに感嘆し、容易には攻め切れぬと思い悩んでいた。そんなとき、曹操の陣営から、蔡瑁の従弟・蔡和と蔡中が投降してきた。周瑜はこれを曹操の偽計と見抜いていたが、とある計略を思いつき、わざと騙されたふりをして、逆に利用しようと謀るのであった。

そんな折、臣下の黄蓋が進言してきた。「敵は多勢、味方は無勢。戦いが長引くのは不利。**火攻め**にて一気に勝負すべきである」と。周瑜の計略も要は火攻めだが、それを成功させるためには、投降者を仕立て、曹操に投降話を信じ込ませなければならなかった。周瑜はこの老将に、忍びながらも秘めていた「**苦肉の計**」を打ち明け、黄蓋にその大役を授けるのである。

●黄蓋と闞沢の名演技に、曹操がはめられる

あくる日、周瑜が本陣において衆議を凝らしていると、黄蓋が進み出て周瑜の弱腰をなじり、わざと「投降でもするがよい」と吐き捨てるようにいった。怒った周瑜は「打ち首じゃ」と色めき立つ。臣下たちの取り成しで死罪は免じたが、それでも棒罰100回の刑を命じ、即座に棒で打たせた。哀れ黄蓋は背中を棒で叩かれ、50も打ち据えられたころには、皮膚は張り裂け血に染まって、何度も意識を失うほどであった。

この計略を見抜いた参謀・**闞沢**は、黄蓋に申し出て、偽の投降状を曹操に届ける大役を買って出る。黄蓋の意を汲んだ闞沢は、密偵を装って漁夫に身をやつし、曹操の陣営へと小舟を漕ぎ出していく。最初は曹操も黄蓋の投降を偽りと見たものの、次第に闞沢の口車に乗せられていく。そこへ呉軍に密偵として送り込んでいた蔡和や蔡中から、黄蓋が周瑜から受けた仕打ちの情報が入るや、曹操はこれを完全に信じ込んでしまうのである。

周瑜が黄蓋に「苦肉の計」を打ち明ける

蔡和と蔡中が偽投降してくると、周瑜はこれを利用し、黄蓋を、偽って曹操軍へ投降させることを思いつく。

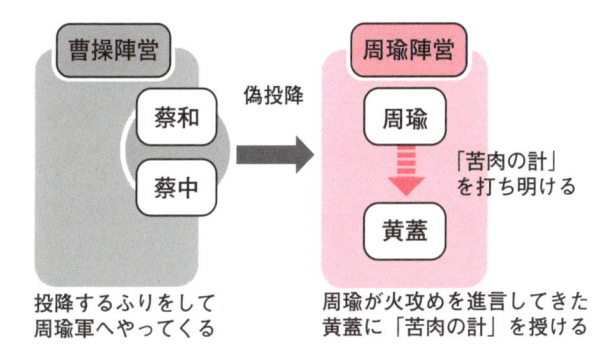

曹操陣営
- 蔡和
- 蔡中

投降するふりをして周瑜軍へやってくる

偽投降 →

周瑜陣営
- 周瑜
- 黄蓋

「苦肉の計」を打ち明ける

周瑜が火攻めを進言してきた黄蓋に「苦肉の計」を授ける

「苦肉の計」の全容

棒打ち50回で血だらけになった黄蓋。それを見ていた闞沢が、曹操への連絡係を買って出て、曹操を騙すことに成功する。

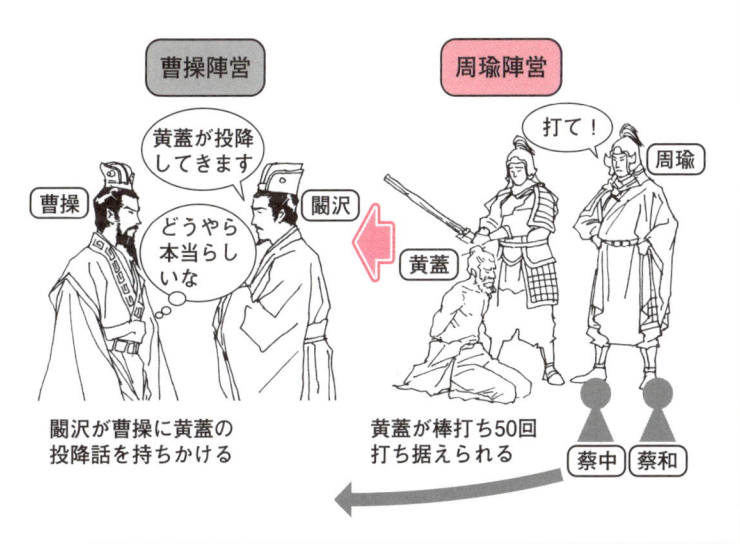

曹操陣営
- 曹操「どうやら本当らしいな」
- 闞沢「黄蓋が投降してきます」

闞沢が曹操に黄蓋の投降話を持ちかける

周瑜陣営
- 周瑜「打て！」
- 黄蓋
- 蔡中・蔡和

黄蓋が棒打ち50回打ち据えられる

関連項目

●黄蓋の「苦肉の計」は作り話だった→No.080

No.021
孔明、七星壇で東南の風を呼ぶ
『三国志演義』第49回

周瑜は「苦肉の計」をもって、黄蓋の投降を曹操に信じ込ませることに成功した。しかし、次なる戦術を実行するのには、東南の風がどうしても必要であった。

●悶々とする周瑜に、東南の風を呼び起こすことを約束

巨大な要塞と化した曹操軍の船団を打ち破るには、火攻めしか手立てがない。しかし今は冬の最中で、西北の風が吹くだけである。**東南の風**が吹かなければ、火矢を射かけても自軍に火の粉が降りかかるだけ。周瑜は手立てを思いつかないまま、とうとう思いが募って血を吐き寝込んでしまう。

これを知った孔明は、周瑜に「東南の風を吹かせましょう」と持ちかける。**奇門遁甲の術**を使って七星壇の上で法術を行えば、東南の大風を吹かせられるというのである。これを聞くや、周瑜は大喜びして起き上がり、孔明の指図通りに屈強の兵500を南屏山に差し向けて、祈祷用の壇を築く。

●周瑜の襲撃を悟って七星壇を去る

3段に築かれた壇の高さは9尺、120人の旗手が見守るなか、孔明は斎戒沐浴して道衣を纏い、素足になって壇に立って祈り始める。時に11月20日、甲子の吉日である。周瑜は、程普や魯粛ら大将たちを本陣に集めて待機させ、孔明が東南の風を吹き荒らすのを待ち構えていた。すでに黄蓋も火船20艘を仕立て、周瑜の命令を待つばかりである。船には、よく乾燥した葦を満載し、その上から魚油を注ぎ、硫黄や煙硝まで塗り込めてある。

こうして呉軍出陣の手はずが準備万端整ったものの、約束の21日の夕刻になっても、空は晴れ渡って風が吹く気配もない。さすがに焦った周瑜も、「孔明は出任せを申したな」と色めき始める。しかし、三更が近づいたころ、にわかに吹き始めた。旗が西北になびき始めたと見る間に、東南になびき、やがて風が激しく吹き荒れていく。周瑜はここでも孔明の奇才ぶりに舌を巻き、「生かしておいてはためにならぬ」と、すぐさま七星壇へと兵を送り込み、孔明を殺害しようとする。しかし、孔明はすでにそれを悟り、呼び込んでおいた趙雲の小舟に乗って、逃げ去っていたのである。

周瑜の病を癒やした孔明の一言

手立てのなくなった周瑜は、思いが募って、ついに床に伏してしまう。孔明が周瑜に嬉しいニュースをもたらすと……。

東南の風を吹かせて見せましょう！

孔明

え？　本当!?
それは嬉しい！

周瑜

病で床に伏せる周瑜も、孔明のこの一言で病も癒え、がばっと起き上がる

七星壇で東南の風を呼ぶ

七星壇で祈り始める孔明。東南の風が吹き始めると、周瑜はまず孔明を殺害しようと動き始める。

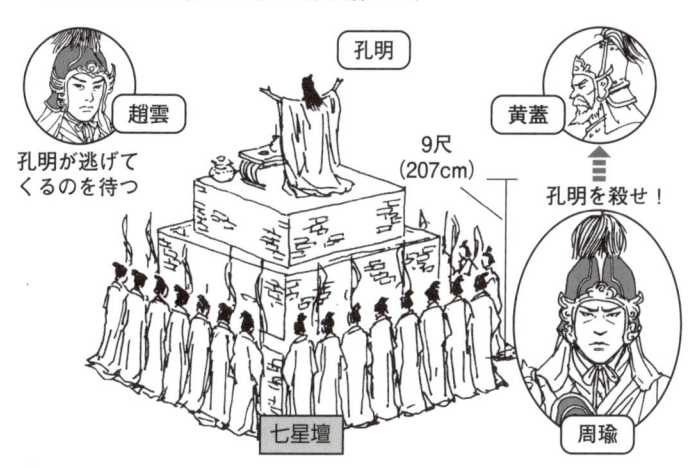

趙雲

孔明が逃げてくるのを待つ

孔明

9尺
(207cm)

黄蓋

孔明を殺せ！

周瑜

七星壇

関連項目

●「赤壁の戦い」で船に火を点けたのは曹操だった!?→No.079

No.022
関羽、義をもって曹操を放つ
『三国志演義』第49回、第50回

闞沢の弁舌に乗せられて黄蓋の投降話を信じ込んだ曹操は、東南の風に乗って黄蓋の船団が大挙して近づいてくるのを、目を細めて眺めていた。そしていよいよ、「赤壁の戦い」の決着がつく。

●船団が火に包まれて、曹操は烏林へ落ち延びていく

　いよいよ東南の風が吹き渡り、投降を装った黄蓋の船団が曹操の陣地へと近づいていく。曹操がこれを見て喜ぶ傍らで、程昱が「兵糧を積んでいるにしては軽々と浮かんでおります」と計略を見抜いてしまう。すかさず文聘が10数艘を率いて船の進行を阻止しようとするが、時すでに遅し。黄蓋の太刀一振りで各船に火が点けられ、勢いよく曹操の船団へと突入する。

　曹操の船は鉄の鎖でしっかり固定してあるため、逃げようにも逃げられない。たちまち、長江一面が炎に包まれ、真っ赤に染まっていく。曹操軍の兵士たちの多くは、焼け死んだり、長江に落ちて溺れ死んだりと、阿鼻叫喚の様相を見せた。かろうじて火の海をかいくぐって死地を脱した曹操は、張遼らわずか100騎を率いただけで、**烏林**へと落ち延びていく。

●昔日の情にほだされて、関羽が曹操を逃す

　曹操が逃げる背後からは、すぐに呂蒙が追いすがってくる。曹操は張遼を後詰めにして、これを食い止めると、今度は凌統が谷間から飛び出してくる。徐晃をこれにあたらせている隙に、曹操はさらに落ち延びていく。しかし、烏林の西、宜都にたどり着いたところで趙雲が、葫蘆口では張飛までもが待ち受けていた。これらもかろうじてかわして逃げていくと、華容の間道に分け入ったところで、赤兎に跨った関羽が兵500を率いて待ち構えていた。

　「**昔日の情義に免じて見逃してはくれぬか**」と請う曹操。対して関羽は、「顔良、文醜を討ち取ったことでご恩は返したはず」とにべもない。しかし、曹操が重ねて「5か所の関所にて大将を斬られたことは覚えておいでか」とたたみかけると、関羽は返す言葉もなくなって「去れ」と一言発して馬首を返し、曹操に道を開けてしまう。曹操は間髪を入れず関羽の脇をすり抜けて、ついに逃げ戻ることができたのである。

「赤壁の戦い」のハイライトシーン

20艘の船を連ね、曹操陣営へ投降すると見せかけて突進していく黄蓋。間近になって偽計を見破られたものの、時すでに遅し。

- 船が軽々と浮かんでいます
- 誰か船を食い止めてこい！
- 曹操陣営：鉄の鎖で固定
- 黄蓋の船団：船に火を点けて突っ込んでいく
- 程昱が偽計に気づくが時すでに遅し
- 火が瞬く間に広がっていく
- 程昱／曹操

曹操の逃走劇

「赤壁の戦い」に敗れた曹操が西へと逃げていく。しかし、そこには呉蜀の将軍たちが待ち構えていた。

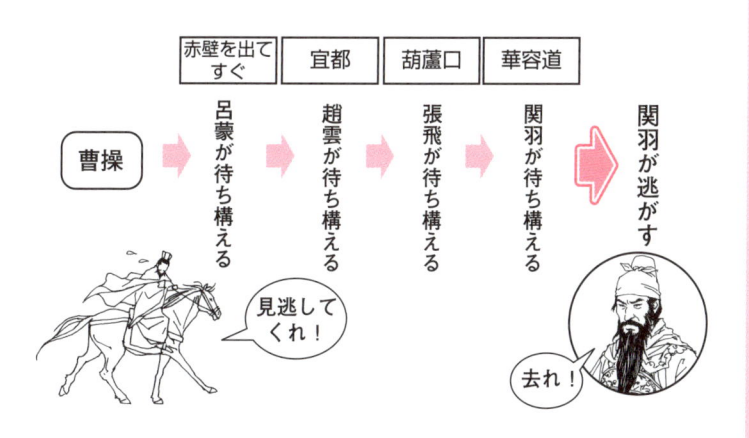

曹操 → 赤壁を出てすぐ：呂蒙が待ち構える → 宜都：趙雲が待ち構える → 葫蘆口：張飛が待ち構える → 華容道：関羽が待ち構える ⇒ 関羽が逃がす

- 見逃してくれ！
- 去れ！

関連項目

- ●「赤壁の戦い」に諸葛亮は参加しなかった!?→No.081
- ●5か所もある「赤壁の戦い」の舞台、本物はどこ？→No.100

No.023
劉備、益州を領す
『三国志演義』第62回、第65回

「赤壁の戦い」のあと、劉備は軍師・孔明の計略などによって、南郡、荊州・襄陽をも奪い取った。そして劉備たちは、のちの蜀の本拠地となる益州奪取に向けて動き出す。

●馬超と張飛の一騎打ち

漢中の**張魯**から攻められそうになる**劉璋**の援軍として、劉備軍は益州入りする。そして、その後は逆に劉璋を攻めるほうへ回り、龐統の献策を用いて要衝・涪城と雒城を陥落させ、劉璋が守る益州の都・成都へと兵を進めていく。最後の関門の綿竹さえ落とせば、もはや成都攻略は成ったも同然であった。

しかし、そこに突如立ちはだかったのが、西涼きっての猛将として、その名を知られた**馬超**である。このとき張魯に与していた馬超は、楊柏や馬岱とともに軍勢を率いて、劉備軍の重要拠点でもあった葭萌関を守る孟達と霍峻を襲い始めたのである。獅子頭の兜に獣面模様の帯、白銀の鎧に白い戦袍という華麗な出で立ちの馬超に対して、急ぎ援軍に駆けつけてきた張飛が挑むものの、100合打ち合っても決着がつかない。一息入れて再び戦うも、張飛はこれを打ち破れなかった。

●劉璋が降伏を決意

そこで孔明は一計を案じ、張魯と馬超の仲を裂く作戦に出る。これが功を奏して、馬超は張魯から疑いの目で見られ、追い込まれていく。進退窮まった馬超を劉備軍が取り込み、劉備の意を汲んだ馬超が、劉璋が籠もる成都へと向かい、劉璋に降伏を勧める。さすがに、猛将・馬超までもが劉備軍に加担したとあっては、もはやこれまでと、劉璋はついに降伏を決意してしまう。まだ城内には3万もの軍勢がおり、金銀糧秣も優に1年分もの蓄えがあり、臣下も戦う意欲を示している……というのにである。そのとき劉璋は、「これ以上領民たちを苦しめることはできない」と皆を諭したという。ここにおいて、劉備はついに荊州に加えて益州をも手中に収め、孔明が計った「**天下三分の計**」を名実ともに実現させたのである。

益州攻略への前哨戦

劉備が綿竹を攻略しようとしたとき、馬超が葭萌関を襲う。
これに張飛が対戦するが討ち取れず、孔明の出番となる。

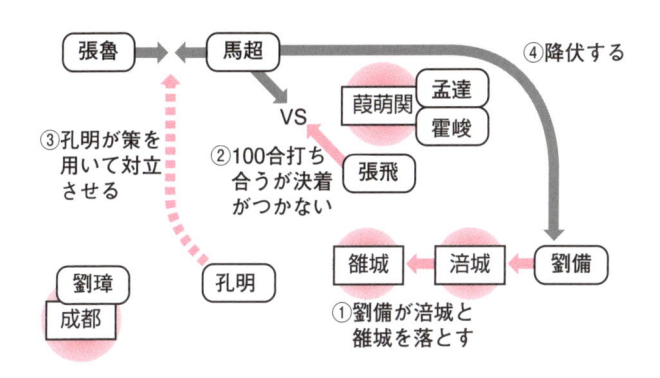

```
張魯 ← 馬超                                    ④降伏する
              VS    葭萌関 ─ 孟達
                          └ 霍峻
③孔明が策を    ②100合打ち
用いて対立    合うが決着    張飛
させる        がつかない
                                雒城 ← 涪城 ← 劉備
劉璋    孔明
成都           ①劉備が涪城と
              雒城を落とす
```

馬超が劉璋を説いて降伏させる

劉備は馬超を劉璋のもとへ送り、降伏するよう説得させる。
領民に害が及ぶことを恐れた劉璋が、降伏を決意する。

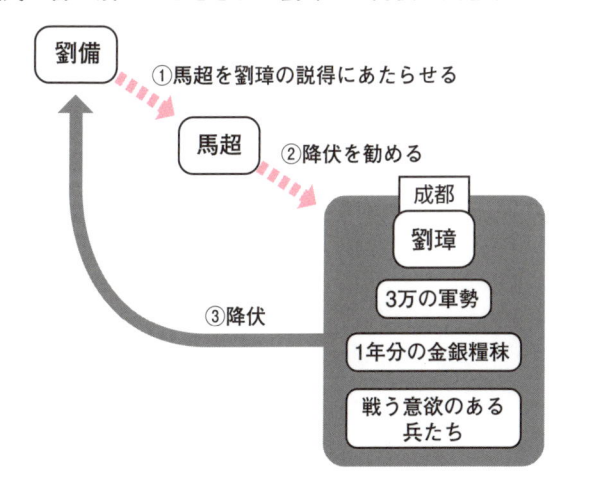

```
劉備  ①馬超を劉璋の説得にあたらせる
          ↓
        馬超  ②降伏を勧める
                  ↓
                成都
                劉璋
      ③降伏    3万の軍勢
                1年分の金銀糧秣
                戦う意欲のある
                    兵たち
```

関連項目

● 蜀書「龐統法正伝」第7→No.054

No.024
張遼、逍遙津で威を振るう
『三国志演義』第67回

「赤壁の戦い」で敗れた曹操が態勢を立て直して漢中を攻略し、益州へと矛先を向ける。劉備は孫権に使者を送り、荊州返還を条件に魏の合肥を攻めるように依頼。これに応えて孫権は、合肥へと兵を送り込む。

●曹操の「賊至らば開けよ」の手箱を開く

　孫権は、10万の大軍を率いて太守・朱光が守る皖城を落とし、合肥へと迫ってくる。**張遼**、**李典**、**楽進**らは圧倒的な兵力の差に為す術もなく、ただ孫権の来襲を待ち構えるだけだった。そこへ曹操から「**賊至らば開けよ**」の**手箱**が届く。張遼らがこれを開けてみると、「孫権至らば、張、李二将は出でて戦い、楽将軍は城を守るべし」と記してあった。張遼はこれを「まずは敵と戦って出鼻をくじき、そのあとに籠城すべしということだろう」と見て、すぐさま楽進、李典ともども馬の用意をして出陣していく。

●1丈あまり切り落とされた小師橋を飛び越える

　まず楽進が打って出ると、呉の先鋒・呂蒙と遭遇する。楽進は数合矛を交えただけでわざと逃げ出して、呉の先鋒と中軍を切り離し、中軍にいた孫権を**逍遙津**の北へと引き込んでいく。そこに潜んでいた張遼と李典が左右から呉軍に襲いかかると、孫権軍は不意を衝かれて混乱し、為す術もなく敗走する。孫権は小師橋を渡って逃げようとしたが、橋はすでに李典が南端を1丈あまり切り落としたあとであった。孫権の部将・谷利が「いったん馬を下がらせて一気に駆け込めば飛び越えられます」と叫んだので、孫権は気を取り直し、馬を3丈あまり引き下がらせて鞭を当てると、馬は見事に橋を飛び越えて逃げ切ることができた。

　一方、呂蒙は甘寧とともに軍勢を率いて孫権の救援に向かうが、李典に遮られ、さらに楽進にも追い討ちをかけられて、兵の大半を失って敗走してしまった。この一戦で呉軍は大敗。この戦いのあと江南の人々は、張遼の名を聞いただけで子供が夜泣きをやめるというほど恐れたという。

　その後は曹操が援軍を率いて到着し、両軍が濡須口で対峙するが、決着はつかずに和睦している。

曹操の手箱のなかの命令書

孫権軍が来襲時に、曹操から送られてきた手箱を開けると命令書が入っていた。それに従って、張遼、李典、楽進は力を合わせて戦っていく。

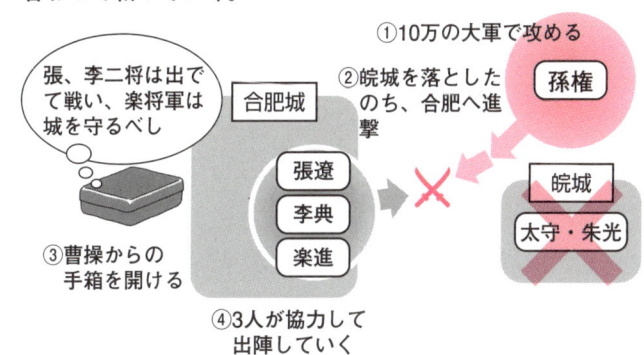

①10万の大軍で攻める

張、李二将は出て戦い、楽将軍は城を守るべし

合肥城

②皖城を落としたのち、合肥へ進撃

孫権

張遼
李典
楽進

皖城
太守・朱光

③曹操からの手箱を開ける

④3人が協力して出陣していく

逍遙津での孫権逃走劇

楽進によって逍遙津へと引き込まれていった孫権。切り落とされていた橋を飛び越えて、かろうじて逃げることができた。

①先鋒・呂蒙に後を追わせ、中軍・孫権を逍遙津に引き込んでいく

中軍
孫権

先鋒
呂蒙

楽進
李典

逍遙津

②左右から孫権を攻める

張遼

③谷利の進言で橋を飛び越えて逃げることができた

谷利　孫権

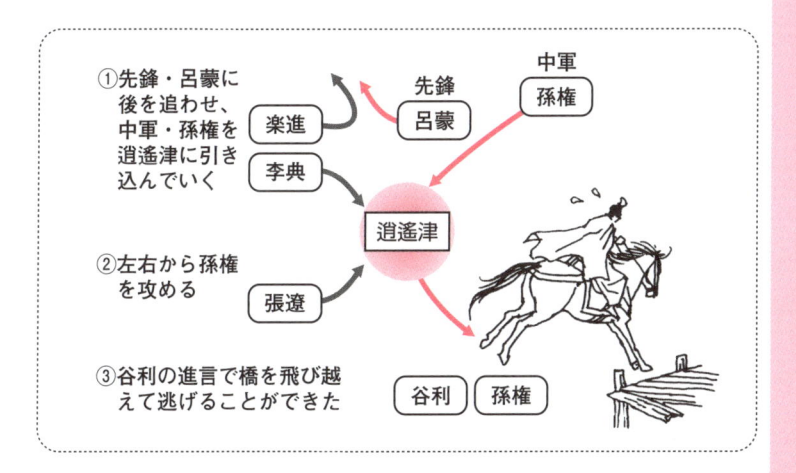

関連項目

●魏書「張楽于張徐伝」第17→No.043

No.025
劉備、漢中王となる
『三国志演義』第72回、第73回

合肥を呉軍に襲われた曹操は、漢中から40万の大軍を率いて救援に駆けつける。曹操が去ったあと、劉備は手薄となった漢中を奪い取ろうと動き始める。

●孔明の奇計で曹操軍を敗走させる

漢中攻略を目指す曹操に対し、孔明は策を弄して攻め立てる。趙雲に命じて3夜連続で夜討ちをかけさせると、精鋭揃いの曹操軍の兵士もさすがに夜も眠れず、士気を落としていくばかりだった。五界山を前にして戦ったときは、蜀軍が負けたふりをして陣を捨て、馬や武具までも捨てて逃げるという行動に出る。奇計を恐れて引き揚げようとする曹操軍に、左右から黄忠と趙雲が攻め込んだあと、正面から劉備が襲いかかると、曹操は慌てふためいて南鄭から陽平関へ逃げていく。陽平関に逃げ帰った曹操を、さらに火攻めにして痛めつける。斜谷まで軍を引いて反撃に出ようとする曹操に、今度は馬超までもが攻撃する。ついに曹操は漢中攻略を諦めて陣を引き揚げようとも考えたが、物笑いになることを恐れてそれもできない。こうして為す術もなく悶々とするだけで、いたずらに時が過ぎていった。

●曹操がつぶやいた鶏肋の一言で、臣下たちが荷をまとめ始める

ある日、曹操の料理番が、鶏の吸い物を出したことがあった。椀に鶏の肋が入っているのを見て、曹操はふと感じるものがあり、思わず「鶏肋」とつぶやいてしまった。これを耳にした夏侯惇が命令と勘違いして、大将たちに触れ回る。一同その真意を量りかねていたところ、行軍主簿の楊修だけが、ひとり荷物をかたづけ始める。夏侯惇が不思議に思って尋ねると、「鶏の肋は旨い出汁が取れる。捨てるには惜しいが、さして肉があるわけでもない。つまり、苦心して取るほどのものでもないということだ」といった。これを聞いた陣中の大将たちも皆、荷物をまとめ始めた。これを知った曹操は、士気をくじいたとして、小ざかしい楊修を斬り捨てたものの、結局は長安まで引き揚げていく。こうして、曹操軍を敗走させた劉備は、孔明はじめ居並ぶ臣下たちに押し抱かれて、**漢中王**になるのである。

曹操の漢中攻略失敗

孔明の策にまんまとはまって敗走していく、曹操の足取りを追ってみたい。

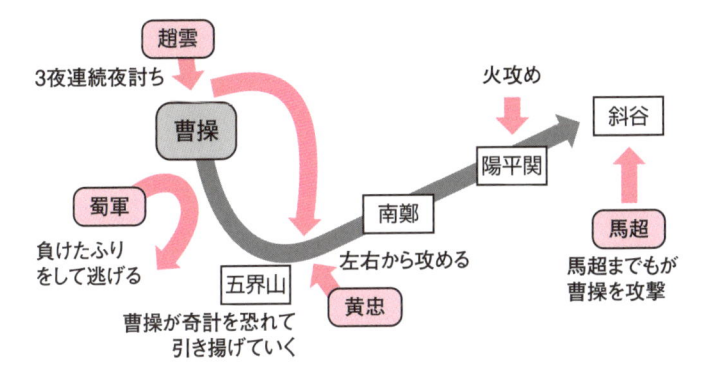

```
趙雲
 ↓
3夜連続夜討ち
   ↓
  曹操 ──────────→ 陽平関 ←火攻め  →  斜谷
   ↑                                    ↑
  蜀軍         南鄭                    馬超
負けたふり           左右から攻める    馬超までもが
をして逃げる   五界山 ← 黄忠          曹操を攻撃
        曹操が奇計を恐れて
        引き揚げていく
```

曹操がつぶやいた鶏肋の波紋

とある日の料理に鶏の肋が出された。これを見た曹操が何気なく「鶏肋」とつぶやいてしまう。この一言が思わぬ波紋を呼んでいく。

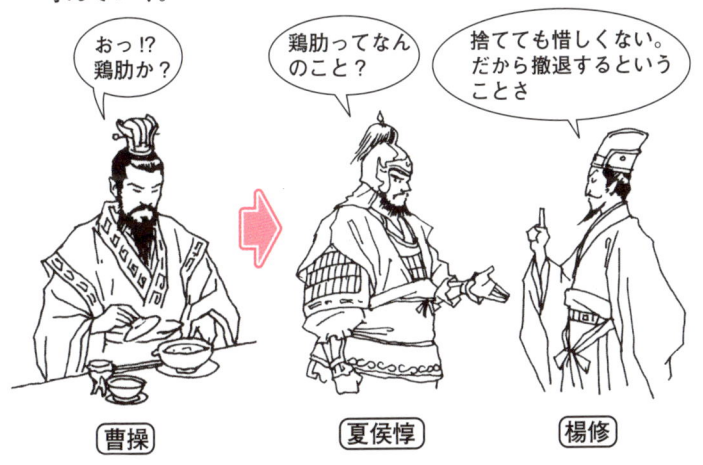

- おっ!? 鶏肋か？ 〔曹操〕
- 鶏肋ってなんのこと？ 〔夏侯惇〕
- 捨てても惜しくない。だから撤退するということさ 〔楊修〕

関連項目

●魏書「武帝紀」第1→No.036

No.026
関羽、麦城に死す
『三国志演義』第76回、第77回

関羽が魏軍の曹仁の籠もる樊城を攻め立てていたとき、呉の呂蒙は、病と称して関羽の油断を誘う作戦に出る。本拠地の荊州が攻められることはないと見た関羽は、全軍を樊城攻撃に向ける。

●孫権が曹操とともに蜀軍を攻め立てる

関羽が荊州より打ち出て、曹仁が守る樊城攻略に全力をあげていたころ、孫権は曹操に書状を送った。呉が荊州攻略に向かうことを知らせ、これに合わせて、曹操に関羽を攻撃するよう要請するのである。魏と呉が連携して蜀攻略に取りかかることを提言するのだ。これに応えた曹操は、自ら大軍を率いて、曹仁が守る樊城へと進軍を開始する。

●麦城から打って出るも、関羽、関平ともに首を刎ねられる

まず徐晃は、関平が守る偃城を落とすと、関羽との戦いに臨む。徐晃が大斧を振るって打ちかかると、関羽は薙刀を手に受けて立つ。80合も打ち合うと、関羽は前の戦いで毒矢を受けた右肘に力が入らず、ついに馬首を返して逃げ出した。樊城の曹仁が城を出て徐晃に加勢し、関羽を追うと、関羽は襄江を渡って襄陽へ逃げようとした。そこへ早馬がきて、襄陽がすでに呂蒙に奪われたことを知る。そこで今度は公安へ向かおうとするが、またもや早馬がきて、公安を守る傅士仁が呉に降伏したことを知る。怒り頂点に達した関羽は、傷口が張り裂けて一時気を失っている。その後しかたなく荊州へ向かうが、士気をなくした兵士らは次々と逃げ、蔣欽、丁奉、徐盛らが襲ってきたときには、わずか300あまりの兵を残すばかりだった。関羽は残兵を率いて麦城に立て籠もるが、呉軍に取り囲まれて身動きが取れなくなる。諸葛瑾が投降を勧めるが、関羽がこれに従うことはなかった。

策もないまま、関羽は息子の関平とともに麦城を出て、険しい山道をたどって落ち延びようとするが、北に20里ほど進んだ決石あたりで、待ち構えていた伏兵に、熊手や足がらみなどを用いられて落馬。そこを潘璋の部下・馬忠に取り押さえられてしまう。そして、孫権のもとに引っ立てられてきた関羽は、関平とともに首を刎ねられてしまうのである。

関羽の樊城攻撃の余波

曹仁が守る樊城を攻撃する関羽に対して、孫権と曹操が手を組んで乗り込んでくる。

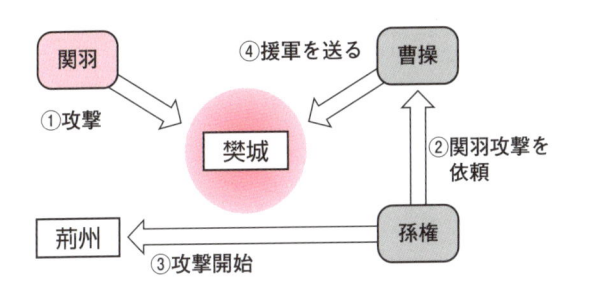

- 関羽 → ①攻撃 → 樊城
- 曹操 → ④援軍を送る → 樊城
- 孫権 → ②関羽攻撃を依頼 → 曹操
- 孫権 → ③攻撃開始 → 荊州

関羽殺害までの足取り

樊城攻略に失敗して敗走を重ねる関羽も、麦城を出たところでついに捕らえられ、首を刎ねられてしまう。

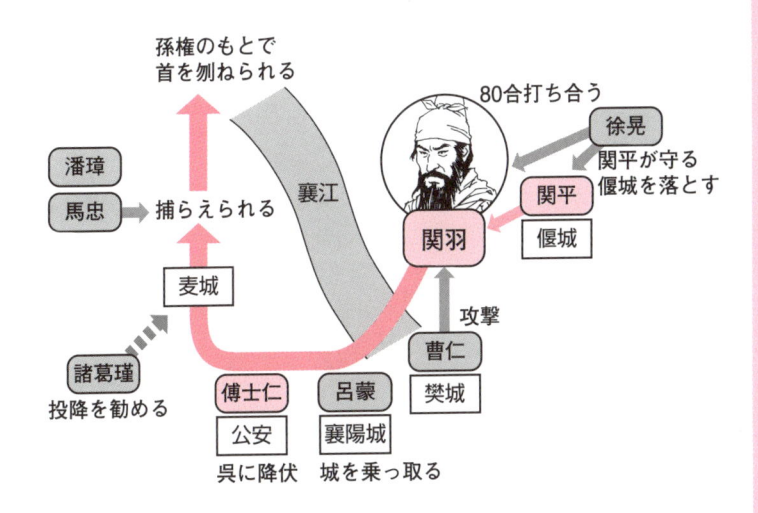

- 孫権のもとで首を刎られる
- 潘璋・馬忠 → 捕らえられる
- 襄江
- 徐晃 → 80合打ち合う → 関羽
- 関平（偃城）：関平が守る偃城を落とす
- 曹仁（樊城）→ 攻撃 → 関羽
- 麦城
- 諸葛瑾：投降を勧める
- 傅士仁（公安）：呉に降伏
- 呂蒙（襄陽城）：城を乗っ取る

関連項目

● 蜀書「関張馬黄趙伝」第6 → No.053　● 関羽は神として祀られている → No.090

No.027

姦雄・曹操、死す

『三国志演義』第77回、第78回

呂蒙の計略にはまって、呉軍によって首を刎ねられてしまった関羽。怒った劉備に攻められるのを避けるため、孫権は、関羽の首を曹操へ送り届ける。曹操は関羽を手厚く葬る。

●孫権が関羽の首を曹操に送って、責任をなすりつける

　関羽を討たれた劉備は、仇を討つため呉を攻めようとしていた。孫権はこれを回避しようと、関羽の首を曹操へ送り、関羽殺害が曹操の指図だったように見せかけた。そうすれば劉備は呉に侵攻せず、魏へ進軍するはずという浅はかな思いであった。孫権の謀を見抜いた曹操は、送られてきた関羽の首に香木で作った身体を縫い合わせて、大臣の礼をもって手厚く葬ることで、その難を避けようと考えた。呉の使者から関羽の首を差し出されたとき、曹操が蓋を開けると、関羽の顔はまるで生きているかのようだった。曹操が「雲長殿、その後お変わりなかったか？」と話しかけると、関羽の口が開き、目が動いて、髪や髭が逆立ったので、曹操は驚いて気を失う。曹操はこれを恐れ、**王侯の礼**をもって洛陽南門外に葬ったという。

●亡霊に苦しめられて、曹操ついに死に至る

　関羽を葬って以降、曹操が眠ろうと目を閉じると、関羽の亡霊が現れるようになる。いたく恐れて臣下に諮ると、洛陽の旧殿には妖異なことが多いので新殿の造営を勧められる。曹操は、**躍竜祠**の傍らにある高さ10丈あまりの**梨の木**を切って梁とすることにし、土地の老人たちの反対を押し切って自ら佩剣を抜いて切りつけると、鋭い音とともに血が飛び散った。その夜、梨の木の神が夢枕に現れ、曹操の命がすでに尽きたことを伝えている。

　これ以降、曹操の頭痛はひどくなり、名医・**華佗**に治療させたものの、華佗が「頭を切り開いて病根を取り除くしかありません」というと、「俺を殺すつもりか」と曹操は怒り、華佗を獄に繋いでしまう。伏皇后や董貴人、伏完、董承らが次々に現れて「命を返せ」という声が渦巻くようになると、曹操はついに自らの死期を悟り、曹洪、陳羣、賈詡、司馬懿らを枕元に呼んで後事を託し、雨のごとく涙を流して死んだ。享年66歳であった。

関羽の首の行方

孫権は劉備の仕返しを恐れて、関羽の首を曹操のもとへと送る。そのとき関羽の首は？

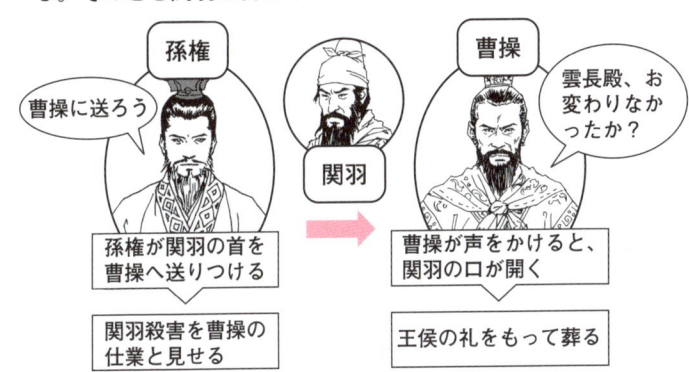

- 孫権「曹操に送ろう」
- 孫権が関羽の首を曹操へ送りつける
- 関羽殺害を曹操の仕業と見せる

↓

- 曹操「雲長殿、お変わりなかったか？」
- 曹操が声をかけると、関羽の口が開く
- 王侯の礼をもって葬る

曹操、亡霊に悩まされる

関羽をはじめ、梨の木の神や董貴人、伏完、董承までもが亡霊となって現れ、曹操は死期を悟るのである。

- 梨の木の神「お前の命もこれまでじゃ」
- 董貴人・伏完・董承「命を返せ！」
- 関羽

死期を悟った曹操は、司馬懿らに後事を託して死んでしまう

関連項目
- 魏書「武帝紀」第1→No.036
- 三国時代には曹操は死んでいる？→No.092

No.027　第1章●『三国志演義』のあらすじ

No.028
劉備、彝陵に猛威を振るう
『三国志演義』第82回、第83回

義兄を失った張飛は、関羽の仇を討たんと意気込んでいた。しかし、無理難題を押しつけられた配下の范彊と張達に、寝首を掻かれて殺されてしまう。ふたりの義兄弟を失った劉備は、呉へ進軍する。

●大軍を擁して呉への侵攻を開始

　関羽に続いて張飛までも失った劉備は、ふたりの仇を討たんと、大軍を起こして呉への侵攻を開始する。蛮王・**沙摩柯**の蛮兵数万を加え、洞渓の漢将・杜路、劉寧の軍勢をも合わせて総勢70万という大軍で、巫口、秭帰、宜都を経て**彝陵**へと進軍した。これに対して孫権は、孫桓に2万5000の軍勢を率いさせ、宜都の境へと進ませて蜀軍を待ち受けさせている。劉備は、関興と張苞をこれにあたらせるや、ふたりは孫桓軍を打ち破り、見事に緒戦をものにしている。続く朱然の水軍をも破ると、老将・黄忠までもが老体に鞭打って奮戦し、潘璋の部将・史蹟を討ち取るなど、華々しい快進撃を見せていくのである。

●関羽と張飛の恨みを晴らす

　勢いに乗った劉備は、自ら軍を率いて猇亭へと向かっている。ちなみに、このとき関興は、戦いの最中に道に迷い、とある山荘に宿を求めた。そこで呉の大将・潘璋と出会って、これを一撃のもとに倒している。関興は潘璋の心臓をえぐり取って関羽の祭壇に供えるとともに、父の愛用していた青竜偃月刀をも取り戻している。関羽殺害に直接手を下した潘璋の部将・**馬忠**は、呉を見捨て劉備に詫びを入れようとしていた**糜芳**と**傅士仁**の手で首を斬られ、劉備のもとに届けられたが、劉備は関羽を裏切った糜芳と傅士仁を許すことができず、ふたりを自らの刀で切り刻んでいる。さらに張飛の寝首を掻いた**范彊**と**張達**のふたりは、張飛の首とともに、孫権が劉備に和睦の印として囚人車に押し込めて送り込んでいる。張苞は張飛の祭壇を設けたあと、ふたりをずたずたに切り刻んで張飛の霊を慰めた。こうして、関羽と張飛の殺害に加わった者たちすべてを葬ったものの、劉備の怒りは収まることなく、呉への侵攻はさらに続いていくのである。

呉征伐の緒戦は？

70万の大軍を擁して呉へと攻め入る劉備。関興と張苞に宜都を攻めさせ、見事に緒戦をものにしている。

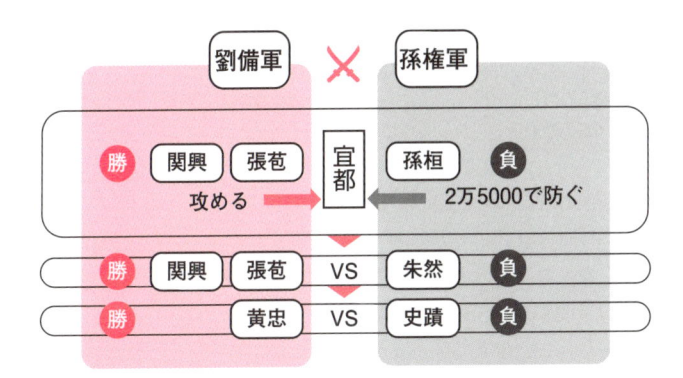

```
          劉備軍    ×    孫権軍

  勝  [関興][張苞] [宜  [孫桓]  負
        攻める →  都] ← 2万5000で防ぐ

  勝     [関興][張苞]  VS  [朱然]   負

  勝         [黄忠]     VS  [史蹟]   負
```

関羽、張飛殺害に加わった人物たちの末路

関羽殺害に加わった潘璋、馬忠、糜芳、傅士仁、および張飛の首を刎ねた范彊と張達たちも、ついに皆殺されてしまうのである。

関羽
- 潘璋：関興が殺害
- 馬忠：糜芳と傅士仁が首を斬る
- 糜芳・傅士仁：劉備が自らふたりの体を切り刻む

張飛
- 范彊・張達：張苞がふたりをずたずたに切り刻む

関連項目

●蜀書「先主伝」第2→No.049　●蜀書「関張馬黄趙伝」第6→No.053

No.029

劉備、永安宮に崩御す

『三国志演義』第84回、第85回

関羽と張飛の仇を討ったとはいえ、劉備の怒りが収まることはなかった。戦いをやめるどころか、長江に沿って長大な陣を敷き、呉への総攻撃に備えていくのである。

●陸遜が火攻めで蜀軍を大敗させる

劉備が、猇亭より四川の境に至るまで、700里のあいだに40もの陣営を連ねたことを知った呉軍の将・**陸遜**は、いよいよ反撃のときが近いとにらんでいた。夏の暑い盛りで、暑気を避けようと蜀の兵士たちが谷川沿いの林のなかに陣を移したことを確認すると、陸遜はついに好機到来とばかりに攻撃を開始する。兵士たちに、硫黄と煙硝を含ませた茅と火種を持たせて、一斉に風上から点火させる。火は東南の風に乗って瞬く間に燃え広まり、蜀の兵士たちを続々と焼き殺していく。

●劉備、死に臨んで孔明に後事を託す

屍が長江を埋め尽くすなか、劉備は趙雲に助けられながらも、かろうじて死地を脱して**白帝城**へと逃げ込んでいる。しかし、生き残った兵はわずか100名あまりという大敗北であった。劉備はこれを恥じて、二度と成都に帰ることはなかった。ちなみにこのとき、孫夫人はすでに呉へと戻っていたが、猇亭での敗戦で劉備が死んだという噂を信じ、長江に身を投げて死んだといわれる。

やがて劉備は病の床に就き、次第に病状が重くなっていく。病が四肢にまで及ぶと、ついに死期を悟って、**孔明**や**李厳**らを永安宮に呼んで後事を託す。孔明には「馬謖は口先だけの男ゆえ、重要な任務を与えてはならない」と念を押したあと、「太子が補佐するに値するならこれを助け、才がなければ、そなたが成都の主となるがいい」とまでいう。これに対して孔明は、「臣は一死をもって忠貞の節を尽くします」といって、後主・**劉禅**を支え続けることを宣言している。魯王・劉永と梁王・劉理には「兄弟3人、丞相を父と思って仕えよ」といい、百官や趙雲にも後事を託したのち、静かに息を引き取るのである。齢63であった。

陸遜の火攻め

長江に沿って700里に40もの陣を敷く劉備。兵が林のなかに入るや、陸遜は好機到来と火攻めを開始する。

劉備の死

ついに死期を悟った劉備は、死の床で孔明に後事を託して死んでいくのである。

関連項目

●蜀書「先主伝」第2→No.049　●劉備は有徳の人だったのか？→No.067

No.030
孔明、七たび孟獲を禽とす
『三国志演義』第87回、第88回、第89回、第90回

蜀主・劉備から後事を託された孔明は、「彝陵の戦い」で荒廃した蜀の立て直しに全力をあげていた。しかし、南蛮の地に不穏な動きがあり、その解決に力を注ぐことになる。

●孟獲が周辺太守と同道して反乱を起こす

225年、蛮王・孟獲が10万の大軍で益州の境へ攻め込んだ。建寧太守・雍闓も謀反し、越巂太守・高定や牂柯太守・朱褒もともに永昌郡を攻めた。ついに孔明は50万の大軍で孟獲征伐へ進軍。緒戦で雍闓、高定、朱褒が孔明に敗れると、孟獲は**金環三結元帥**、**董荼那元帥**、**阿会喃元帥**の3洞の元帥に各5万の蛮兵を授けて出陣させた。これに対して趙雲が金環三結を、張嶷が董荼那を、張翼が阿会喃を虜にすると、孔明は彼らの縄を解いて各洞に帰す。激怒した孟獲は自ら王平と一戦交えるが、王平は負けたふりをして孟獲を伏兵が待つ場所へおびき寄せる。孟獲が趙雲に追われ、魏延に生け捕りにされて本陣に連れられてくると、孔明は縄を解いて陣地へ戻してやる。

●孟獲、7度捕らえられてついに観念

2度目は馬岱の軍勢が、水が冷えて毒気の消えた瀘水を渡って孟獲陣営を襲うと、孔明に恩義を感じていた董荼那が孟獲を捕らえて引き渡した。「手下が裏切った」と納得しない孟獲を再び放つと、孟獲は弟・孟優と屈強の兵士100人を孔明の陣に降伏したと見せかけて送り込む。あとで反旗を翻させ、挟み撃ちにしようという魂胆だが、これも孔明に見破られ馬岱に捕らえられる。またも放たれた孟獲は、4度目は落とし穴に落ちて捕まる。5度目は**朶思大王**の計にかかって、毒泉で王平の先鋒が皆殺しにされそうになるが、孟獲の兄・孟節に助けられたあと、かつて孔明に助けられた銀冶洞洞主・楊鋒が孟獲を捕らえて引き渡す。6度目は、猛獣使いの**木鹿大王**に孔明が考えた機械仕掛けの巨獣を繰り出し、孟獲もろとも縛り上げた。弓をも通さぬ鎧を着けた国王・**兀突骨**率いる**藤甲軍**を焼き殺して孟獲を縛り上げ7度目の捕獲となると、ついに孟獲は観念し孔明に詫びる。こうして南蛮平定戦は孔明が圧勝し、財宝や兵などを得て蜀の経済に潤いをもたらした。

孔明の南征開始

孟獲が近隣の太守たちとともに反旗を翻し始めると、孔明は50万の大軍を擁して征伐に向かう。

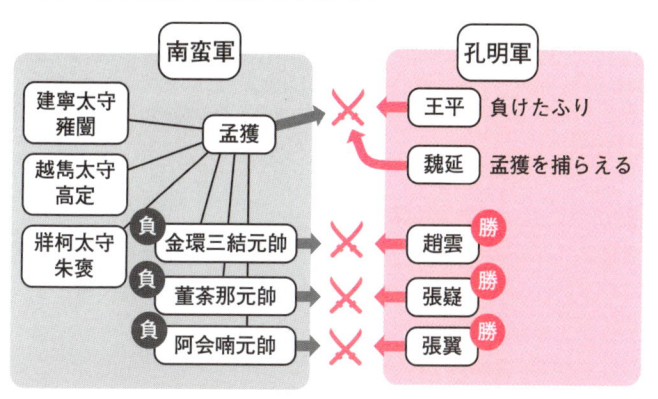

南蛮軍
- 建寧太守 雍闓
- 越嶲太守 高定
- 牂柯太守 朱褒
- 孟獲
- 金環三結元帥（負）
- 董荼那元帥（負）
- 阿会喃元帥（負）

孔明軍
- 王平：負けたふり
- 魏延：孟獲を捕らえる
- 趙雲：勝
- 張嶷：勝
- 張翼：勝

七縦七禽の全容

孟獲を7度捕らえて7度放ち、ついに心服させた孔明の戦いの全容を見てみよう。

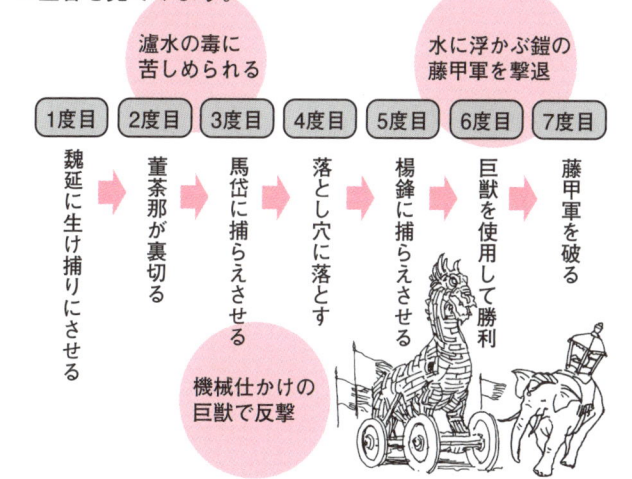

- 1度目：魏延に生け捕りにさせる
- 2度目：董荼那が裏切る
- 3度目：馬岱に捕らえさせる
- 4度目：落とし穴に落とす
- 5度目：楊鋒に捕らえさせる ／ 瀘水の毒に苦しめられる
- 6度目：巨獣を使用して勝利 ／ 機械仕掛けの巨獣で反撃
- 7度目：藤甲軍を破る ／ 水に浮かぶ鎧の藤甲軍を撃退

No.030
第1章 ●『三国志演義』のあらすじ

関連項目
●蜀書「諸葛亮伝」第5→No.052

No.031
孔明、泣いて馬謖を斬る
『三国志演義』第95回、第96回

南蛮を平定すると同時に国力を回復させた孔明は、いよいよ亡き先主・劉備の念願であった魏への侵攻を開始していく。その緒戦に選んだのが、街亭であった。

●馬謖が命に反して山頂に陣を敷く

秦嶺山脈の西にある街亭は、蜀にとって隴西一帯を守るのに必要不可欠な地であった。孔明はここを死守せんと、幼少より兵法書に通じている**馬謖**に精鋭2万5000を授け、副将・**王平**とともに出陣させた。その際「陣を敷くには必ず道筋を選ぶこと」と念を押していた。しかし、馬謖は街亭へ着くと周囲の地形を見回し、山頂に陣を構えるほうが兵法にかなうとして、孔明の命を破ってしまう。王平が「もし敵に水路を断たれたらどうなさいます」と諫めても聞き入れず、王平に兵5000を分けて追い出してしまう。

●孔明、自らの不明を恥じて涙する

馬謖の陣形を知った**司馬懿**は、張郃に山から10里ほど離れたところに陣を張る王平の進路を阻止するよう命じると、山上の水を断ったうえで自ら四方を取り囲んだ。蜀の兵士たちが眼下を見ると、あたり一面を魏の大軍が埋め尽くしている。皆恐れおののき、馬謖が攻撃を命じても動こうとしない。怒った馬謖が進軍しない部将を斬ると、兵士たちはしぶしぶ山を降りるが、すぐに魏兵に押し戻されて山上へ舞い戻ってしまう。飲み水もなくなり兵糧すら取れなくなると、兵士たちはパニックに陥った。そこをすかさず司馬懿が火をかけたため、蜀軍は大騒ぎとなって敗走してしまう。

大敗して戻った馬謖は、自らの身体を縛して孔明の前に現れたが、**打ち首**をいい渡される。蒋琬はじめ臣下たちが取り成して減刑を願い出るが、孔明は聞き入れず、ついに刑手に引き渡して首を刎ねてしまった。馬謖の首が運ばれてくると、孔明は声を上げて泣いた。そして蒋琬に「なぜそのように悲しまれるのですか」と問われると、孔明は「先主より『馬謖は言葉だけの人間ゆえ、大役を任せるではないぞ』との遺言を守らずにいた、自らの不明が恥ずかしくて泣いているのだ」と語ったのである。

馬謖が山上に陣を張る

孔明の命を破って山上に陣を張る馬謖も、司馬懿に水を断たれて苦戦させられてしまう。

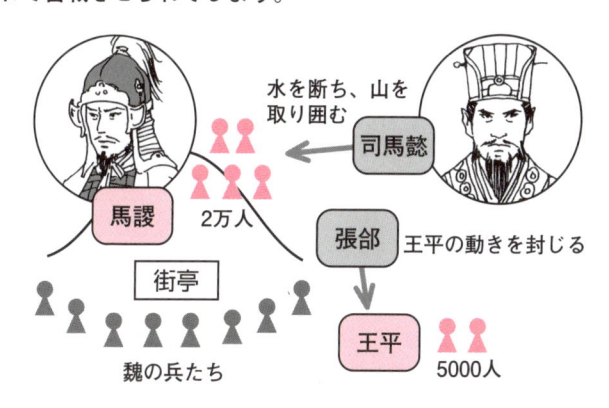

- 馬謖 2万人
- 水を断ち、山を取り囲む ← 司馬懿
- 街亭
- 魏の兵たち
- 張郃 → 王平の動きを封じる
- 王平 5000人

「泣いて馬謖を斬る」の本当の理由は？

命に反した馬謖を斬った孔明。彼が泣いた本当の理由は、自らの不明を恥じてのことであった。

馬謖が首を刎ねられる

蒋琬：なぜ、そのように泣かれるのですか？

孔明：先主より「馬謖を用いるでない」といわれていたのに……

孔明は声を上げて泣き続けた

関連項目

●蜀書「諸葛亮伝」第5→No.052

No.032

巨星、落つ
きょせい

『三国志演義』第103回、第104回

「街亭の戦い」を皮切りに、連年のように北伐を繰り返し、宿敵・司馬懿を窮地に陥れてきた孔明。しかし、寸土を得ることもできず、ただいたずらに時が過ぎていくばかりであった。

●司馬懿が孔明の死期を悟る

　孔明の北伐も、ついに6度目を迎えた。前回の祁山進出に次いで、いよいよ**五丈原**への進出である。孔明は自ら一軍を率いて五丈原の山上に陣を張ったものの、**司馬懿**は一向に打って出る気配を見せない。しびれを切らした孔明は、女ものの衣装や簪などを司馬懿に贈りつけて戦意をあおるが、それでも司馬懿は一向に動かない。司馬懿はすでに、孔明の食事量が少ないにもかかわらず激務をこなし続けていることを見て、孔明の命がそう長くないことを悟っていたのである。

　司馬懿の予測した通り、孔明は次第に病が重くなる。自ら死期を悟った孔明は、祈祷をもって命を長らえようとするが、魏延が魏軍到来を知らせにやってきたとき、勢いあまって孔明の命の源ともいえる主灯を誤って踏み消してしまったため、その願いがかなえられることはなかった。孔明はついに血を吐いてしまうのである。

●孔明の出現に驚いた司馬懿が敗走

　死の床に就いた孔明は、楊儀に対して、魏延が謀反を起こすであろうことを語ったあと、自らの死後に司馬懿が襲ってきたら、作り置いた木像を車に乗せて陣頭に押し出すように命じている。そして、李福に「蒋琬、費褘にあとを任せよ」といい終えたところで、静かに息を引き取った。

　孔明の死を知った司馬懿は、全軍を駆り立てて蜀軍の後を追ったが、目を凝らして陣頭を見ると、綸巾羽扇、道袍黒帯の孔明の姿が……。司馬懿は「孔明め、まだ生きておったか」と仰天して、馬首を返して逃げるのである。大将たちに「わしの首はまだついておるか？」と尋ねるほど、動揺していたともいわれる。これより「**死せる孔明、生ける仲達を走らす**」といいはやされるようになった。

70

「五丈原の戦い」の心理作戦

戦いをしかける孔明に対して、司馬懿は一向に打って出ようとはしなかった。すでに孔明の死を予期していたからである。

司馬懿:「孔明の命もあとわずか。戦うこともあるまい」

孔明:「おぬしは女か？恥ずかしければ戦え！」病が重くなり死期を悟る

五丈原

「死せる孔明、生ける仲達を走らす」の名シーン

孔明が死んだと思って蜀軍を追いかける司馬懿。そこで目にしたのは、まぎれもない孔明の姿であった。

蜀軍

司馬懿:「なんと孔明は生きていたのか？　俺の首はついているか？」

孔明の木像を先頭に静々と行軍する蜀軍

孔明像を見て逃げ惑う司馬懿たち

関連項目
● 蜀書「諸葛亮伝」第5→No.052

No.033
後主、ついに玉璽を放つ
『三国志演義』第117回、第118回

孔明の死後、跡を継いだ姜維は、鄧艾を破るなどの成果をあげていた。しかし宦官・黄皓の甘言に惑わされた劉禅に不用意に呼び戻されるなど、理不尽な扱いを受けることも多かった。

●鄧艾、ついに険しい山中を越えて成都へ

　姜維の北伐も空しく、ついに**司馬昭**が蜀を滅ぼさんと、**鍾会**と**鄧艾**を成都に向けて送り込んでくる。ふたりは先を争って成都を目指していく。鍾会はあくまでも街道に沿って正面から突き進むのに対して、鄧艾は陰平の間道をたどっていくことにした。反り立つ山間の難所である。兵士たちには鎧を着けさせず、ノミを手に進軍させている。切り立った崖に至れば、山を削って道を切り開き、橋や桟道を作りながらの行軍である。陰平から打ち立って20日あまり、すでに700里も進むころには、人影も途絶え、人跡未踏の地へと分け入っていく。摩天嶺という山に至ると、その先は切り立った崖であった。鄧艾は皆に武器を投げ落とさせると、自ら毛氈を身体に巻いて先に転げ落ちていく。毛の肌着を持つ者はこれを身に纏い、ない者は縄を腰に巻きつけて崖を降りていくという凄まじさである。こうして2000の軍勢は一兵もあまさず摩天嶺を越え、江油城へと進んでいく。

●後主・劉禅がついに降伏を決意

　鄧艾至るの報に驚いた江油城の大将・馬邈は、戦うことなく降参してしまう。続く涪城も戦わずに降伏してしまった。慌てた**劉禅**は、諸葛瞻に成都の軍勢7万を与えて、長子・尚とともにこれにあたらせたものの、諸葛瞻は奮戦も空しく力尽き、自ら首を斬って死に、子・尚も戦乱のなかで死んだ。鄧艾がさらに進んで、張遵、黄崇、李球が守る綿竹をも下して成都へと向かってくる。諸葛親子が死に、綿竹までもが敗れたことを知った後主・劉禅は、ついに降伏を決意。鄧艾に降参の国書と玉璽を差し出すのである。後主の勅命を受けて降参せざるを得なかった姜維やその配下たちは、悔しさのあまり、**剣を抜いて石を斬りつけた**といわれる。

鄧艾の山中行軍の模様

蜀攻略を目指す鍾会と鄧艾。ふたりは競い合うが、先に目的を果たしたのは、山中の難所を行軍していった鄧艾であった。

鄧艾軍
- 崖から飛び降りる
- 山を削って道を作る
- 橋を架ける
- ロープを使って下りる

鍾会／姜維
このころ鍾会は、姜維との戦いに明け暮れていた

切り立った山中をたどって、ついに蜀を滅亡へと追いやる

蜀降伏への流れ

鄧艾が山中をたどって江油城と涪城を落としていくと、劉禅は諸葛瞻と尚に防がせる。しかし両名とも敗れると、ついに降伏してしまう。

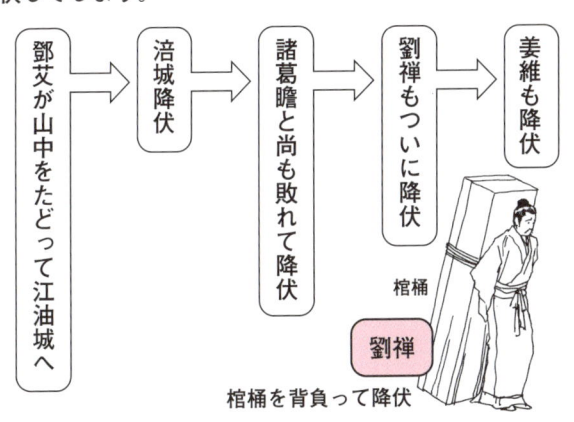

鄧艾が山中をたどって江油城へ → 涪城降伏 → 諸葛瞻と尚も敗れて降伏 → 劉禅もついに降伏 → 姜維も降伏

劉禅　棺桶を背負って降伏

関連項目
●魏書「王毋丘諸葛鄧鍾伝」第28→No.045　●蜀書「後主伝」第3→No.050

No.034
孫晧、晋帝に稽首す
『三国志演義』第120回

蜀の滅亡後、魏は司馬一族の台頭により晋へと生まれ変わる。そして、最後まで命運を保っていた呉も、暴君・孫晧を皇帝に選んだことで、自滅への道を歩んでしまう。

●臣下の目をくり抜くなど、孫晧の横暴が続く

呉主・孫休亡きあとを継いだ孫和の子・**孫晧**は、帝位に就いて以降、酒色に溺れ、日増しに凶暴となっていく。宦官の中常侍・岑昏を寵愛し過ぎたことを丞相・濮陽興と左将軍・張布が諫めると、孫晧は怒ってふたりを殺害してしまう。国情も顧みず、いたずらに新殿を造営したり、晋への侵攻を繰り返すなどしたため、次第に怨嗟の声が国中に湧き上がっていく。

新たな丞相・万彧や将軍・留平、大司農・楼玄らが見かねて直言すると、これも孫晧の怒りを買って殺される。以降、誰も諫める者はいなくなった。また、孫晧はたびたび宴を催し、群臣たちに酔うまで酒を飲ませ、無礼な言動を行った者の顔の皮を剥いだり、目をくり抜いたりしたという。

●今こそ好機と、晋の南征が開始される

呉の惨状を知った晋主・**司馬炎**は、孫晧在命中こそ呉を滅亡させる好機と見て、ついに呉討伐の軍を起こす。杜預を大都督に任じて10万の軍を江陵に出陣させ、司馬伷を徐中に、王渾を横江に、王戎を武昌に、胡奮を夏口に派遣して杜預の指示に従わせ、王濬と唐彬には水陸の軍勢20万あまりを率いさせて、長江沿いから攻めるように命じている。

これに対して孫晧は、司空・藤修を軍師とし、伍延を都督に任じて江陵に、孫歆を夏口に、沈瑩と諸葛靚を牛渚に向かわせた。しかし、士気の劣る呉軍はさして戦わず次々と降参する。ここに孫晧もついに降伏を決意し、自縛して晋の大将・王濬に降参する。王濬は孫晧を洛陽に移し、天子・司馬炎に拝謁させた。このとき司馬炎が「朕はこの席を設けてそなたを待ち受けていたぞ」というと、孫晧は「臣も南方にこのような席を設けて陛下をお待ちしておりました」と答えた。司馬炎は孫晧を帰命侯とし、臣下たちも皆列侯に封じた。こうして中国は、晋の司馬炎によって**統一**された。

孫晧の横暴の数々

皇帝になるや、日増しに横暴になっていく孫晧。その悪行を見てみよう。

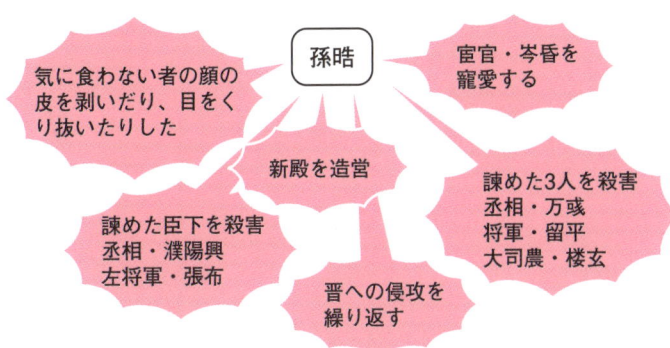

- 孫晧
  - 気に食わない者の顔の皮を剥いだり、目をくり抜いたりした
  - 宦官・岑昏を寵愛する
  - 新殿を造営
  - 諌めた3人を殺害　丞相・万彧　将軍・留平　大司農・楼玄
  - 諌めた臣下を殺害　丞相・濮陽興　左将軍・張布
  - 晋への侵攻を繰り返す

呉滅亡へ

司馬炎は、今こそ呉征伐の好機と見て呉への侵攻を開始する。士気の衰えた呉軍は敗走を重ね、ついに孫晧自身が降伏してしまうのである。

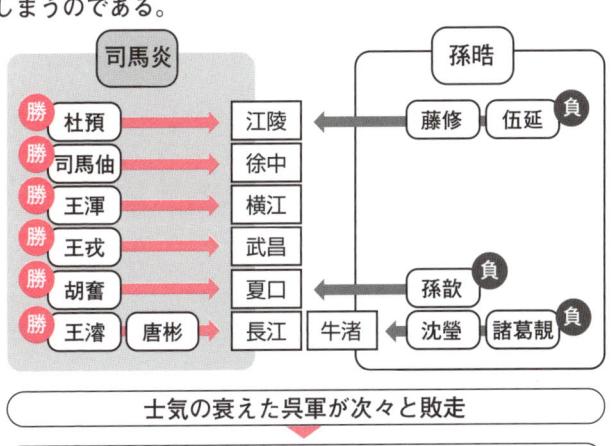

司馬炎側（勝）
- 杜預 → 江陵 ← 藤修・伍延（負）
- 司馬伷 → 徐中
- 王渾 → 横江
- 王戎 → 武昌
- 胡奮 → 夏口 ← 孫歆（負）
- 王濬・唐彬 → 長江・牛渚 ← 沈瑩・諸葛靚（負）

孫晧側

士気の衰えた呉軍が次々と敗走

ついに孫晧が降伏

関連項目

●呉書「三嗣主伝」第3→No.059

三国志紀行①　動乱の世から群雄割拠の時代へ

■「桃園結義」の舞台へ（涿州）

『三国志演義』の冒頭を飾るのは、劉備、関羽、張飛の3人が義兄弟の契りを結ぶという「桃園結義」の名場面である。正史『三国志』にはその場面自体の記載はないが、3人の結束が固く、同じ床で寝起きしていたという記述があるところから、羅貫中が想像を膨らませて『三国志演義』のなかで作り上げた物語である。史実かどうかはかなり疑わしいが、それでも、その舞台とされる地が史跡として整備されているというのがおもしろい。

舞台は北京から南へ車で1時間ほど走ったのどかな街・涿州である。涿州といえば、劉備の生家があったと正史『三国志』にも記されているから、三国志紀行のスタート地点としてもふさわしい地である。まずは、街外れにある大樹楼桑小学校の校門脇のトウモロコシ畑のなかにポツンと建つ、劉備故里の石碑を目指したい。劉備の生家があったところだ。その近くの楼桑三義宮という廟が「桃園結義」の舞台とされるところ。同敷地内には劉備殿（三義殿）、関羽殿、張飛殿の3人の廟が並び、三義兄弟や各武将たちの塑像が並ぶほか、張飛が督郵を鞭打つシーンなども再現されている。裏庭は都合よく桃園になっていて、3人が威勢よく杯を交わす巨大な塑像も。また、張飛が肉屋を営んでいたときに肉を隠していたという古井戸も近くにあるが、これも涿州市文物保護単位に指定されて、史跡然として保存されているのがユニークである。

■「官渡の戦い」の舞台へ（官渡）

関羽、張飛という猛将を得た劉備は、その後黄巾賊討伐の義兵に参戦し、次第に頭角を現していくが、あくまでもその当時の主役は、都の実権を握った董卓と、それに異を唱える曹操、袁紹を中心とする反董卓連合軍の面々であった。董卓亡きあと、このふたりが天下分け目の決戦に臨んだのが「官渡の戦い」である。

舞台は、涿州の南西550kmの中牟県官渡橋村にある官渡古戦場である。正史『三国志』によると、袁紹軍の兵は10余万の大軍に対して、曹操軍の兵は1万にも満たないという寡兵である。それにもかかわらず、勝利したのは曹操軍であった。袁紹軍から曹操の幼馴染みの許攸が投降して、曹操に袁紹軍の兵糧のすべてが烏巣に蓄えられているという情報を得たからである。ここを襲撃して袁紹軍の戦意を喪失させて勝利を得た曹操は、この戦いのあと、覇者への道を駆け上っていくのである。

しかし、三国志に燦然と輝く名舞台でありながら、今はただのどかな田畑が広がるばかりである。以前は三国志のテーマパークともいうべき官渡之戦記念館があったが閉鎖してしまい、田畑のなかに勇壮な曹操の騎馬像と古井戸がポツンと残るのみ。それでも、世紀の歴史舞台に佇み、壮絶な戦いに思いを馳せるだけでも、三国志ファンとしては大きな感動を覚えてしまうのである。

第2章
正史『三国志』の内容

No.035
正史『三国志』とは
正史『三国志』全65巻

280～290年ごろに晋の官吏・陳寿が記した歴史書で、魏を正統としているが、陳寿が蜀の官吏だったこともあり、蜀贔屓な記述も随所に見られる。約130年後の南北朝時代に、宋の裴松之がこれに注をつけている。

●本紀と列伝で構成された歴史書

　正史『三国志』とは、西晋時代の官吏・**陳寿**（233～297年）が記した**歴史書**である。『史記』を著した司馬遷が編み出した紀伝体の体裁を踏襲したもので、正統王朝の歴史を年代順に描く「**本紀**」と、その時代に活躍した人物について記す「**列伝**」などを柱として構成されている。晋が記す歴史書である以上、魏から禅譲されて王朝を受け継いだ晋としては、魏を正統とする立場を取らざるを得なかった。そのため、魏の皇帝だけが「本紀」を立てられ、あとは「列伝」扱いで、計442人もの人物が紹介されていくのである。魏書30巻、蜀書15巻、呉書20巻の3部構成で成り立っているが、ボリュームの点から見ても魏書の巻数が圧倒的に多く、魏の正統性を強調している。

　ただ、記載内容は実に簡潔で、事象を羅列するに留まる箇所も多かったため、南朝宋の文帝が裴松之に命じて、これに注釈を加えさせている。これに応じて裴松之は、陳寿の言葉足らずな記事に解説を加えただけでなく、記載された記事とは異なる伝承や事象などを記した『漢晋春秋』『異同雑語』『漢紀』『魏略』など、実に210にも及ぶ文献から引用して、その内容を補っている。「死せる孔明、生ける仲達を走らす」や「七縦七禽」といった故事成語も、裴松之の注に記されたことで広く知られるようになったものである。

　なお、陳寿はもともと蜀に仕えた官僚である。そのため、晋の官吏として魏を正統な王朝とする公式の立場とは裏腹に、蜀贔屓の記述が随所に潜んでいる点も見逃せない。暗に、蜀こそが漢王朝の正統な継承者であるかのように記した箇所もある。また、陳寿の父は馬謖の参軍で、馬謖が街亭で敗れたときに父が連座して、髠刑（髪の毛を剃る刑罰）に処せられた。このため、諸葛亮に対していい感情を抱いていなかったので、諸葛亮の評価が低いと指摘する人もいる。

正史『三国志』の全体構成

魏書30巻、蜀書15巻、呉書20巻で構成され、合計442人の人物が紹介されている。本紀が立てられているのは魏書のみ。

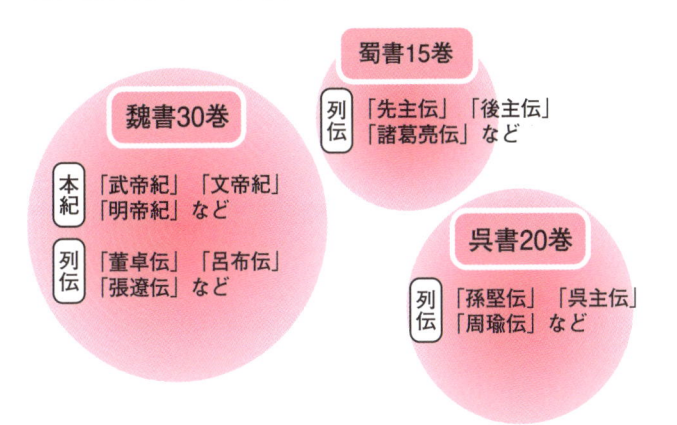

魏書30巻
- 本紀：「武帝紀」「文帝紀」「明帝紀」など
- 列伝：「董卓伝」「呂布伝」「張遼伝」など

蜀書15巻
- 列伝：「先主伝」「後主伝」「諸葛亮伝」など

呉書20巻
- 列伝：「孫堅伝」「呉主伝」「周瑜伝」など

作者・陳寿の三国との関係

陳寿は晋の官吏としての立場上、形式的には魏を正統としている。しかし出身が蜀であったため、蜀贔屓の記載も目立つ。

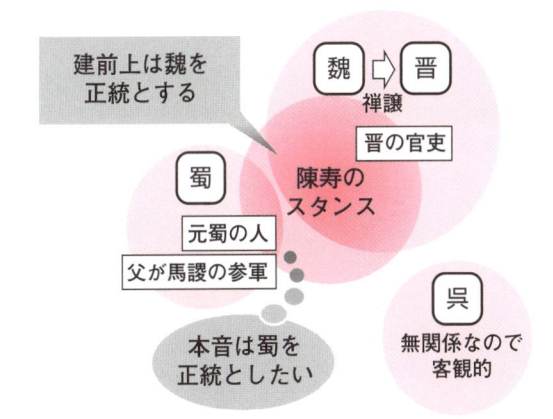

- 建前上は魏を正統とする
- 魏 ⇒ 晋（禅譲）
- 晋の官吏
- 陳寿のスタンス
- 蜀：元蜀の人／父が馬謖の参軍
- 本音は蜀を正統としたい
- 呉：無関係なので客観的

関連項目
● 『三国志演義』と正史『三国志』→ No.066

No.036
魏書「武帝紀」第1

「武帝紀」

正統王朝である魏の初代天子として奉られた曹操の一代記である。また、同時代に中国全土で繰り広げられた事象に関しても、時代を追って書き記している。

●太祖武皇帝と称された曹操の生涯を記載

魏王朝建国の礎を作った**曹操**は、生前自ら進んで帝位には就かなかったが、死後に廟号を太祖と称され、魏の初代天子として奉られた。武皇帝という諡号を追号されたため、正史『三国志』では、太祖あるいは武帝、公などと記される。巻頭には当然、武帝を本紀扱いとした「**武帝紀**」が記され、武帝の生前の動向とともに、同時代の中国全体の動きをも簡潔にまとめている。

最初に曹操の出身地、姓名字、曹家の系図を記したのち、権謀に富み、男伊達気取りで勝手し放題だった若年のころの曹操の人物像を記している。梁国の橋玄が曹操を高く評価したとするが、許子将から「**治世の能臣、乱世の姦雄**」と評されたことは、裴松之の注に引く『異同雑語』に記されている。

●「官渡の戦い」は長文で解説するも、「赤壁の戦い」の記載はわずか

董卓の献帝擁立後、曹操は董卓のもとから逃げるように自領地へと戻るが、その途中で起きた呂伯奢殺害事件は「武帝紀」には記されていない。しかし、裴松之は『魏書』『世語』『雑記』などを引き合いに出して詳しく書いている。魏を正統とする立場上、曹操のイメージを損ねる内容には触れにくかったのだろう。その反面、袁紹との天下分け目の大合戦「**官渡の戦い**」は曹操の快進撃でもあり、長文を割いて解説している。このとき、曹操が1万にも満たない兵で10余万もの袁紹の大軍を破ったと強調するが、これも裴松之は、曹操の軍がそんなに少ないはずはないと言い切っている。また、曹操が大敗を喫した「**赤壁の戦い**」は、「劉備と戦ったが負け戦となった。疫病が蔓延して官吏や士卒の多くが死んだため帰還した」という、実に簡潔な一文に留めている。この落差こそが、曹操の正統性を強調する証しだと見るべきだろう。「赤壁の戦い」のあとは「潼関の戦い」「定軍山の戦い」「漢中の戦い」などを記し、220年、曹操が洛陽で崩御したことで幕を閉じている。

曹操の多彩な呼び方と性格

太祖、武公、武皇帝、武帝など、多彩な呼び名を持つ曹操。「武帝紀」では、彼の複雑な性格にも言及している。

曹操の呼び名
- 曹操
- 武公
- 太祖
- 武帝
- 武皇帝

曹操の性格
- 権謀に富む
- 男伊達気取り
- 治世の能臣
- 勝手し放題
- 乱世の姦雄

「武帝紀」に見られる記事と取り扱い分量

曹操快進撃の「官渡の戦い」は大きく扱い、大敗を喫した「赤壁の戦い」はごく小さな扱い。呂伯奢殺害事件は記載なし。

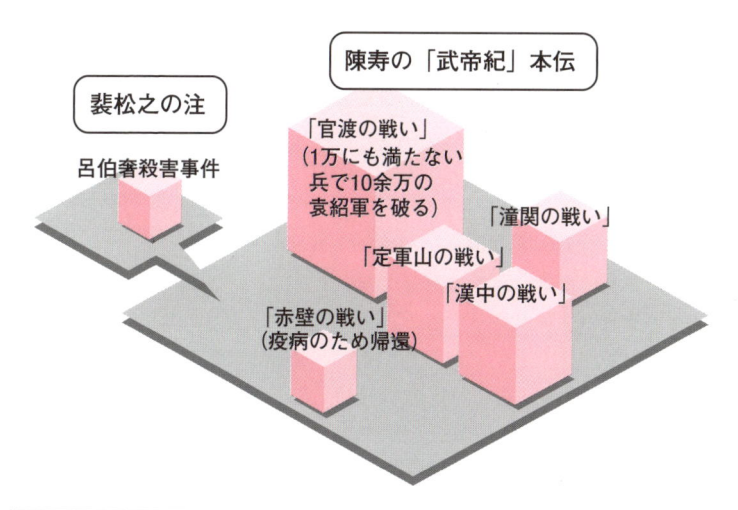

裴松之の注
- 呂伯奢殺害事件

陳寿の「武帝紀」本伝
- 「官渡の戦い」（1万にも満たない兵で10余万の袁紹軍を破る）
- 「潼関の戦い」
- 「定軍山の戦い」
- 「漢中の戦い」
- 「赤壁の戦い」（疫病のため帰還）

関連項目

● 呉書「周瑜魯粛呂蒙伝」第9→No.062

No.037
魏書「文帝紀」第2／「明帝紀」第3／「三少帝紀」第4

「文帝紀」「明帝紀」「三少帝紀」(「斉王紀」「高貴郷公紀」「陳留王紀」)

曹操の跡を継いだ曹丕(文帝)、曹叡(明帝)の各一代記に続いて、曹芳(斉王)、曹髦(高貴郷公)、曹奐(陳留王)の三代記を綴る。卑弥呼の記述にも注目したい。

●曹丕(文帝)と曹叡(明帝)の各一代記

「**文帝紀**」は曹操の長男・曹丕(文帝)の一代記だ。曹丕が217年に魏の太子になったことから記し、その後「天命は徳ある者に帰する」として、漢帝(献帝)自ら曹丕に帝位を譲ったことを長々と記している。裴松之も『漢紀』『献帝伝』を引用し、禅譲に至る経緯を書き添えている。実際は漢から奪った帝位だけに、それを正当化するには長々と説明するしかなかったのだろう。

続く「**明帝紀**」は、曹丕の子・曹叡の一代記である。222年に母の甄皇后が誅殺されて、曹叡は一時将来を危ぶまれたこともあったが、226年、文帝が重態に陥ると皇太子となり、続いて皇帝に即位している。この明帝の在位中に司馬懿は着々と勢力を拡大し、ついには太尉となって、明帝が死の床に就いたとき、曹爽とともに息子を補佐するよう後事を託されるのである。

●初めて倭国の女王・卑弥呼の名も登場

「**三少帝紀**」は、斉王(曹芳)、高貴郷公(曹髦)、陳留王(曹奐)の各一代記である。明帝には子供がなく、養育していた当時8歳の斉王を帝とするが、彼の経歴は一切記載がない。249年、天子が高平陵(明帝の御陵)に参詣した折、太傅・司馬宣王(司馬懿)が、大将軍・曹爽らが反乱を企てたとして、曹爽はじめ曹羲、曹訓、曹彦など曹氏一族を罷免させたと淡々と記すが、実体は司馬懿側のクーデターである。「女色に溺れ、政治を顧みなくなった」という理由で、曹芳を帝位から引きずり降ろしたのだ。「高貴郷公紀」は、東海王・曹霖の子・曹髦の一代記。「陳留王紀」は武帝(曹操)の孫・曹奐の一代記だが、大半は司馬懿の子・師や昭にまつわる記述である。265年、帝位を晋の嗣王(司馬炎)に譲って「三少帝紀」の幕は降りる。「三少帝紀」のなかで注目すべきは、**卑弥呼**にかかわる記述だ。243年「冬12月、倭国の女王・俾(卑)弥呼が使者を遣わして捧げ物を献上した」と記している。

曹氏系図（一部抜粋）

献帝から帝位を禅譲された曹丕を初代皇帝としてから、奐の5代目元帝に至るまでの系図を見ておこう。

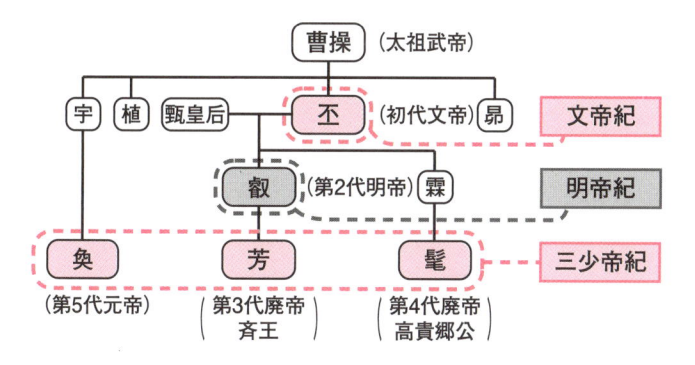

```
                    曹操（太祖武帝）
         ┌──┬──┬──────┼──────┐
         宇  植  甄皇后   丕 （初代文帝） 昂      → 文帝紀
                    │
                    叡 （第2代明帝） 霖        → 明帝紀
         ┌──────────┼──────────┐
         奐          芳          髦          → 三少帝紀
       （第5代元帝）（第3代廃帝  （第4代廃帝
                    斉王）      高貴郷公）
```

司馬一族のクーデター

司馬懿がクーデターを起こして以来、曹芳、曹髦、曹奐は皇帝となったものの、実権は司馬一族が握ることになる。

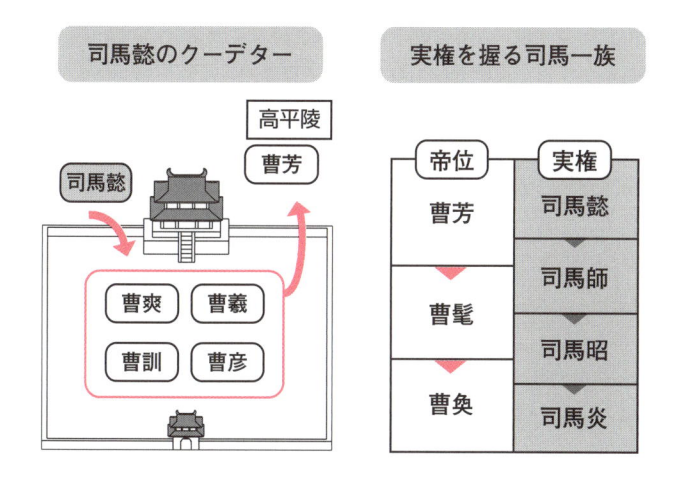

司馬懿のクーデター

高平陵 / 曹芳
司馬懿
曹爽　曹羲
曹訓　曹彦

実権を握る司馬一族

帝位	実権
曹芳	司馬懿
	司馬師
曹髦	司馬昭
曹奐	司馬炎

関連項目

● 魏書「諸夏侯曹伝」第9→No.041

No.038
魏書「董二袁劉伝」第6
「董卓伝」「袁紹伝」「袁術伝」「劉表伝」

董卓の悪逆非道ぶりを包み隠さず列挙した「董卓伝」のほか、名門出身とはいえ庶子であった袁紹、皇帝を僭称した袁術、決断力がなかった劉表の各伝記も連ねる。

●董卓の横暴さがひときわ際立つ

「董二袁劉伝」は、董卓、袁紹、袁術、劉表の各一代記である。いずれも、魏に所属していたわけでもないのに魏書に掲載されているというのは、本人たちにとっては不本意であろう。それでも、あとに続く呂布や公孫瓚、張繡、張魯などとともに、魏の臣下よりも先に伝記が立てられているのは、群雄として一躍を担ってきたことに対する敬意の表れと見ておきたい。

「董卓伝」では、男伊達気取りで類い希な腕力を有する董卓が、少帝を廃した経緯や、長安遷都に際して洛陽の宮殿に火を点けたこと、陵墓を暴いて宝物をことごとく奪い去ったこと、宴席で降伏者数百人の舌を斬り、手足を斬ったり目をくり抜いたりしたことなども包み隠さず記載している。王允と呂布が共謀して董卓を暗殺し、董卓の脂ぎった臍に灯心を差し込んで火を灯すと何日も燃え続けたという話は、裴松之が『英雄記』から引用した。董卓の死後に権勢を誇った李傕と郭汜も、郭汜の妻の焼きもちが原因で仲違いしたという話が注に引く『典略』に記されている。郭汜が解毒のために糞汁を飲んだとも。李傕と郭汜が殺害されたところで「董卓伝」が終了する。

●辛辣な裴松之の評が見もの

「袁紹伝」は、袁安以下4代続いて三公の位にあった名門・袁紹の伝記。本伝に記載はないが、裴松之は『魏書』と『英雄記』を引き、袁紹が袁逢の庶子か袁成の子か諸説あると、多くの紙面を割いて紹介している。袁紹の従弟・袁術の伝記「袁術伝」では、袁術が臣下の反対を押し切って皇帝を僭称した経緯も記されている。「劉表伝」には、劉表が八俊と呼ばれたほどの俊才で、容姿が立派だったと記している。しかし陳寿は「董二袁劉伝」の最後に、董卓は心がねじれて暴虐非情、袁術は奢侈多淫、袁紹と劉表は風貌もよく評判も高いが、猜疑心が強く決断力がなかったと厳しい評価を与えている。

董卓の人物評

傍若無人な董卓も、最後は呂布に殺されてしまう。死体の臍に火を灯されて、無様な姿をさらけ出してしまうのである。

- 董卓
- 腕力が強い
- 男伊達気取り
- 宮殿に火を点ける
- 降伏者を虐殺する
- 少帝を廃す
- 陵墓を暴く

殺害されたあと

→ 臍に灯心を差し込んで火を点けると、何日も燃え続けた

陳寿の群雄たちへの人物評

一郡の雄となった董卓、袁術、袁紹、劉表も、陳寿の辛辣な目を通して見れば、真の勇者といえるものではなかった。

- 董卓 → 暴虐非情
- 袁術 → 奢侈多淫
- 袁紹 → 猜疑心が強く決断力がない
- 劉表 → 猜疑心が強く決断力がない

関連項目
- 反董卓連合軍は結集して虎牢関で戦ったのか？→No.072

No.039
魏書「呂布臧洪伝」第7
「呂布伝」「臧洪伝」

丁原と董卓を殺害した呂布は、まさに三国きっての不義の人というべきである。その呂布とは逆に、忠義の人と称えられた臧洪の伝記がこれと並ぶのは、なんとも皮肉としかいいようがない。

●武勇に秀で女好きだった呂布と、忠義の人と称えられた臧洪の一代記

「呂布臧洪伝」は、三国きっての猛将・呂布と、忠義の人・臧洪の各一代記である。「呂布伝」では、呂布は九原県の人としながら、勇猛さを認められ并州に仕えるまでの経歴には触れていない。武術一本でのし上がった人物で、弓術に優れ、腕力が抜群だったため「飛将」と呼ばれた。呂布は丁原殺害後、董卓の護衛にあたったが、董卓の侍女と密通したことが露見するのを常に恐れていたというから、武勇だけでなく女好きだったことは間違いない。王允に操られ、自ら刀を振るって董卓を殺害したことも記されている。袁術が紀霊に歩騎3万を統率させて劉備を攻撃したとき仲裁に入り、「わしが戟の小枝に矢を命中させたら戦闘を中止してくれ」といい、見事命中させて兵を退かした話もある。198年、曹操に反旗を翻したが、下邳城を包囲され、臣下の宋憲らにも裏切られて内部崩壊し降伏した。縄目をかけられ曹操の前にいったとき、呂布が「縄目を緩めてくれ」というと、曹操は「虎を縛るのだからきつくしないと」といった。このとき呂布は「殿が歩兵隊を率い、私が騎兵隊を率いれば天下を平定できる」と命乞いしたが、劉備が「丁原と董卓のことをお忘れなく」といったので、曹操は思い直し、呂布を殺したという。

「臧洪伝」は、広陵太守・張超が招請して郡の功曹となり、張超から「天下の奇士」と称えられた臧洪の一代記。臧洪は、曹操が張超を攻撃したとき、これを救うために袁紹から兵馬を借りようとしたが応じてもらえず、張超一族が全滅したことから袁紹と対立した。その後、袁紹が城を取り囲んだとき、臧洪は寡兵ながらも頑なに降伏することを拒み、城内にいた男女7000～8000人は皆飢えて死んだ。このことから忠義の人と称えられるようになった。自分の妾を殺して将兵たちに食べさせたことも記されているが、果たしてそれが忠義なのか。裴松之も、まことに哀れむべきことだと締めくくっている。

呂布の生涯

抜群の腕力でのし上がってきたとはいえ、裏切りを繰り返す呂布。そんな彼もついに、曹操にくびり殺されてしまう。

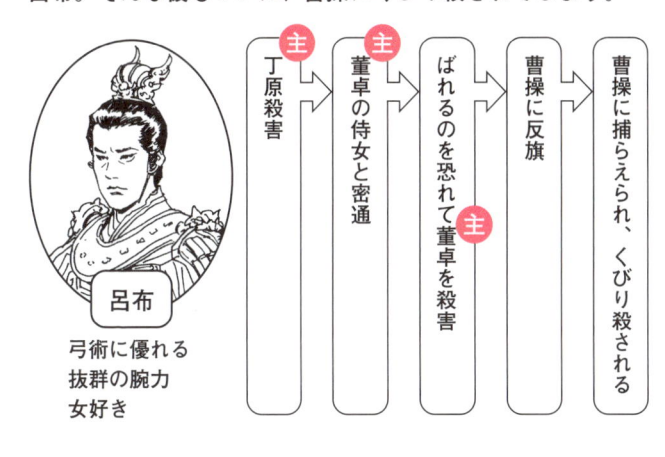

呂布
弓術に優れる
抜群の腕力
女好き

丁原殺害【主】 → 董卓の侍女と密通【主】 → ばれるのを恐れて董卓を殺害【主】 → 曹操に反旗 → 曹操に捕らえられ、くびり殺される

臧洪 VS 袁紹の戦いの構造

張超救出ならず、兵馬の借用を拒否した袁紹を恨んだ臧洪は、袁紹から攻められても降伏をよしとせず、全員が餓死している。

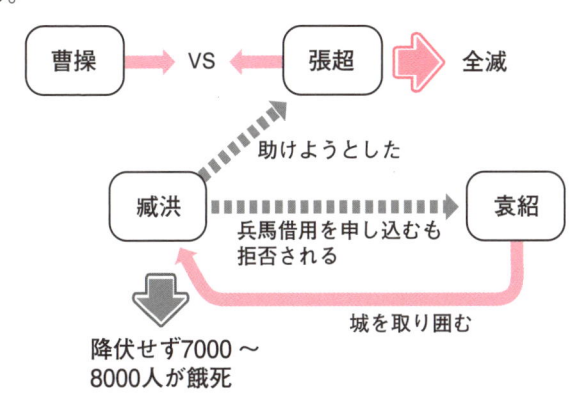

曹操 VS 張超 → 全滅

臧洪 — 助けようとした → 張超

臧洪 — 兵馬借用を申し込むも拒否される → 袁紹

袁紹 — 城を取り囲む → 臧洪

降伏せず7000～8000人が餓死

関連項目

●英傑たちの身体測定→No.104

No.040
魏書「二公孫陶四張伝」第8

「公孫瓚伝」「陶謙伝」「張楊伝」「公孫度伝」「張燕伝」「張繡伝」「張魯伝」

「二公孫陶四張伝」では、難攻不落の易京城に籠城するも敗走を余儀なくされた公孫瓚や、董卓などの邪悪な人物に与する陶謙、追い詰められ抵抗してから降伏して厚遇された張楊などの各伝記が記載されている。

●「公孫瓚伝」「陶謙伝」「張魯伝」が見もの

「二公孫陶四張伝」には、公孫瓚、陶謙、張楊、公孫度、張燕、張繡、張魯の伝記が連なる。特筆すべきは、白馬義従の名で恐れられた遼東の雄・公孫瓚、曹操に父の仇と狙われた陶謙、五斗米道の教祖として漢中に君臨した張魯で、この3人は「武帝紀」にもその名が登場する重要人物である。

「公孫瓚伝」には、192年に袁紹と戦った末に勃海へ敗走した「界橋の戦い」や、劉虞に皇帝僭称の罪を着せて斬刑に処した話などが記されているが、見るべきは198～199年に袁紹とのあいだで繰り広げられた「易京の戦い」だ。圧倒的な兵力で追い詰められた公孫瓚が、十重の塹壕を巡らしたなかに高さ5～6丈(約11～14m)の京という土山を築き、そこに物見の楼を建て、中央の塹壕に高さ10丈(約23m)もの高台を築き、その上に難攻不落といわれた易京城を築いて籠城する戦いである。そこに300万石もの穀物を貯蔵して数年も籠城を続けたが、黒山賊に救援を求める密書が袁紹側の手に落ちたことから袁紹にはめられ、あっけなく陥落した経緯が詳しく記されている。

「陶謙伝」は、長安遷都後、反董卓連合軍に四方を固められて物資輸送に支障をきたした董卓に貢物を献上し、徐州牧になった陶謙の一代記である。この一例でもわかるように、陶謙は権力者と見れば邪悪な人物にもすり寄っていく人間だった。本伝には、善良な人には見向きもしなかったという記載もある。193年、曹操に攻められて大会戦となったが、万単位の死者を出して敗走したとされるが、ここにも曹操の徐州住民大虐殺に関する記載はない。

「張魯伝」では、張魯が曹操に攻められて降伏しようとしたとき、臣下の閻圃に「追い詰められて降伏するよりも、抵抗したあとで降伏するほうが待遇はよくなります」といわれ、それに従ったという話が興味深い。曹操がこれに応えて閬中侯に取り立てたことに対して、裴松之は非難の一文を寄せている。

公孫瓚が築いた易京城の構造

　十重の塹壕のなかに高さ5～6丈の土山を築き、その中央に高さ10丈の高台を築き、その上に居城を構えた。

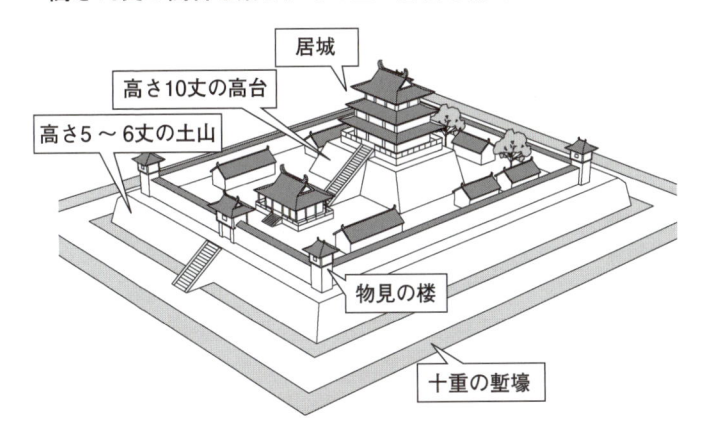

- 居城
- 高さ10丈の高台
- 高さ5～6丈の土山
- 物見の楼
- 十重の塹壕

権力者にすり寄る陶謙の行動

　権力者・董卓に貢物を送り届けて歓心を得ようとする陶謙も、ついに曹操に攻撃されてしまう。

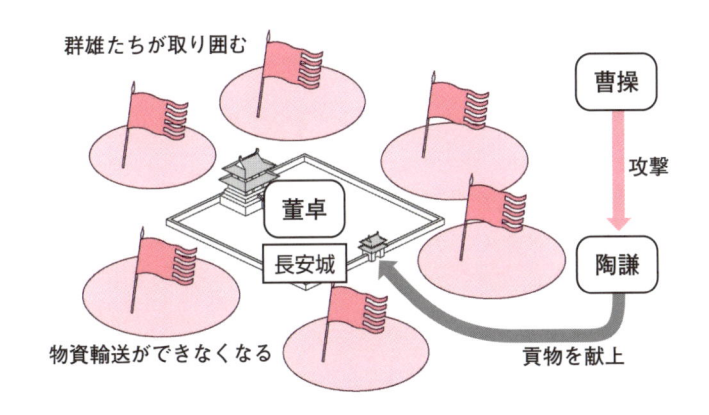

- 群雄たちが取り囲む
- 董卓
- 長安城
- 物資輸送ができなくなる
- 曹操
- 攻撃
- 陶謙
- 貢物を献上

関連項目

●魏書「董二袁劉伝」第6→No.038

No.041
魏書「諸夏侯曹伝」第9

「夏侯惇伝」「夏侯淵伝」「曹仁伝」「曹洪伝」「曹休伝」「曹真伝」「夏侯尚伝」

「諸夏侯曹伝」は、曹操の親族にあたる曹家と夏侯家一族のなかで活躍した、夏侯惇や夏侯淵、曹仁らの各一代記が記されている。また「曹真伝」では、司馬懿が謀反を起こした模様が詳しく描かれている。

●慎ましやかだった夏侯惇と、司馬懿のクーデターの記述に注目

「諸夏侯曹伝」は、「夏侯惇伝」「夏侯淵伝」「曹仁伝」「曹洪伝」「曹休伝」「曹真伝」「夏侯尚伝」と続く、夏侯家と曹家一族の伝記である。曹操の父・曹嵩は夏侯家の出身で、宦官・曹騰の養子になり曹姓を名乗ったため、曹操にとっては両家とも親族となる。「夏侯惇伝」は、夏侯惇が曹嵩の甥で曹操の従兄弟とする。『三国志演義』では、目に刺さった矢を抜いたときに飛び出た目を「父からもらった精髄、母からもらった血肉、捨ててなるものか！」と呑み込んだとされるが、本伝にはその記述はなく、流れ矢で左目を負傷したとするだけである。また、注に引く『魏書』には、夏侯淵と区別するため夏侯惇を盲夏侯と呼んだが、夏侯惇はこれを嫌がり、鏡を見るたびに腹を立てて叩き割ったとあるが、本伝では軍中でも先生を招いて講義を聴くことも多く、性格も慎ましやかだったとし、『三国志演義』の夏侯惇像とはかなり違う。

「夏侯淵伝」では、「陽平関の戦い」「定軍山の戦い」を記したのち、曹操が夏侯淵を諫めていった「指揮官たるもの、臆病なときもなければならない。勇気だけを頼りにせず、智略を用いることも必要である」の言葉が興味深い。

「曹仁伝」では、関羽が曹仁の守る樊城を攻撃したときの様子が詳しく記してあり、続く「曹洪伝」では、曹操が董卓の武将・徐栄と戦い、馬を失って危機に瀕したとき、曹洪が「天下に私がいなくても差し支えありませんが、あなたがいないわけにはまいりません」といって自分の馬を差し出したとある。そして、「武都の戦い」での活躍などが記された「曹休伝」に続く。曹操の同族・曹真の「曹真伝」は大半が子・曹爽にまつわる話で、249年、曹爽兄弟が高平陵に参詣に出た隙を狙ってクーデターを起こした司馬懿の動向が詳しく記されている。「夏侯尚伝」には、夏侯尚が、文帝に殺害された愛妾を、思慕の念を抑え切れず墓から掘り起こしたという話が記されている。

曹氏と夏侯氏の系図（一部抜粋）

曹操の父・嵩は、もともと夏侯氏の出身。曹騰の養子になったことから、夏侯氏と曹氏は親戚関係となる。

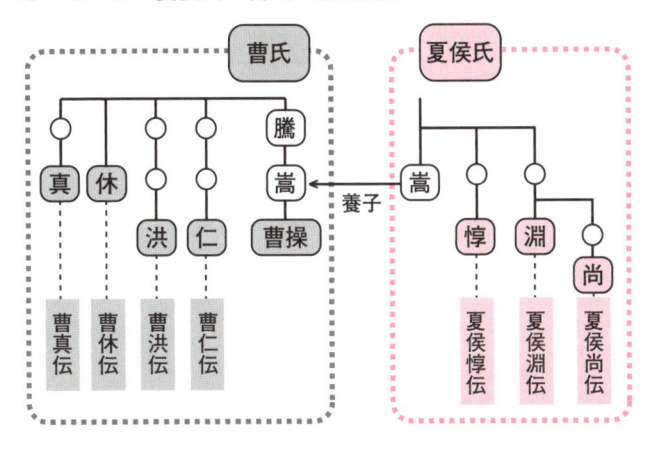

```
曹氏                          夏侯氏
 ├─○─○─○─騰                  ├─○
 │       嵩 ←──養子──── 嵩
 ├─○     │                   ├─惇
 真 休   ├─洪                 ├─淵
         ├─仁                 └─尚
         └─曹操
  ↓  ↓  ↓  ↓                ↓  ↓  ↓
 曹 曹 曹 曹                 夏 夏 夏
 真 休 洪 仁                 侯 侯 侯
 伝 伝 伝 伝                 惇 淵 尚
                            伝 伝 伝
```

曹操を取り巻く親族たち

夏侯氏と曹氏の両氏を親族とする曹操。彼を取り巻く親族のなかに多くの名臣や将軍たちがいた。

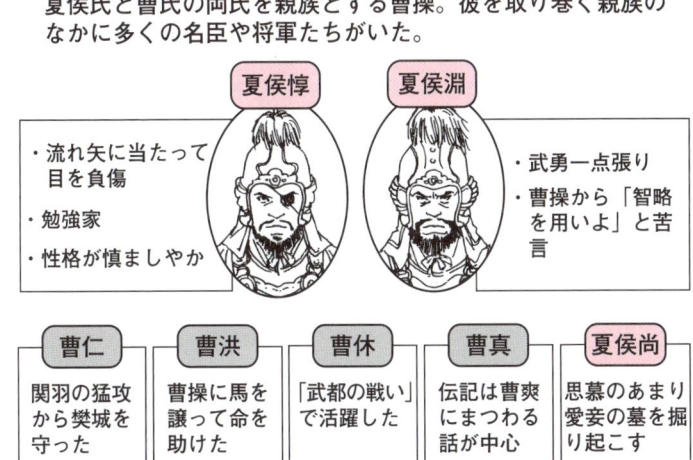

夏侯惇
・流れ矢に当たって目を負傷
・勉強家
・性格が慎ましやか

夏侯淵
・武勇一点張り
・曹操から「智略を用いよ」と苦言

曹仁	曹洪	曹休	曹真	夏侯尚
関羽の猛攻から樊城を守った	曹操に馬を譲って命を助けた	「武都の戦い」で活躍した	伝記は曹爽にまつわる話が中心	思慕のあまり愛妾の墓を掘り起こす

関連項目

●魏書「武帝紀」第1→No.036

No.042
魏書「荀彧荀攸賈詡伝」第10

「荀彧伝」「荀攸伝」「賈詡伝」

曹操の躍進に最も功績の大きかったのが、王佐の才ありと称えられた荀彧である。計略を立てて顔良を討った荀攸と、進言に失策が少なかった賈詡の伝記が併記されている。

●王佐の才ありと称えられた荀彧と、賈詡の罪深さ

「**荀彧荀攸賈詡伝**」は、曹操が絶大な信頼を寄せた荀彧と、その従子にあたる荀攸、主君を渡り歩きながらも重用され続けた賈詡の3人の伝記である。いずれも曹操に身を寄せ、荀彧は侍中、荀攸は尚書令、賈詡は太尉として、丞相・曹操を支え続けた功臣たちである。

「**荀彧伝**」は、荀彧を南陽の何顒が「王佐の才あり」と評したことを記し、荀彧が袁紹のもとを去って曹操のもとに身を寄せたとき、曹操が「わしの子房(前漢の謀臣・張良)である」と大喜びしたことも書き加えている。また、孔融が「強大な兵力を有する袁紹に曹操が打ち勝つことは難しいだろう」というと、荀彧は「袁紹の軍は大軍だが軍法が整っていない。田豊は強情で上に逆らいやすく、許攸は必ず裏切る。顔良と文醜は匹夫の勇に過ぎず、一度の戦いで生け捕りにできる」と答え、後日ほとんどその通りになったほど先見の明があったとしている。ほかでは「官渡の戦い」において、兵糧が尽きかけて弱気になった曹操を「先に引き退いた者が屈服させられます。今こそ奇策を用いて進むべきときです」と励ましている。しかし晩年は曹操に不信感を持たれたとされ、裴松之が引用した『魏氏春秋』では、曹操から空っぽの器を送られた荀彧が、曹操の意を悟って毒薬を飲んで自殺したとされる。

「**賈詡伝**」は計略をもって顔良を討ち取った「**荀攸伝**」に続いて記されている。賈詡は曹操のもとで働き、進言で失策が少なかったことが知られているが、ここで取り上げたいのは董卓亡きあとの彼の行動である。敗走中だった李傕と郭汜に「軍勢を引き連れて長安を攻撃し、董卓の仇を討つべし」とけしかけて政権を取らせてしまったのだ。裴松之は「董卓が獄門にさらされてようやく世界が明るくなってきたのに、またもや人々を苦しめるようにしてしまった賈詡の罪は大きい」として、この賈詡の行動を強く非難している。

荀彧の袁紹に対する見方

孔融の危惧に対して荀彧は袁紹側の欠点をあげつらい、袁紹軍に勝つことの容易さを説いた。

- 袁紹 軍法が整っていない
- 田豊 強情
- 許攸 裏切る
- 顔良 文醜 匹夫の勇に過ぎない

だから袁紹に勝つことができる！

袁紹に勝つことは難しい！

荀彧　　孔融

賈詡の進言によって李傕と郭汜が長安を攻撃

董卓が暗殺されてようやく天下泰平が訪れるかに見えたものの、賈詡の進言をきっかけに、再び暗黒の世へと逆戻りしてしまう。

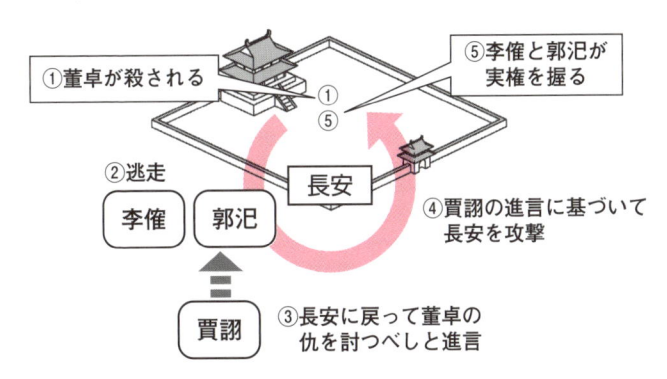

① 董卓が殺される
⑤ 李傕と郭汜が実権を握る
② 逃走　李傕　郭汜
長安
③ 長安に戻って董卓の仇を討つべしと進言
④ 賈詡の進言に基づいて長安を攻撃
賈詡

関連項目
● 魏書「董二袁劉伝」第6→No.038

No.043
魏書「張楽于張徐伝」第17

「張遼伝」「楽進伝」「于禁伝」「張郃伝」「徐晃伝」

寡兵でありながらも孫権を虜寸前にまで追い込んだ張遼の武勇伝や、常に先陣を切って進む楽進の活躍ぶりなど、曹操に仕えた魏の名将たちの話が綴られている。

●わずか800の兵で孫権軍を慌てさせた張遼の武勇伝が圧巻

「**張楽于張徐伝**」は、武芸第一の張遼、常に一番乗りして戦功を立てた楽進、軍の規律を重視した于禁、馬謖を水攻めで苦しめた張郃、関羽の攻撃から樊城と襄城を救った徐晃といった、曹操に仕えた将軍たちの伝記だ。

「**張遼伝**」では、孫権が10万の大軍を率いて合肥へと進軍したとき、張遼は曹操から届けられた「賊がきたら開けよ」という命令書の指示を的確に読み取り、楽進や李典らとともに孫権を窮地に追い込んだ。わずか800の兵を率いて孫権陣営へ夜襲をかけ、孫権を慌てさせたという話は、小説よりもおもしろい。魏軍の対外戦略の功労者で、曹操のお気に入りだった張遼が、本人の意思とは無関係とはいえ、実は何進を皮切りに董卓、呂布へと主を変え、最後に曹操に身を寄せたという複雑な人生を歩んでいたというのも興味深い。

「**楽進伝**」では、小柄ながらも気性の激しさから常に先陣を切って功績をあげ続けた楽進の活躍ぶりが、そこかしこに記載されている。濮陽での呂布攻撃、雍丘での張超攻撃、苦における橋蕤攻撃など、いずれも一番乗りして戦功をあげている。「官渡の戦い」で淳于瓊を斬ったのも楽進である。

「**于禁伝**」では、于禁の死にまつわる話に注目したい。于禁は「樊城の戦い」で関羽から猛攻を受けていた曹仁の救出に向かったが、大雨で拠点の出城が水没して戦闘不能に陥り関羽に降伏した。その後、関羽が孫権軍に捕らえられたため于禁は呉へと移り住むが、藩国の礼をとって魏に返される。帰国後、于禁が帝から命じられて高陵に参詣すると、御陵の建物に于禁が降伏している姿が刻まれていた。これを目にした于禁は、憤りと恥ずかしさのあまり病にかかって死んだ。諡が厲侯という不名誉な呼び方なのもそのためだ。

「**徐晃伝**」では、樊城と襄城の救出劇に喜んだ曹操が、徐晃を孫武以上と称えたという話が記載されている。

孫権の猛攻を食い止める張遼の活躍ぶり

孫権が10万の大軍を率いて、張遼らが守る合肥城を攻撃し始める。張遼らは曹操の命令書に従って、これを撃退していく。

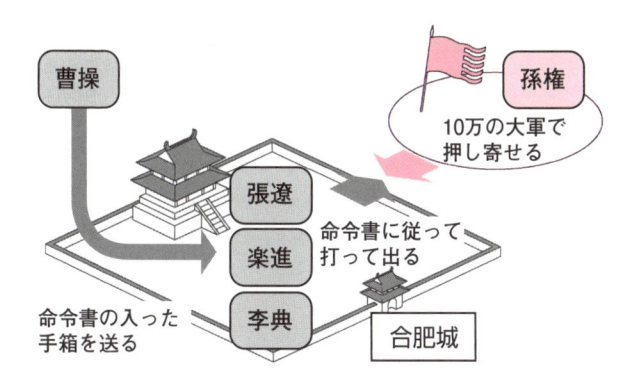

```
曹操
 │
 ↓          孫権
 張遼    10万の大軍で
         押し寄せる
 楽進    命令書に従って
         打って出る
 李典
命令書の入った    合肥城
手箱を送る
```

不運な于禁の生涯

大雨で戦闘不能となって関羽に降伏した于禁。関羽が呉に捕らえられたため、于禁も呉へ移住。のちに魏へ送り返されたものの……。

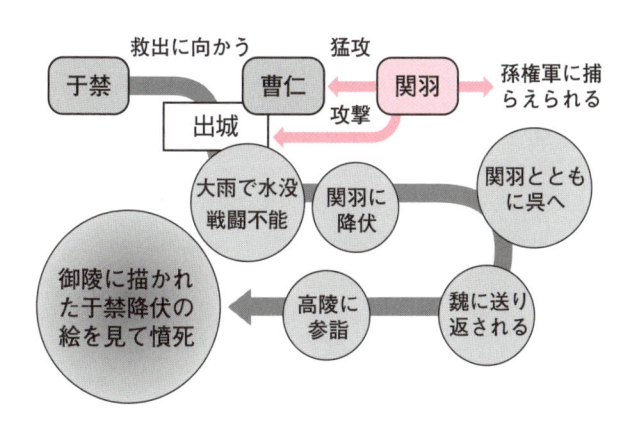

```
       救出に向かう   猛攻
于禁 ────→ 曹仁 ←──── 関羽 ──→ 孫権軍に捕
           出城  攻撃              らえられる

大雨で水没   関羽に   関羽ととも
戦闘不能     降伏     に呉へ

御陵に描かれ   高陵に   魏に送り
た于禁降伏の ← 参詣  ← 返される
絵を見て憤死
```

関連項目

●呉書「呉主伝」第2→No.058

95

No.044
魏書「二李臧文呂許典二龐閻伝」第18

「李典伝」「李通伝」「臧覇伝」「文聘伝」「呂虔伝」「許褚伝」「典韋伝」「龐惪伝」「龐淯伝」「閻温伝」

常に冷静な判断で多大な功績をあげ続けた李典と、曹操の警護にあたったふたりの猛将・許褚と典韋の伝記が見もの。そのほかに、関羽の額に矢を命中させた龐惪など、計10名の伝記が収められている。

●豪傑・李典、許褚、典韋の活躍ぶりに目を見張る

「二李臧文呂許典二龐閻伝」は、第17の将軍たちに次いで魏軍において功績のあった武将たちの一代記だ。李典、李通、臧覇、文聘、呂虔、許褚、典韋、龐惪、龐淯、閻温の各伝記だが、特筆すべきは李典、許褚、典韋だろう。

「李典伝」には、李典が合肥において張遼、楽進とともに孫権を打ち破ったが、ほかの2武将たちと仲が悪かったと記されている。しかし李典が「個人的な恨みによって公の道義に反することはできない」といい切ったため、3人は力を合わせて戦えたという。「博望坡の戦い」において、劉備軍が自軍を焼き払って撤退するふりをしたとき、李典は夏侯惇に「敵が理由もなく兵を退くのは伏兵を置いているからでしょう。追ってはなりません」といったが、夏侯惇はこの忠告を無視して劉備軍を追いかけ、伏兵に攻め込まれて窮地に追い込まれた。そこでも李典が救援に駆けつけたため劉備軍を追い返せた。また、李典は学問好きで謙虚だったとされ、36歳で逝去したとき、文帝が合肥における功績を称えて、李典の子を関内侯に封じたと記されている。

「許褚伝」では、許褚は力は虎のようだが、普段はボ〜ッとしていたため「虎痴」と呼ばれ、人柄は慎み深く、質朴で言葉少なだったと記している。許褚が軍勢を連れて曹操に帰服したとき、曹操は「こやつはわしの樊噲（前漢高祖の侍衛）じゃ」と喜んで宿直警護の役に就けたという。「潼関の戦い」では、左手で馬の鞍を盾にし、右手で櫓を漕いで馬超軍の放った矢から曹操を救ったという、護衛官として獅子奮迅の活躍をした様が描かれている。

「典韋伝」では、許褚と同じく曹操の警護にあたっていた典韋が、呂布の軍勢と揉み合ったとき、返り血を浴びて目が見えなくなったことがあった。このとき典韋は配下の者に「敵が10歩のところまできたら申せ」といって、敵がそこまできたら戟を振り回し、呂布の軍勢を打ち破ったと記されている。

李典の活躍ぶり

伏兵に襲われた夏侯惇を救出した李典の活躍ぶりが光る。

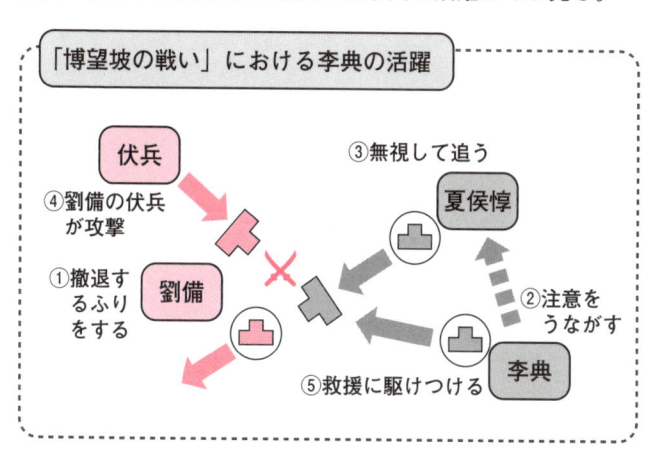

「博望坡の戦い」における李典の活躍

- ①撤退するふりをする
- ②注意をうながす
- ③無視して追う
- ④劉備の伏兵が攻撃
- ⑤救援に駆けつける

呂布の軍勢と戦った典韋の活躍ぶり

戦いの最中に目が見えなくなった典韋は、配下の言葉を頼りに呂布の軍勢を打ち破っていく。

「敵が10歩のところへきたら申せ！」
「10歩です！」

関連項目
- 魏書「武帝紀」第1→No.036

No.045
魏書「王毌丘諸葛鄧鍾伝」第28
「王淩伝」「毌丘倹伝」「諸葛誕伝」「鄧艾伝」「鍾会伝」

司馬一族に反旗を翻した毌丘倹と諸葛誕、さらには蜀征伐最大の功労者・鄧艾と、それを陥れて姜維とともに反乱を企てた鍾会などの伝記が収められている。

●謀反を起こした将軍の名も並ぶ

「王毌丘諸葛鄧鍾伝」は、司徒・王允の甥にあたる王淩をはじめ、司馬師と司馬昭に反乱の狼煙を上げた毌丘倹と諸葛誕、蜀を滅亡へ追いやった鍾会と鄧艾のほか、魏の臣下・令孤愚、唐咨、州泰、王弼らの各伝記が加えられている。なかでも読み応えがあるのは、司馬一族の専横に反旗を翻した毌丘倹と諸葛誕の動向と、蜀に引導を渡した鍾会と鄧艾の記述である。初めに、令孤愚と共謀して曹彪を帝位に就けようと謀ったが失敗し、毒を飲んで自害した王淩の伝記が記され、「毌丘倹伝」「諸葛誕伝」へと続く。

「毌丘倹伝」には、255年に司馬師の罪状を書いた上奏を認め、文欽とともに5万～6万の軍勢で反乱の狼煙をあげたとある。これを鎮圧した諸葛誕が、2年後には自ら首謀者となって10数万もの兵をあげ、司馬師の弟・司馬昭に反旗を翻した。司馬昭が26万の兵を率いて諸葛誕が籠もる寿春城を兵糧攻めにすると、諸葛誕軍は城内の食糧が尽きて敗北した。この戦いの経緯が「諸葛誕伝」及び注に引く『漢晋春秋』などに詳しく記されている。

「鄧艾伝」では、263年の司馬昭の蜀攻めが詳しく書かれている。司馬昭は鍾会に10万、鄧艾と諸葛緒に3万ずつの兵を与えて蜀への侵攻を命じた。戦いは、鍾会が斜谷と駱谷をたどって剣閣を守る姜維の攻略に手間取るうちに、鄧艾は陰平の街道から無人の地をたどって江油に達している。途中、山を削って道を作り、谷には橋を架けるなど難航を極める行軍であり、崖では鄧艾自身が毛氈にくるまって先に飛び降りたことも記されている。そして、駱まできたところで劉禅は降伏。使者を鄧艾のもとに派遣して玉爾を捧げた。

「鍾会伝」では、鄧艾に先を越された鍾会が鄧艾に謀反の疑いありと誣告して追い落とし、姜維とともに長安を攻めた話が書かれている。鍾会は一気に天下を平定させようとしたが、最後は兵卒たちに反旗を翻され殺される。

司馬師、司馬昭への反乱の構造

司馬師の横暴に反旗を翻した毌丘倹を鎮圧した諸葛誕も、最後は司馬昭に反旗を翻していく。

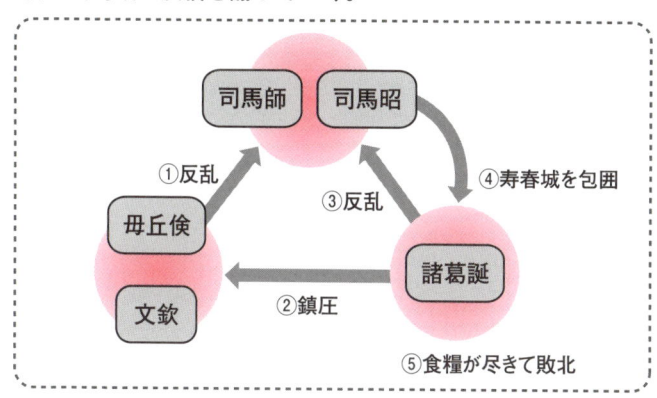

```
           司馬師 → 司馬昭
            ↑         ↓
      ①反乱    ③反乱   ④寿春城を包囲
            |         ↓
          毌丘倹     諸葛誕
          文欽  ←②鎮圧
                    ⑤食糧が尽きて敗北
```

鍾会と鄧艾の蜀攻撃の構造

鍾会と鄧艾による蜀征伐の戦いは、険しい山中を行軍していった鄧艾に軍配が上がる。しかし、鄧艾は鍾会に陥れられてしまう。

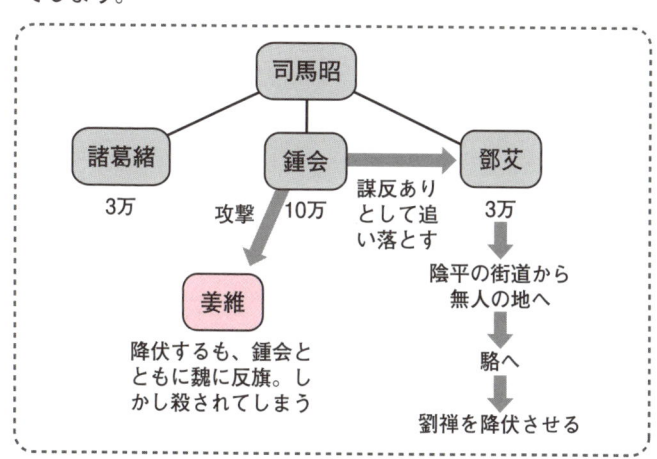

```
              司馬昭
         ┌──────┼──────┐
       諸葛緒   鍾会  →  鄧艾
        3万    10万  謀反あり 3万
              攻撃  として追
                    い落とす
               ↓           ↓
              姜維      陰平の街道から
                       無人の地へ
         降伏するも、鍾会と      ↓
         ともに魏に反旗。し      駱へ
         かし殺されてしまう      ↓
                          劉禅を降伏させる
```

関連項目

●魏書「文帝紀」第2／「明帝紀」第3／「三少帝紀」第4→No.037

No.046
魏書「烏丸鮮卑東夷伝」第30
「烏丸伝」「鮮卑伝」「東夷伝」

中国辺境の国や部族に関する情報を網羅したのが、この伝記だ。北方の烏丸と鮮卑をはじめ、東方の各小国のお国事情も紹介し、邪馬台国に関する記述も、ここに詳細に記されている。

●正史『三国志』に見られる邪馬台国の記述

　正史『三国志』には、中国国内で活躍した人物の伝記だけでなく、中国周辺の国や部族についても記録されている。この「烏丸鮮卑東夷伝」がそれで、おもに中国地方の辺境部族、烏丸と鮮卑の国情を記すとともに、中国の東に位置する夫余、高句麗、東沃沮、挹婁、濊、韓、倭の国情も書き加えている。ここで注目すべきは、もちろん「東夷伝」の最後に記された倭伝、つまり日本に関する記述である。**卑弥呼**が使者を魏に送って**漢魏倭王**の金印紫綬を仮授したという、日本に関する最古の文献で、日本の王朝建国の歴史を知るうえで、必要不可欠な資料ともいえるのである。

　「**東夷伝**」は、魏の東、朝鮮半島に点在する夫余や高句麗などの各国や部族を紹介したのちに、最後に倭の詳細な記事へと移っていく。そして最初に、もとは100余国があって、中国との往来がある国が30国あったと概略を述べたあと、倭国までの道のりを詳細に記している。帯方郡から海岸に沿って狗邪韓国に至るまで7000余里、さらに南に向かって1000里いくと対馬国に到着。さらに海を渡り、1000里いくと一大国……などと詳しく記し、最後に邪馬壹国（邪馬台国）まで水路10日、陸路1か月と大雑把ないい回しが続く。重要なのは、ここで使用される里が何kmと見るのか、また水路10日、陸路1か月をどう見るのかという点である。この見解の違いが、のちに大論争を巻き起こした。邪馬台国九州説と大和説の対立である。それはともあれ、お国事情を詳しく記録しているのは興味深い。男は皆、顔や体に刺青をし、裸足で歩き、夏冬にかかわらず生野菜を食べるなどと記録されている。

　「**烏丸伝**」「**鮮卑伝**」には、前漢時代に武帝の武将・衛青や霍去病らの活躍によって郷土を追われ、匈奴が衰退していったのに対して、台頭した烏丸と鮮卑が、袁紹や曹操らと闘争を繰り広げた内容が記載されている。

「烏丸鮮卑東夷伝」には……

中国北方の烏丸や鮮卑をはじめ、朝鮮半島に点在する夫余、高句麗、東沃沮などのほか、倭国のことも記載されている。

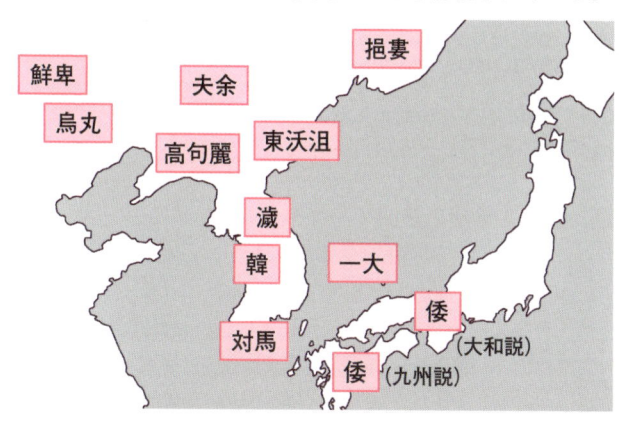

地図中のラベル：
- 鮮卑
- 烏丸
- 夫余
- 挹婁
- 高句麗
- 東沃沮
- 濊
- 韓
- 一大
- 対馬
- 倭（大和説）
- 倭（九州説）

邪馬台国は九州？　大和？

中国から邪馬壱(台)国までの道のりを細かく記載しているため、最後の「水路10日、陸路1か月」の曖昧な記述が、九州説と大和説の対立を生む。

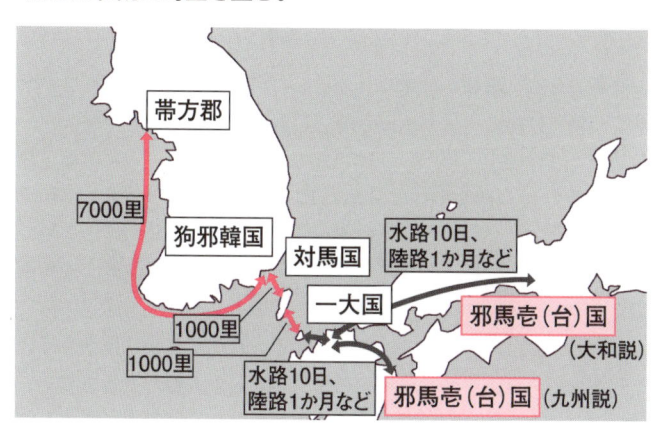

地図中のラベル：
- 帯方郡
- 7000里
- 狗邪韓国
- 対馬国
- 水路10日、陸路1か月など
- 1000里
- 1000里
- 一大国
- 邪馬壱(台)国（大和説）
- 水路10日、陸路1か月など
- 邪馬壱(台)国（九州説）

関連項目
●正史『三国志』の記述の不正確さが邪馬台国論争を巻き起こした→No.102

No.047
魏書 その他
「程昱伝」「郭嘉伝」「華佗伝」

その他の魏書では、よき主君を選んだことで立身出世を成し遂げたという曹操のふたりの名臣・程昱と郭嘉のほか、当代きっての名医であった華佗の伝記を取り上げる。

●名医・華佗の伝記に注目

その他の魏書では「程郭董劉蔣劉伝」にある「**程昱伝**」と「**郭嘉伝**」、及び「**方技伝**」にある「**華佗伝**」に注目したい。

程昱は、曹操にたびたび進言をして窮地を救い、曹操から大きな信頼を寄せられた名臣だ。「**程昱伝**」では、曹操が兗州を失って自信をなくし、袁紹の軍門に下ろうとしたとき、程昱が「将軍は虎の勢威を持ちながら漢の韓信、彭越になるのですか？」と諌めたため、曹操はこれを取りやめたと記している。また、劉備が曹操に身を寄せたとき、程昱は劉備殺害を進言したが、このときは曹操が進言を取り上げなかったため、あとあとまで大きな禍を生んだ。関羽と張飛が1万人を相手に戦える豪傑だと称えたのも程昱である。

「**郭嘉伝**」では、郭嘉も主君を選ぶ目を持ち、袁紹が事を為す人物でないと見て、その謀臣・辛評や郭図を酷評して袁紹のもとを去った話などが書かれている。また、郭嘉が曹操に目通りした際、曹操は「余に大事を成し遂げさせてくれるのはこの男じゃ」といい、郭嘉も「我が主君を得たり」と喜んだという。注に引く『傅子』には、強大な袁紹に怖気づいた曹操に郭嘉が語った「袁紹の10の敗北の種と曹操の10の勝利の因」がある。これは、道義治度謀徳仁明文武のいずれも優れていると、曹操を勇気づけたものである。

「**方技伝**」は、医術に長けた華佗をはじめ、音楽に通じた杜夔、人相見の術を心得た朱建平、夢占いに長けた周宣、『周易』に明るく天文占いや風角、吉凶占いなどに長けた管輅などの伝記である。華佗は孝廉に推挙され官位に就くことを求められたが断り、養生の術に精進した人物だ。薬を煎じ、灸をすえ、鍼を打ち、ときには麻沸散という麻酔薬を飲ませて手術することもあった。評判を聞いた曹操が召し寄せて頭痛の治療にあたらせたが、のちに妻の病気を理由に郷里に引き籠もって出仕せず、怒った曹操に殺されたという。

曹操のふたりの名臣

曹操から厚い信頼を寄せられた、程昱と郭嘉のふたりの名臣。その信頼関係を見てみよう。

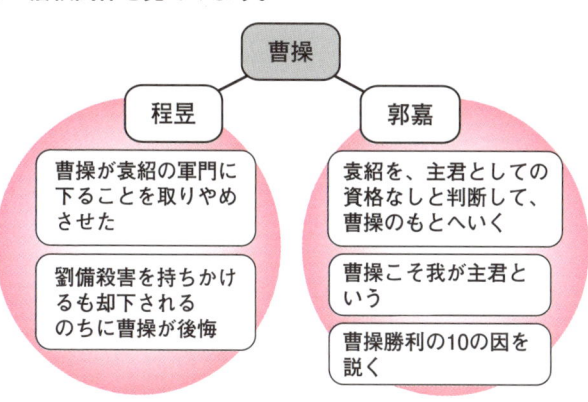

```
              曹操
         ／        ＼
      程昱           郭嘉
```

程昱
- 曹操が袁紹の軍門に下ることを取りやめさせた
- 劉備殺害を持ちかけるも却下されるのちに曹操が後悔

郭嘉
- 袁紹を、主君としての資格なしと判断して、曹操のもとへいく
- 曹操こそ我が主君という
- 曹操勝利の10の因を説く

「方技伝」に紹介された人々

「方技伝」は、医術に通じていた華佗や、音楽に通じた杜夔、夢占いに長けていた周宣など、各方面の技に長けた人物を取り上げた伝記である。

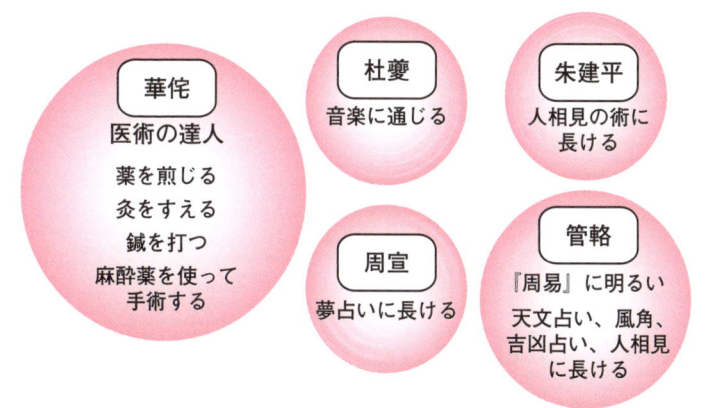

華佗 医術の達人
- 薬を煎じる
- 灸をすえる
- 鍼を打つ
- 麻酔薬を使って手術する

杜夔 音楽に通じる

朱建平 人相見の術に長ける

周宣 夢占いに長ける

管輅
- 『周易』に明るい
- 天文占い、風角、吉凶占い、人相見に長ける

関連項目

●魏書「武帝紀」第1→No.036

No.048
蜀書「劉二牧伝」第1
「劉焉伝」「劉璋伝」

益州の牧だった劉焉と、その子・劉璋の伝記である。蜀書として「先主伝」よりも先にこの「劉二牧伝」が置かれているのが大きな特徴だ。劉備が蜀の地を正しく受け継いだことを示すためだと思われる。

●「先主伝」を持ち上げる材料に使われた「劉二牧伝」

　本来なら、蜀書の巻頭には蜀を建国した劉備の伝記「先主伝」を据えるのが筋である。しかし陳寿は、劉焉とその子・劉璋の伝記を、劉備よりも前に持ってきている。それは、劉備が正当な理由によって、劉璋から益州を譲り受けたように印象づけたかったからだと思われる。また、劉焉が劉備と同じく漢の景帝の子孫であることに敬意を表して、漢の王朝を受け継ぐ者が、実は魏ではなく蜀であるということを、暗に示したかったと見ることもできる。

　劉焉は景帝の子・魯の恭王の子孫で、洛陽令、冀州刺史などを歴任しながらも、世の混乱を避けるつもりで、朝廷に願い出て益州の牧として都を離れている。

　「**劉焉伝**」では、劉焉が益州牧になるまでの経緯から書き進め、五斗米道の教祖・張魯を漢中に招き入れたこと、馬騰と組んで朝廷に反旗を翻して長安へ攻め上ったことなどを記したのち、悪性の腫瘍が背中にできて亡くなり、子の劉璋に跡を継がせたことを記して、次の「劉璋伝」へと続いていく。

　「**劉璋伝**」では、張魯が劉璋に従わなくなり、劉璋が怒って張魯の母と弟を殺害したことから始まり、臣下の張松と法正が劉璋に見切りをつけて、劉備に益州を支配させるように仕向けたことなどが詳しく書かれている。張松の勧めによって劉璋は劉備を城内へと招き入れ、歓飲すること100余日に及んだことも記している。しかし、その後劉備が反旗を翻した経緯はなにも記されないまま、いきなり劉備の成都攻略話へと移る。

　そして、劉備に攻められた劉璋は、城内にまだ3万もの精兵と1年分の兵糧があり、官民がこぞって戦う覚悟でいたにもかかわらず、領民を悼んで、これ以上迷惑をかけられないと、城門を開いて降伏してしまうのである。

「劉二牧伝」を蜀書第1にした理由

益州を正統な手段で受け継いだことを記すとともに、漢王朝を受け継ぐのが劉氏であることを印象づけるためでもあった。

```
                「劉二牧伝」第1（劉焉と劉璋の伝記）
                ■ 益州を領有 ……………………………┐
蜀書                                              │益州を受け継ぐ
                ■ 劉焉は漢の景帝の子孫 ……………┐│漢王朝を受け継ぐ
                                                  ││
                「先主伝」第2（劉備の伝記）        ││
                                                  ││
                ■ 建前…益州を劉焉と劉璋から譲り受けた ◄┘│
                 （事実…益州を奪い取った）              │
                ■ 劉備も漢の景帝の子孫 ◄────────────────┘
```

劉備の益州乗っ取りまでの道筋

劉璋に見切りをつけた張松と法正は、劉備に益州乗っ取りを勧める。

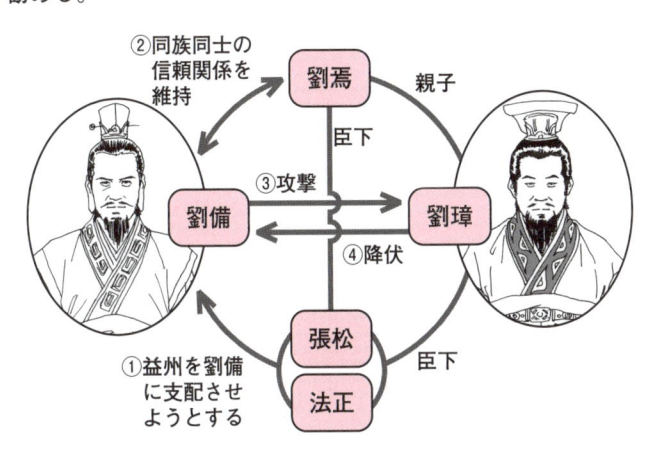

- ②同族同士の信頼関係を維持
- 劉焉 — 親子 — 劉璋
- 劉焉 臣下 劉備
- ③攻撃　劉備 → 劉璋
- ④降伏　劉備 ← 劉璋
- 張松・法正　臣下　劉璋
- ①益州を劉備に支配させようとする

関連項目

● 蜀書「先主伝」第2 → No.049

No.049
蜀書「先主伝」第2

「先主伝」

蜀を打ち立てた劉備の一代記。陳寿は魏から禅譲を受けた晋の官吏としての立場上、劉備を皇帝扱いにしていないが、先主と呼んで敬意を表している。本来なら呉と同様に「蜀主伝」となるはずなのである。

●先主と呼ばれた劉備の伝記

正史『三国志』は魏を正統とする立場上、魏の曹操はじめ曹丕、曹叡から三少帝までは帝紀としての体裁を保っている。蜀と呉の皇帝は認めておらず、現実的には蜀の皇帝だった劉備も呉の孫権も列伝扱いだ。それでも陳寿は、自らが蜀に仕えていたこともあり、蜀に対する思い入れが強かったようで、**劉備を先主**、**劉禅を後主**と呼び、蜀の盟主に敬意を表している。特に、劉備を漢中王に推挙しようと群臣が献帝に捧げた上表文や劉備の上書、皇帝に即位したときの臣下の上奏文、及び劉備が天帝に捧げた文も記載している点から見ても、陳寿が蜀こそ正統な継承者だと密かに考えていたことがわかる。

「**先主伝**」では、劉備を漢の景帝の子・中山靖王・劉勝の末裔とし、劉勝の子・劉貞が涿郡の陸上亭公に封じられたが、献上金不足の嫌疑により没落したとする。父・弘を早く亡くし、母と草鞋や筵を売って生計を立てていた。ここでは関羽や張飛との出会いには触れず、後述の「関羽伝」でも、劉備が涿県で徒党を集めたとき関羽と張飛が護衛官になったとある程度である。本伝では劉備が黄巾賊討伐で手柄を立てたとするが、注に引く『典略』は、劉備は合戦中に負傷し、死んだふりをして敵が去ったあと知人の車で帰還したと記している。督郵を打ったのも『三国志演義』では張飛だが、実は劉備が自らの地位の安泰を図ろうと督郵に面会を求めて断られ、腹いせに打ったとする。注の『世語』では劉備が蔡瑁に追われ的盧に乗って檀渓を渡るが、裴松之は晋の歴史家・孫盛の「事実でない」という言葉も引用している。また、「赤壁の戦い」は劉備が孫権と力を合わせて曹操を打ち破り、敵の軍船を燃やしたとしか記されていない。注に引く『江表伝』には、このとき劉備は関羽や張飛とともに2000の兵を率いて後方にいて動かなかったとある。

劉氏の系図(一部抜粋)

劉備は、漢の景帝の子・中山靖王・劉勝の子である劉貞が涿郡に封じられて、この地に住み着いたという一族である。

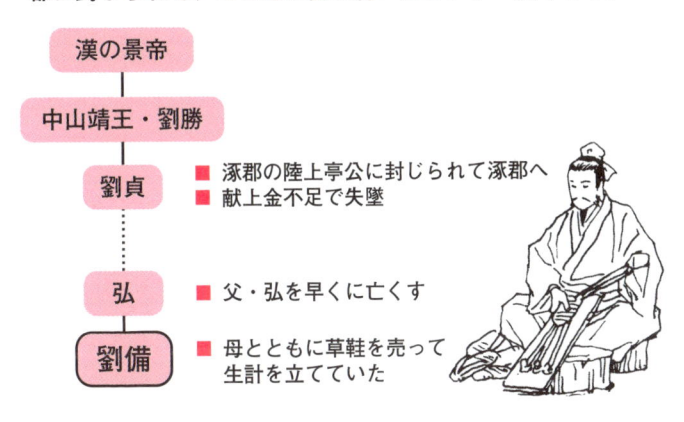

- 漢の景帝
- 中山靖王・劉勝
- 劉貞
  - 涿郡の陸上亭公に封じられて涿郡へ
  - 献上金不足で失墜
- 弘
  - 父・弘を早くに亡くす
- 劉備
  - 母とともに草鞋を売って生計を立てていた

『江表伝』に見る「赤壁の戦い」の陣地図

「先主伝」では、劉備は孫権と力を合わせて戦ったことになっているが、『江表伝』を見ると、劉備は後方にいて動こうとしなかったとある。

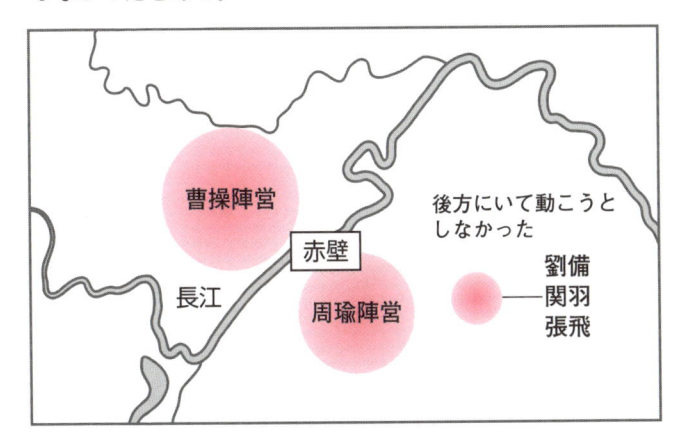

陣地図:
- 曹操陣営
- 赤壁
- 周瑜陣営
- 長江
- 後方にいて動こうとしなかった — 劉備／関羽／張飛

関連項目

● 「赤壁の戦い」で船に火を点けたのは曹操だった!? → No.079

No.050
蜀書「後主伝」第3

「後主伝」

劉備亡きあと、蜀の皇帝となった劉禅の伝記である。蜀を滅亡させてしまった劉禅は、黄皓に操られた暗愚な皇帝との印象が強いが、本伝を見る限り、そのような記述は見当たらない。

●劉禅が売り飛ばされたというユニークな説も登場

「**後主伝**」は、劉備の子・劉禅の一代記である。まず、219年に劉備が漢中王となったとき王太子となり、221年に皇太子になったと記されている。劉禅17歳のときである。裴松之は、『魏略』にある劉禅の幼少時代のユニークな説を注に記している。それによると、曹操軍が小沛に攻めてきたとき、劉備は家族を捨てて荊州へ逃げた。このとき5～6歳だった劉禅はひとり漢中に逃れたあと、人買いに売り飛ばされたという。扶風の劉括がこれを買って養子とし、妻も娶らせて一子が生まれたのち、劉備を訪ねさせて太子としたとある。裴松之はこの一文を紹介しながらも、年齢が史実に合わないと、この話の信憑性を疑っている。皇太子になった221年以降は、228年に諸葛亮が出兵した「祁山の戦い」をはじめ、「陳倉の戦い」「武都・陰平の戦い」などの経緯を記し、234年に諸葛亮が渭浜という地で亡くなったと記している。以後、262年までの事象を箇条書きにしたあと、263年に鄧艾と鍾会によって降伏させられ、264年に安楽県公に任命されて天寿を全うしたと伝える。

本伝を見る限り、『**三国志演義**』に記された劉禅が暗愚だったというような記載はないが、陳寿の評として、劉禅が宦官の黄皓に惑わされてから暗愚な君主になったとしている。裴松之も『**漢晋春秋**』を引き合いに出し、劉禅が司馬文王(司馬昭)と宴会を催したあと、「少しは蜀のことを思い起こされますか」という司馬文王の問いに、「この地が楽しくて思い起こすこともありません」といったという一連の件を記載して、劉禅の無能ぶりを強調する。

また裴松之は、陳寿が著した『**諸葛亮集**』に記されている劉禅の詔を紹介。そこには、曹操は勝手に天子の実権を掌握して主君をないがしろにし、子の曹丕が神器を盗み取って王室を劉氏から曹氏へ移行させたとある。ここでも陳寿は、暗に魏が正統な王朝継承者でないことを示したかったのだろう。

『魏略』に見られる劉禅の不運

曹操軍に襲われたとき、劉備は家族を見捨てて逃走している。劉禅はひとり漢中に逃れたものの、人買いによって売り飛ばされてしまう。

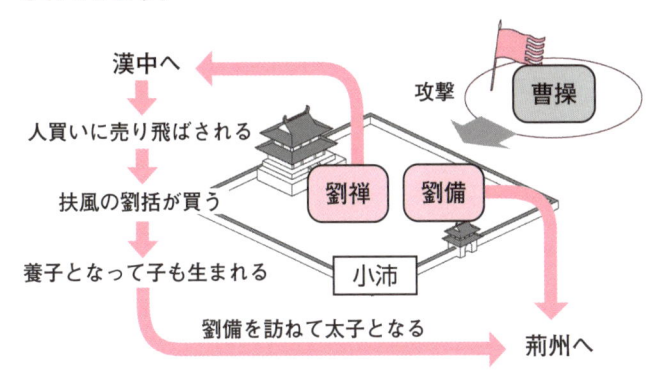

```
漢中へ
↓
人買いに売り飛ばされる
↓
扶風の劉括が買う
↓
養子となって子も生まれる
↓
劉備を訪ねて太子となる
→ 荊州へ

攻撃 ← 曹操
劉禅  劉備
小沛
```

劉禅は暗愚だったのか!?

「後主伝」を見る限り、劉禅が暗愚だったという記述は見当たらない。それでも陳寿は、黄皓のせいで暗愚になったという。

「後主伝」では
劉禅が暗愚であるという記述は見当たらない

「陳寿評」では
劉禅は黄皓に惑わされてから暗愚になった

『漢晋春秋』に見るふたりの会話

少しは蜀のことを思い起こされますか

いや、楽しくて思い起こすことはありません

劉禅　司馬文王

関連項目

●劉禅は暗君ではなかった!?→No.094

No.051
蜀書「二主妃子伝」第4

「甘皇后伝」「穆皇后伝」「敬哀皇后伝」「張皇后伝」「劉永伝」「劉理伝」「劉璿伝」

劉備の夫人である甘皇后は劉禅の母、穆皇后は劉焉の子・劉瑁の元夫人。劉禅夫人である敬哀皇后と張皇后は張飛の娘である。そのほか、劉備の子や孫の伝記がつけ加えられている。

●劉備と劉禅の4人の皇后の伝記

「二主妃子伝」は、先主・劉備の甘皇后と穆皇后のふたりの皇后に加えて、後主の敬哀皇后と張皇后、先主の子・劉永と劉理、劉禅の子・劉璿の伝記を綴ったものである。劉備にはほかに、糜竺の妹・糜夫人や、孫堅の娘・孫夫人などもいたが、その伝記はここには記されていない。ここで注目すべきは、先主と後主の夫人たちが、いずれも皇后と記されている点である。皇后というからには、夫はいうまでもなく皇帝である。「先主伝」「後主伝」では建前上、皇帝と記すのは控えていたにもかかわらず、その夫人たちを伝記のなかでは皇后と書き記している。ここでも陳寿は、蜀王朝の正統性を密かに主張しているのである。

甘皇后は、劉備が小沛にいたころに妾とした女性で、後主・劉禅の母である。また、穆皇后は、呉壱の妹で益州牧だった劉焉の子・劉瑁夫人で、劉瑁が亡くなって未亡人となったのち、劉備に嫁いだ女性である。敬哀皇后は張飛の長女、張皇后はその妹である。また、劉永は劉備の子で劉禅の異母兄弟でありながら、宦官の黄皓に憎まれてこれを讒訴したため、10数年にわたって謁見を許されなかったという人物で、劉理も劉禅の異母兄弟、劉璿は劉禅の子である。

「甘皇后伝」には、肉親を愛することを基本として、それによって民に孝の道を教えることが天子の役割であるという『礼記』の記述が掲載されている。負け戦のたびに妻子を捨てて逃げ延びていくことが多かった劉備は、この『礼記』の精神に反していたと思われる。さらに陳寿は『易』にある「夫婦があってその後に父子がある」という記述を引き合いに出して、「そもそも夫婦は人倫の基であり、これ以上尊いものはない」と評して、暗に劉備の行動を非難しているとも読み取れる。

劉備一族の複雑な家族関係

劉備夫人の穆皇后は劉瑁の元妻、劉禅と劉永は異母兄弟、張飛の娘の敬哀皇后と張皇后は、姉妹揃って劉禅の妻となった。

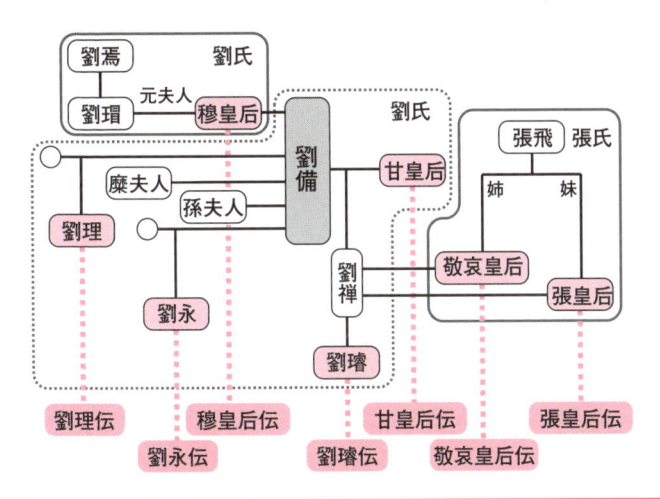

```
劉焉    劉氏
  劉瑁─元夫人─穆皇后        劉氏        張飛─張氏
         │                  │          │
         ○─糜夫人    劉備─甘皇后      姉  妹
         ○─孫夫人    │                │   │
  劉理              劉禅              敬哀皇后─張皇后
         劉永
         劉璿
```

劉理伝   穆皇后伝   甘皇后伝   張皇后伝
  劉永伝   劉璿伝   敬哀皇后伝

劉備の行動を『礼記』『易』に照らしてみると……

肉親を愛することがなにより重要とする『礼記』や、夫婦が人倫の基とする『易』に照らしてみると、劉備の行動は許されるものではない。

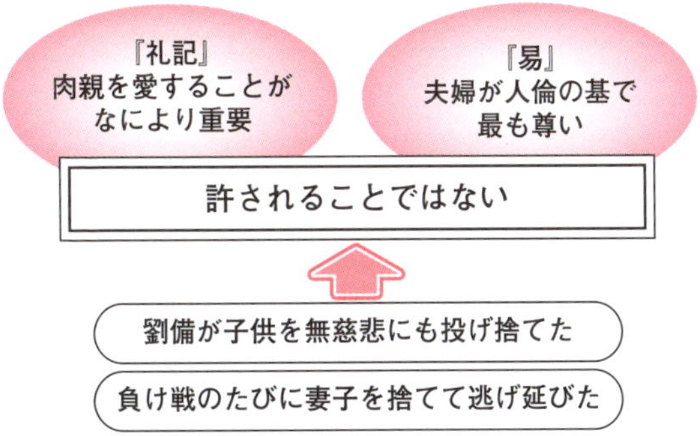

『礼記』
肉親を愛することが
なにより重要

『易』
夫婦が人倫の基で
最も尊い

許されることではない
⇑
劉備が子供を無慈悲にも投げ捨てた
負け戦のたびに妻子を捨てて逃げ延びた

関連項目

●劉備は有徳の人だったのか？→No.067

No.052
蜀書「諸葛亮伝」第5

「諸葛亮伝」

「三顧の礼」をもって劉備に迎え入れられた軍師・諸葛亮の華々しい活躍ぶりが、そこかしこに見られる。しかし、臨機応変の軍略は得意でなかったと陳寿は評する。

●自らを管仲、楽毅になぞらえた天才軍師

　諸葛亮は、漢の司隷校尉・諸葛豊の子孫である。父・諸葛珪は太山郡の丞だったが、亮が幼いころに亡くなり、太守となった従父の諸葛玄に引き連れられて豫章へ向かったと、「諸葛亮伝」の冒頭に記されている。玄が亡くなると、亮は自ら耕作して隠遁生活に入る。このころ、自らを管仲、楽毅にも匹敵すると考えていたという。

　「**諸葛亮伝**」には、劉備が新野に駐屯していたころ徐庶に諸葛亮のことを知らされ、「三顧の礼」をもって迎え入れたと記されているが、『三国志演義』のように、徐庶が劉備のもとを去ってから諸葛亮を迎えたのではなく、同時期に劉備へ仕えたと記している。樊城にいた劉備が、曹操の進軍を知って南へ逃げたとき、徐庶と諸葛亮も劉備に従っている。徐庶が劉備のもとを去ったのは、そのあとの「長阪坡の戦い」のときとされる。諸葛亮が劉備の傘下に入ったあと、孫権をけしかけて魏と呉を対立させて呉蜀同盟を結ぶという経緯が詳しく解説されている。その後、孫権は周瑜、程普、魯粛に水軍3万を率いさせて諸葛亮とともに劉備のもとへいき、力を合わせて曹操軍を破り、劉備は江南を手中に収めた。225年、諸葛亮は軍を率いて南征に向かい、平定後は軍需物資が出回るようになって国が潤う。孟獲を7度捕らえて7度放つという話は本伝にはなく、注に引く『**漢晋春秋**』に見られる。北伐を前にして諸葛亮が劉禅に上奏した「**出師の表**」は、全文が掲載されている。

　諸葛亮亡きあと、「死せる孔明、生ける仲達を走らす」といった話も本伝にはなく、『漢晋春秋』にある。陳寿は本伝の最後に諸葛亮を「臨機応変の軍略は彼の得意とするところではなかった」と評しているところから、後世の史家たちから私憤(陳寿の父は馬謖に仕え、彼が罪に服したときに連座して髡刑に処せられた)があったために、諸葛亮を誹謗したとの非難を受けた。

徐庶と諸葛亮が劉備陣営に加わった時期は？

新野にいた劉備に仕えた徐庶は、諸葛亮を推挙。劉備は「三顧の礼」で諸葛亮を迎え入れたのち、徐庶、諸葛亮とともに南下している。

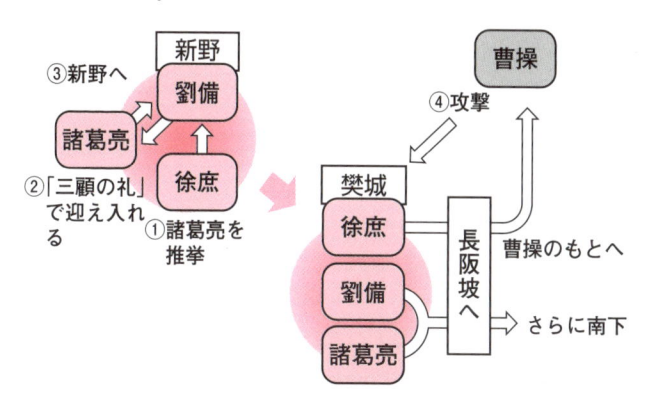

```
              新野                    曹操
③新野へ       劉備
                                   ④攻撃
  諸葛亮       ↑
              徐庶         樊城
②「三顧の礼」                                    曹操のもとへ
で迎え入れ              徐庶       長
る         ①諸葛亮を              阪
           推挙         劉備       坡
                                 へ   さらに南下
                       諸葛亮
```

「赤壁の戦い」での呉蜀の関係

諸葛亮が孫権をけしかけて曹操と対立させたうえで呉蜀同盟を結び、周瑜、程普、魯粛を劉備のもとへ送って曹操と戦う。

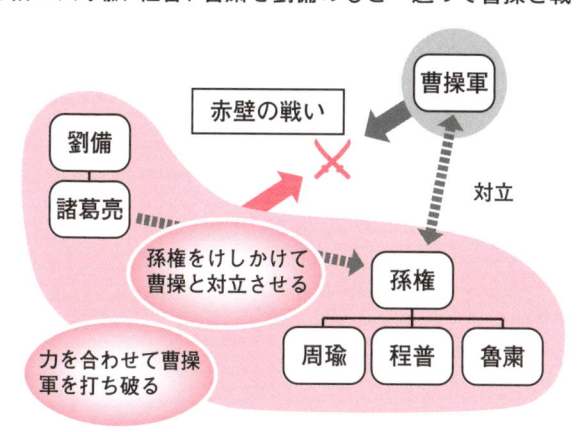

```
                              曹操軍
              赤壁の戦い
  劉備                    ×
  諸葛亮                              対立

         孫権をけしかけて
         曹操と対立させる      孫権

                          周瑜  程普  魯粛
  力を合わせて曹操
  軍を打ち破る
```

関連項目

●「三顧の礼」はなかった!?→No.078

No.053
蜀書「関張馬黄趙伝」第6

「関羽伝」「張飛伝」「馬超伝」「黄忠伝」「趙雲伝」

蜀の五虎将軍と称えられた関羽、張飛、馬超、黄忠、趙雲の各伝記であるが、その内容は実に簡潔である。後世に武神、財神と崇められた関羽でさえ、わずかな記載しかないのである。

●関羽の女性にまつわる意外な話も掲載

　三国志ファンにとって諸葛亮とともに人気が高いのは、蜀の**五虎将軍**と称えられた関羽、張飛、馬超、黄忠、趙雲だろう。この「**関張馬黄趙伝**」は、そんな蜀の名将たちの伝記である。しかし、各伝記ともに記された内容はあまり多くない。むしろ呆れるほど少ないといったほうが的を射ている。

　「**関羽伝**」では、関羽は河東郡解県の出身で涿郡に出奔したというが、その理由や生誕の年数すら不明である。故郷で張飛とともに劉備の護衛役となり、3人は同じ寝台で休んで兄弟のようだったと記されていて、『三国志演義』などに見られる、3人が義兄弟の契りを結んだという根拠は、この記述だけである。また、冒頭から関羽と曹操との女性問題に関する話を紹介している。曹操が劉備とともに下邳の呂布を攻撃したとき、関羽は呂布の使者として袁術のもとにいった秦宜禄の妻をもらい受けたいと、曹操に申し出たという。曹操は、関羽が何度も申し入れるので、その女性を呼び寄せたところ、大変な美人だったので自分の手元に置いたというのである。以降、関羽の心は穏やかではなかったと記されている。また、馬超の才能を妬んだ話や、医者（華佗とは記していない）に骨を削って治療させながら悠然と酒を酌み交わした話、関平とともに臨沮で斬り殺された話などが記されている。

　「**張飛伝**」は、張飛が関羽に兄事してともに劉備に仕えたこと、当陽の長阪橋で川を盾にして橋を切り落とし先主を助けたこと、厳顔を生け捕りにしたこと、幕下の張達と范彊に殺害されたことなどを簡潔に記すだけである。

　そして、林業を営んでいた馬騰の子・馬超の一連の活躍ぶりを記した「**馬超伝**」のあと、定軍山において黄忠が夏侯淵を斬り捨てたことなどをさらりと記す「**黄忠伝**」、趙雲が長阪坡で劉禅と甘夫人を救い、諸葛亮の北伐の折にも活躍したと、これまたさらりと書き記した「**趙雲伝**」で終わっている。

料金受取人払郵便

神田支店承認

2559

差出有効期間
平成24年6月
10日まで

郵便はがき

101-8791

513

（受取人）

東京都千代田区
神田錦町3-19
楠本第3ビル4F

株式会社 **新紀元社** 行

●お手数ですが、本書のタイトルをご記入ください。

●この本をお読みになってのご意見、ご感想をお書きください。

愛読者アンケート

小社の書籍をご購入いただきありがとうございます。
今後の企画の参考にさせていただきますので、下記の設問にお答えください。

● **本書を知ったきっかけは？**
　□書店で見て　□（　　　　　　　　　　　　　　　）の紹介記事、書評
　□小社ＨＰ　□人にすすめられて　□その他（　　　　　　　　）

● **本書を購入された理由は？**
　□著者が好き　□内容が面白そう　□タイトルが良い　□表紙が良い
　□資料として　□その他（　　　　　　　　　　　　　　　　　）

● **本書の評価をお教えください。**
　内容：□大変良い　□良い　□普通　□悪い　□大変悪い
　表紙：□大変良い　□良い　□普通　□悪い　□大変悪い
　価格：□安い　□やや安い　□普通　□やや高い　□高い
　総合：□大変満足　□満足　□普通　□やや不満　□不満

● **定期購読新聞および定期購読雑誌をお教えください。**
　新聞（　　　　　　　　　　）　月刊誌（　　　　　　　　　）
　週刊誌（　　　　　　　　　）　その他（　　　　　　　　　）

● **あなたの好きな本・雑誌・映画・音楽・ゲーム等をお教えください。**

● **その他のご意見、ご要望があればお書きください。**

ご住所		都道府県	男女	年齢　歳	ご職業（学校名）	
お買上げ書店名						

新刊情報などはメール配信サービスでもご案内しております。
登録をご希望される方は、新紀元社ホームページよりお申し込みください。
http://www.shinkigensha.co.jp/

蜀の五虎将軍

蜀建国に大きな役割を果たした五虎将軍たち。その活躍ぶりを見てみよう。

関羽
涿郡に出奔
生誕年不明
劉備の護衛役

張飛
関羽とともに劉備と同じ床に寝ていた
劉備の護衛役

馬超
きこりだった馬騰の子

黄忠
夏侯淵を斬り殺す

趙雲
長阪坡で劉禅を救う

関羽の意外な一面

呂布の使者としてやってきた秦宜禄の妻を一目見て気に入った関羽は、曹操に頼んで妻としてもらいたいと申し出る。しかし曹操は……。

関羽:「秦宜禄の妻をもらいたい」
曹操:「きっと美人に違いない。わしがもらっておこう」
曹操:「よしよし！」

↓

曹操:「わしがもらった！」
関羽:「え?! そんな!!」

関連項目

●魏書「武帝紀」第1→No.036

No.054 蜀書「龐統法正伝」第7

「龐統伝」「法正伝」

伏竜と称えられた諸葛亮とともに、鳳雛と称えられた名臣・龐統と、益州攻略の最大の功労者だった法正の一代記。ふたりは、ともに劉備と諸葛亮からの信任が厚かったといわれている。

●諸葛亮と並ぶふたりの名臣

「**龐統法正伝**」は、劉備が厚く信頼を寄せていた龐統と法正の伝記である。

「**龐統伝**」では、龐統は若いころ地味でもっさりしていたので誰も評価する者がなく、人物批評家・司馬徽が「南州の士人中第一人者となるだろう」と高い評価を与えて有名になったとある。諸葛亮と並んで鳳雛（龐統）、伏竜（諸葛亮）と称えられたほど優れた人物だったと、注に引く『襄陽記』にも記されている。しかし、劉備は龐統に耒陽の令を代行させたが、治績が上がらず免官する。これを知った、当時同盟関係で龐統のことをよく知っていた呉の魯粛が、劉備に手紙で「龐統は県を治めるような小さな才能の持ち主ではなく、州郡の長官に就かせて初めて力量を発揮する人物です」といい、諸葛亮も同調したので、劉備は龐統に目通りしてその能力を認め、治中従事に任命するや治績を上げたという。劉備が益州牧の劉璋と涪で会見することになったとき、龐統は劉備に「会合を利用して劉璋を捕らえれば一州を平定できます」と進言したが、劉備は「まだ信任を得ていない」として、この進言を用いなかった。さらに、成都を襲撃する最上の策と、帰還するふりをして見送りにきた劉璋の大将を捕らえ、その軍を奪い取って成都を襲う次善の策、白帝城まで撤退して様子をうかがう下策を劉備に示し、劉備に次善の策を選ばせたという話が記されている。また、『三国志演義』は白馬に乗った龐統が劉備に間違えられて矢を射られて死んだとするが、「龐統伝」では、雒県を包囲し、軍勢を率いて城を攻めている最中に流れ矢に当たって死んでいる。

「**法正伝**」では、法正は軍議校尉として仕えていた劉璋を、ともに大事を為す器量を備えていないと見限り、益州別駕の張松と謀って、益州を劉備に乗っ取らせたことが記されている。そして、劉備の臣下となったのち、「定軍山の戦い」「漢中の戦い」などでの法正の活躍ぶりが紹介されている。

龐統の人物像

見栄えの悪さから評価されなかった龐統は、司馬徽や魯粛、諸葛亮らに引き立てられて治績を上げていく。

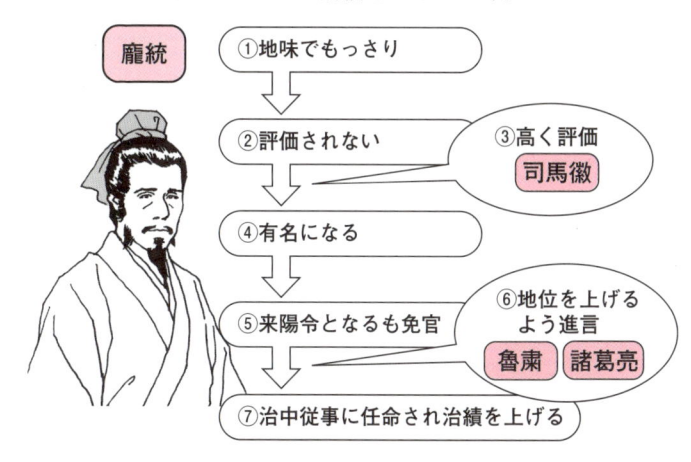

龐統
① 地味でもっさり
↓
② 評価されない
③ 高く評価 — 司馬徽
↓
④ 有名になる
↓
⑤ 耒陽令となるも免官
⑥ 地位を上げるよう進言 — 魯粛・諸葛亮
↓
⑦ 治中従事に任命され治績を上げる

龐統の成都攻略策

龐統は劉備に3つの策を進言して、劉璋の大将を捕らえてから成都を落とすという、次善の策を選ばせている。

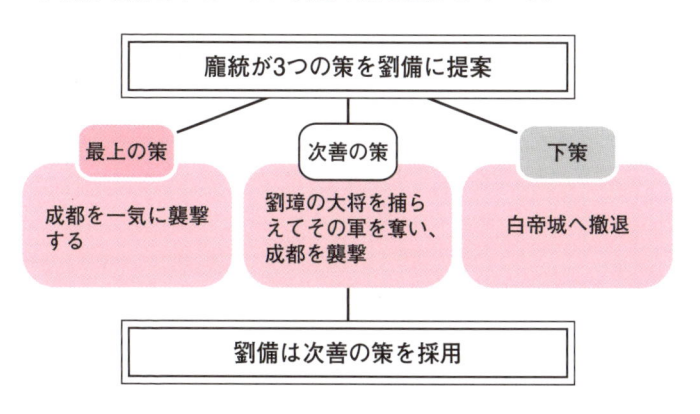

龐統が3つの策を劉備に提案

- 最上の策: 成都を一気に襲撃する
- 次善の策: 劉璋の大将を捕らえてその軍を奪い、成都を襲撃
- 下策: 白帝城へ撤退

劉備は次善の策を採用

関連項目

● 蜀書「先主伝」第2→No.049

No.055
蜀書「蔣琬費禕姜維伝」第14
「蔣琬伝」「費禕伝」「姜維伝」

諸葛亮亡きあとの蜀の命運を背負った、蔣琬、費禕、姜維の3人の伝記である。国力回復に徹して、無謀な遠征を控えていた蔣琬と費禕が亡くなると、跡を継いだ姜維は無謀な北伐を開始していく。

●蜀の命運を背負った3人の伝記

「**蔣琬費禕姜維伝**」は、諸葛亮亡きあとに蜀の命運を背負った丞相、将軍たちの伝記である。

「**蔣琬伝**」では、諸葛亮が亡くなると蔣琬は尚書令となり、さらに大将軍録尚書事に昇進したが、諸官の頂点に立ったにもかかわらず、喜びの色も見せず、態度もいつもとなんら変わらないままだったと記されている。それが功を奏して次第に人々の信頼を得るようになったという。蔣琬は、姜維を涼州刺史に推挙したあと246年に亡くなり、跡を費禕が受け継いでいる。

「**費禕伝**」では、費禕の功績や名声も、ほぼ蔣琬に匹敵したものであったと記している。互いに憎み合っていた魏延と楊儀のあいだに入ってふたりを諫め、その能力を最大限に発揮させたのも費禕の助力あってのことだとする。

「**姜維伝**」によると、費禕は姜維が大軍を要請しても制約を設けて思い通りにさせず、その都度1万の兵を与えるだけだったというように、国家の安定を第一と考え、無謀な外征を繰り返すことは控えていたようである。注に引く『漢晋春秋』を見ると、「我々は丞相（諸葛亮）には遥かに及ばない。丞相でさえ中原の地を平定することはできなかった。まして我らに至っては問題にならない。まずは国家を保つことに力を注ぐに越したことはない」と姜維を諭している。費禕が魏の降伏者に刺殺されて制約がなくなると、姜維は数万の軍勢を率いて北伐を繰り返す。その後の魏の将軍・徐質や夏侯覇、王経、鄧艾、鍾会らとの激闘の模様も詳しく記されている。蜀の劉禅が降伏したのち、鄧艾を陥れて全権を掌握した鍾会は、降伏してきた姜維に5万の兵を授けて魏に反旗を翻そうとしたが、失敗して処刑されたと本伝にあるが、注に引く『華陽国志』では、姜維が鍾会をそそのかして謀反を企てさせている。鍾会を魏と対立させて共倒れさせ、蜀の再興を図るつもりであったという。

諸葛亮亡きあとを受け継いだ3人の人物像

蒋琬、費禕、姜維の3人は、諸葛亮亡きあとを継いだ名臣たちである。各人が選んだ政策や行動を比べてみたい。

蒋琬
・諸官の頂点に立っても、態度はいつものまま
・人々の信頼を得る

費禕
・姜維の思い通りにさせず、1万の兵を与えるだけ
・無用な対外遠征は控えた

姜維
・北伐を繰り返し、国力を疲弊させていく

魏への反乱の首謀者は姜維か？ 鍾会か？

「姜維伝」では鍾会が姜維を誘って魏に反旗を翻したことになっているが、『華陽国志』では姜維が首謀者であるとしている。

「姜維伝」では

鍾会 → 姜維

鍾会が姜維に命じて5万の兵で反乱を起こさせた

『華陽国志』では

姜維 → 鍾会

姜維が鍾会をそそのかして魏に反旗を翻させた。鍾会と魏を戦わせて共倒れになったところで、蜀を再興するつもりだった

関連項目

●魏書「王毌丘諸葛鄧鍾伝」第28→No.045

No.055 第2章●正史『三国志』の内容

No.056
蜀書 その他
「馬良伝」「董允伝」「魏延伝」

その他の蜀書では、白眉と称えられた馬良の伝記「馬良伝」と、蜀滅亡の元凶ともいうべき黄皓の記録も記した「董允伝」、反逆者扱いをされた「魏延伝」などに注目したい。

●馬良と諸葛亮

「董劉馬陳董呂伝」にある「馬良伝」は、「馬氏の五常」(字に常がついていた5人の優れた兄弟)のなかでも特に秀でていて、白眉(眉のなかに白い毛が混じっていた)と称えられた馬良の伝記である。裴松之は「馬良はたぶん諸葛亮と義兄弟の契りを結んでいたか、あるいは親類であった」と記している。これが本当なら、諸葛亮が劉備の忠告を無視してまで、その弟・馬謖を重用した理由も理解できる。蜀の存続に甚大な悪影響を及ぼしたため馬謖の伝記は立てられていないが、この「馬良伝」のなかでさりげなく紹介されている。ここでは、馬謖は投獄されて死んだと記載されているが、首を刎ねられたかどうかは不明である。また、裴松之の注では、諸葛亮のことを「聡明な君主の戒めに逆らい、能力に応じた人の使い方ができなかった無能」と評した習鑿歯の厳しい言葉が記されている。

「董允伝」内に記された黄皓に関する記述も見逃せない。侍中となって近衛兵を指揮するようになった董允が生きているころは、黄皓は董允を恐れて悪事を働くことはなかったが、彼が亡くなると権力を自在に操って、ついに国家転覆を招いてしまう。蜀が滅亡したあとも、黄皓は鄧艾の側近に賄賂を渡して、殺害されることなく生き延びたというのは、なんともやるせない気持ちにさせられてしまう。

「劉彭廖李劉魏楊伝」にある「魏延伝」では、魏延が撤退命令に従わずに反逆者として三族ともども処刑されたことが記されているが、陳寿は、この魏延の行動は、政敵である楊儀との対立が原因で、魏延が蜀に反逆したわけではないと指摘している。諸葛亮が魏延に、自らの死後は自分の職務を代行し、秘密裏に遺体を運ぶよう命じたという『魏略』の一文も注に記している。

諸葛亮が馬謖を重用した理由

裴松之の推測では、諸葛亮と馬良は親戚か、義兄弟の契りを結んでいた。それゆえ、諸葛亮が馬謖を重用したのではないかとしている。

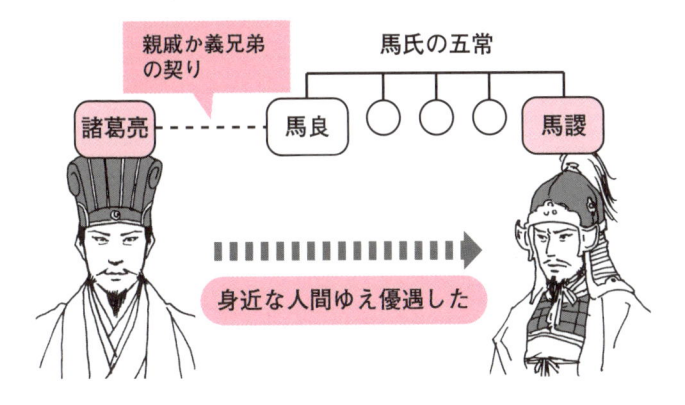

```
                        馬氏の五常
         親戚か義兄弟   ┌──┬──┬──┬──┐
         の契り
   諸葛亮 ------ 馬良  ○  ○  ○  馬謖

              身近な人間ゆえ優遇した
```

自己中心的な黄皓の行動

董允が亡くなると、黄皓は気ままに振る舞い始め、国家転覆の危機を招いてしまう。それにもかかわらず、蜀滅亡後も生き延びていくのである。

黄皓

①董允が亡くなる
②権力を自在に操るようになる
③国家転覆の危機を招く
④蜀滅亡
⑤魏へ
⑥鄧艾の側近が殺害せず生き延びさせる

関連項目

●蜀書「後主伝」第3→No.050

第2章●正史『三国志』の内容

No.057
呉書「孫破虜討逆伝」第1
「孫堅伝」「孫策伝」

呉の礎を築いた孫堅は、呉書の巻頭を飾るのにふさわしい偉業をなし得た人物である。父の跡を継いだ息子・孫策(孫権の兄)の伝記とともに紹介されている。

●孫堅が華雄の首を斬って董卓軍を敗走させる

　孫堅は、呉の初代皇帝となった孫権の父で、呉の礎を築いた人物である。「**孫堅伝**」では、孫堅は呉郡の富春の人で、春秋時代の兵法家・孫武の子孫だろうと記している。17歳のときにひとりで海賊退治をした話や、会稽の妖賊・許昌を討ち破った話を記し、中郎将・朱儁の配下となって黄巾賊討伐軍に参加し、向かうところ敵なしの活躍であったと続く。朝廷に対して不遜な態度を取る董卓を征伐すべしと進言したが、車騎将軍・張温が取り上げなかったという。董卓が朝政を牛耳って横暴を繰り返すと、各地で董卓打倒の義軍が組織され、孫堅も兵をあげて董卓への攻撃を開始。陽人で董卓の都尉・華雄の首を斬ったと記されている。董卓が孫堅の猛攻を恐れて都を西の関中へ移すと、孫堅は董卓に暴かれた陵墓を修復した。初平3年(192)、孫堅は袁術に命じられて荊州の劉表を攻めた。劉表は黄祖を送ったが、孫堅はこれを破ってそのまま襄陽を包囲している。この折に、孫堅が単騎で峴山を通ったとき、黄祖の軍卒に矢を射られて死んだとされる。注に引く『典略』によると、黄祖は立て籠もっていた城から密かに抜け出し、兵士の徴用を行って城内へ戻ろうとしていた。そのとき孫堅と鉢合わせになり、戦いを挑んだが敗れて峴山の茂みに潜んでいたという。そこを黄祖捜索にあたっていた孫堅が通りかかったため、黄祖の部下が矢を射ったとしている。なお『英雄記』では、孫堅は初平4年(193)に死去したとし、孫堅が劉表の部将・呂公を山伝いに探索していると、山上にいた呂公の兵士に石を落とされ、それに当たって頭が割れて即死したとするなどの異説を記している。

　「**孫策伝**」では、跡を継いだ孫策が、父同様勇猛で軍を進めれば必ず相手を倒したとする。死因も父同様に単騎でいたところを伏兵に斬られている。その後の養生を怠ったため死に至った経緯も、本伝及び注に記載されている。

董卓を追い詰める孫堅の活躍

孫堅は不遜な態度の董卓を許すことができず、ついにこれを攻撃。洛陽から追い出してしまう。

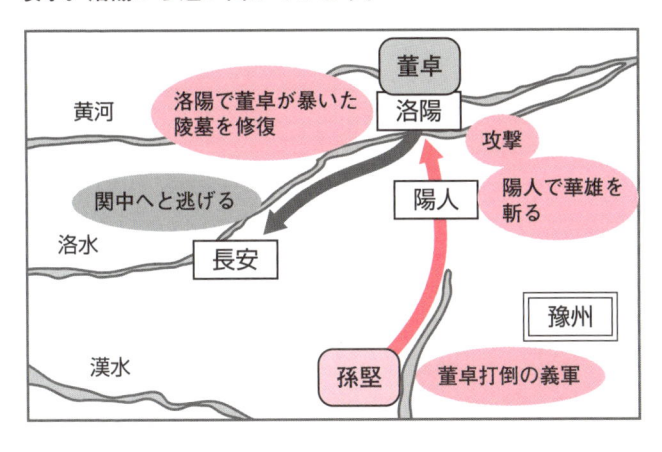

- 董卓／洛陽
- 洛陽で董卓が暴いた陵墓を修復
- 黄河
- 攻撃
- 陽人で華雄を斬る
- 関中へと逃げる
- 陽人
- 洛水
- 長安
- 豫州
- 漢水
- 孫堅
- 董卓打倒の義軍

孫堅殺害の3つの説

孫堅死亡にはさまざまな説がある。「孫堅伝」『英雄記』『典略』とも、その死因、年数が違っている。

「孫堅伝」では
単独で峴山通行中に黄祖の兵に矢を射られて死ぬ。192年

『英雄記』では
呂公の兵士が投げた石に当たって頭が割れて死亡。193年

『典略』では
孫堅との戦いに敗れて、茂みに潜んでいた黄祖の部下が射た矢に当たって死ぬ

関連項目

●魏書「董二袁劉伝」第6→No.038

No.058
呉書「呉主伝」第2

「呉主伝」

兄・孫策もその英邁さに舌を巻いたという、呉の初代皇帝・孫権の一代記。孫権は人材をうまく配して江南を制したものの、晩年、自らの愚行で呉を滅ぼしたと、陳寿に評されている。

●「草船借箭の計」は孫権が用いた策

呉主とは、呉の初代皇帝となった孫権のことである。

「**呉主伝**」によると、兄・孫策亡きあとを継いだ孫権は、優れた容貌を持ち、高貴な位に昇る兆しがあったという。注に引く『江表伝』には、性格が朗らかで度量が広く思いやりがあり、孫策も孫権の意見を高く評価し、自分も及ばないと考えていたと記している。本伝では、父の仇である黄祖討伐の模様を詳しく解説したのちに「赤壁の戦い」へと続くが、そこでは、周瑜と程普がそれぞれ1万の軍を指揮し、劉備と共同で軍を進めたとある。赤壁で敵と遭遇して曹操軍を打ち破ると、曹操が残った船に火を点けて撤退したとし、「武帝紀」「周瑜伝」など、他の伝記とはかなり食い違った話になっている。

また、212年に曹操が濡須を攻めたときのこと、孫権が大きな船に乗って曹操軍の近くまでやってきて、船の左右に矢を射させて自軍に引き返したという話が、注に引く『魏略』に見られる。『三国志演義』では諸葛亮も「赤壁の戦い」を前にしてこの策を用いたとしているが、その記録は正史『三国志』には見当たらない。

●晩年の悪行

「赤壁の戦い」の記述のあとは「合肥の戦い」において孫権が張遼に苦戦を強いられた話や、麦城に立て籠もる関羽が降伏するように見せかけて逃走した話、「夷陵の戦い」に敗れて白帝城に籠もる劉備と再び友好関係を結んだことなどが記されたあと、229年に皇帝となって建業に遷都したことも記している。

そして陳寿は、孫権が晩年になると疑い深くなり、讒言に惑わされて容赦なく殺戮を繰り返し、太子の孫和を廃し魯王・孫覇に自殺を命じるなど、呉が滅びる遠因を作ったと厳しい意見を述べて「呉主伝」を締めくくっている。

「呉主伝」に見る「赤壁の戦い」の構造

「呉主伝」では、周瑜と程普が各1万の兵を率いて、劉備とともに戦ったとある。船に火を点けたのを曹操としているのも見逃せない。

劉備軍	周瑜軍		曹操軍
劉備	周瑜 / 程普	VS	曹操
	1万 / 1万		
	▼勝利		▼船に火を点けて敗走

孫権の晩年の行動

名君だった孫権も晩年になると愚行が目立つようになった。太子の孫和を廃し、孫覇に自殺を命じるなどの悪行が非難されている。

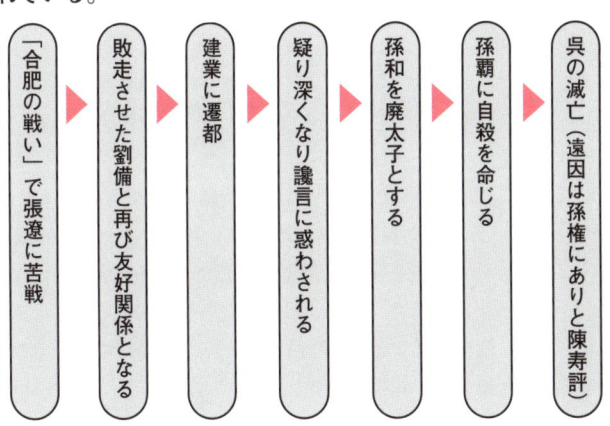

「合肥の戦い」で張遼に苦戦 ▶ 敗走させた劉備と再び友好関係となる ▶ 建業に遷都 ▶ 疑り深くなり讒言に惑わされる ▶ 孫和を廃太子とする ▶ 孫覇に自殺を命じる ▶ 呉の滅亡（遠因は孫権にありと陳寿評）

関連項目
- 呉書「周瑜魯粛呂蒙伝」第9→No.062

No.059
呉書「三嗣主伝」第3
「孫亮伝」「孫休伝」「孫晧伝」

孫権の跡を継いだ3人の皇帝の伝記。後継者を巡っての陰湿な駆け引きが繰り返されたことで、政権が弱体化し、やがて滅亡へと繋がっていく。その一連の流れが見られる。

●呉の滅亡を招いた孫権の後嗣選び

「三嗣主伝」は、孫権の跡を継いだ3人の皇帝、孫亮、孫休、孫晧の各一代記である。孫亮は孫権の末息子、孫休は孫権の6番目の息子、孫晧は太子を廃された孫和の子。孫権の後嗣選びが呉滅亡の遠因になったともいわれる。

「孫亮伝」では、本来なら孫権の長子・孫登、次子・孫慮亡きあと、三男・孫和が跡を継ぐはずだったが、姉・全公主が讒言して孫権の愛情が薄れ、孫権が愛した末息子の孫亮がその地位に就いたという。孫権が逝去すると孫亮が皇帝となり、大将軍の諸葛恪が実権を握る（のちに諸葛恪は孫峻によって殺害される）。孫亮は専横が目にあまる孫綝を誅殺せんと謀ったが、計画が孫綝に知られて退位させられる。このとき孫亮は16歳だった。

「孫休伝」では、孫綝が孫休を帝位に就けると、孫休は孫綝を丞相に任命して政治にあたらせたという。しかし、次第に孫綝の権勢は主君をしのぐほどになり、勝手気ままな行動が多くなってきたため、孫休は孫綝がクーデターを起こすのではないかと危惧し、密かに張布と謀って昇殿の折に捕らえ、孫綝を処刑。実権を掌握した孫休は、丞相・濮陽興と大将軍・張布に政治を任せっきりにし、自らは古典文献の研究に明け暮れていたという。

「孫晧伝」では、孫休の死後、左典軍の万彧の薦めに応じて、濮陽興と張布が太后に申し入れて孫晧を皇帝に迎え入れたことが記されている。また、注に引く『江表伝』によると、孫晧は即位した当初は名君であったとしているが、本伝では、帝位に就くと粗暴で驕慢になったと記している。これを憂いた濮陽興と張布までもが誅殺されてしまう。

陳寿は孫晧のことを「度し難い悪人で、諫める者を誅殺し、淫乱奢侈を極めた」と評し、それにもかかわらず晋に降伏したのち、帰命侯に封じられるなど優遇されたのは納得がいかないと締めくくっている。

孫氏家系図

孫権の子・孫登と孫慮は早世、孫和を太子から廃し、孫覇を自殺させたあと、末息子・孫亮に跡を継がせている。

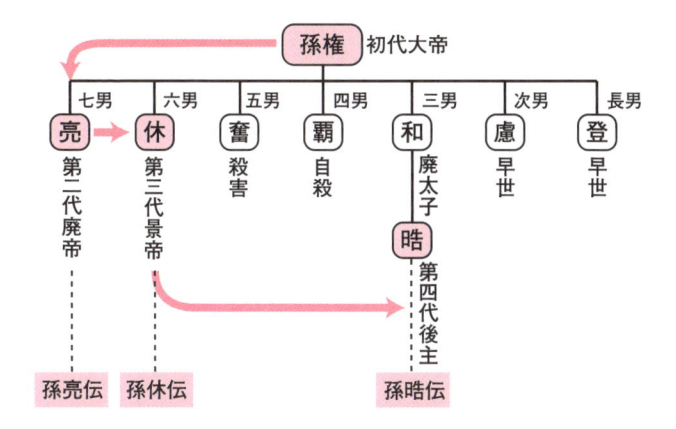

```
                    孫権 初代大帝
    ┌──────┬──────┬──────┬──────┬──────┬──────┐
   七男    六男   五男   四男   三男   次男   長男
    亮  →  休     奮     覇     和     慮     登
   第二   第三   殺害   自殺   廃太子  早世   早世
   代廃   代景                   │
   帝     帝                    晧
                               第四代後主

  孫亮伝  孫休伝              孫晧伝
```

呉の政治の実権の移り変わり

孫亮が皇帝となると、政治の実権は諸葛恪が握ることになる。しかし、孫峻によって殺害されたあと、孫休、濮陽興へと実権が目まぐるしく移っていく。

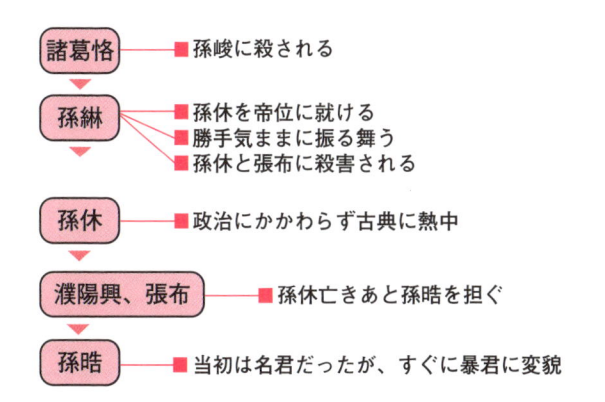

- **諸葛恪** ─ ■孫峻に殺される
- **孫綝** ─ ■孫休を帝位に就ける
  ■勝手気ままに振る舞う
  ■孫休と張布に殺害される
- **孫休** ─ ■政治にかかわらず古典に熱中
- **濮陽興、張布** ─ ■孫休亡きあと孫晧を担ぐ
- **孫晧** ─ ■当初は名君だったが、すぐに暴君に変貌

関連項目

●呉書「呉主伝」第2→No.058

No.060
呉書「妃嬪伝」第5

「孫堅呉夫人伝」「孫権謝夫人」「孫権徐夫人」「孫権歩夫人」「孫権王夫人」「孫権王夫人」「孫権潘夫人」「孫亮全夫人」「孫休朱夫人」「孫和何姫」「孫晧滕夫人」

「妃嬪伝」は、孫堅に嫁いだ呉夫人をはじめ、孫堅一族の夫人たちの動向を記したものである。頻繁に新たな夫人を迎え入れた孫権の移り気が目立つ。謝夫人に始まり潘夫人まで、計6人の妻を迎えている。

●寵愛を受けた夫人が権力を手中に

「妃嬪伝」は、孫堅、孫権、孫亮、孫休、孫和、孫晧の各夫人と姫、計11名の各伝記である。陳寿は、魏書と蜀書においては夫人たちに皇后の称号を与えているのに対して、呉の夫人だけは、ただ夫人としか記していない点にも留意しておきたい。

最初に記された「**孫堅呉夫人伝**」は、孫権の母の伝記である。孫堅は彼女が才色兼備であると伝え聞いて妻に娶りたいと申し出たものの、呉氏の親戚たちは、孫堅の軽薄で抜け目のない人となりを嫌って、断ろうとした。しかし、禍が降りかかることを恐れた彼女が彼らを諭し、申し出を受けて婚姻を結び、四男一女をもうけている。このとき、呉夫人の弟・呉景は孫堅のもとで兵を率い、功績があったので騎都尉に任じられている。孫堅と孫策が亡くなり、孫権が年若くして呉を統べるようになると、呉夫人は軍事と行政の両面にわたって、孫権に助言するようになっている。孫策の功曹・魏騰が孫権の機嫌を損ねて処刑されそうになったとき、呉夫人は自ら井戸に身を投げるふりまでして、これを諫めて刑の執行を取り止めさせたということが、注に引いた『会稽典録』に記されている。

孫権謝夫人は、呉夫人が孫権のために迎えた夫人であるが、孫権が徐夫人を娶ると寵愛を失ってしまった。その徐夫人も、孫権が容貌の美しい歩夫人を迎えると敬遠されて位を剥奪される。その後、琅邪の王夫人も迎え入れられるが、歩夫人だけは孫権の寵愛を失うことはなかった。歩夫人が逝去すると、王夫人が生んだ孫和が太子に選ばれる。その後、南陽の王夫人が孫休を、潘夫人が孫亮を生んで、義兄弟同士の骨肉の争いが始まっていく。

また、全夫人は孫亮の夫人、朱夫人は孫休の夫人、何姫は孫和の姫で孫晧の母、滕夫人は孫晧の夫人である。

孫氏の夫人たちの系図

孫権には、正史『三国志』に記載されているだけでも6人の夫人がいた。夫人同士の争いが、そのまま後継者争いに転化されていく。

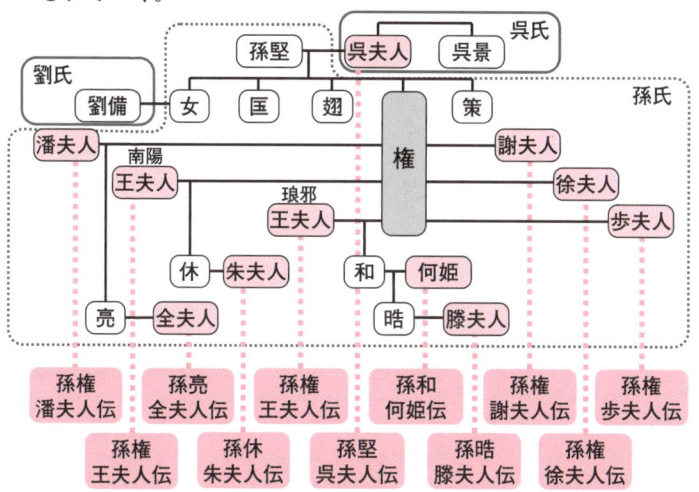

```
                    呉氏
         孫堅 ─ 呉夫人  呉景
劉氏    ┌──┬──┬──┐
 劉備  女  匡  翊  策         孫氏
潘夫人 ─────────── 権 ─── 謝夫人
  南陽王夫人 ──────┤
  琅邪王夫人 ──────┤──── 徐夫人
                  ├──── 歩夫人
       休 ─ 朱夫人  和 ─ 何姫
       亮 ─ 全夫人  晧 ─ 滕夫人
```

- 孫権 潘夫人伝
- 孫亮 全夫人伝
- 孫権 王夫人伝
- 孫和 何姫伝
- 孫権 謝夫人伝
- 孫権 歩夫人伝
- 孫権 王夫人伝
- 孫休 朱夫人伝
- 孫堅 呉夫人伝
- 孫晧 滕夫人伝
- 孫権 徐夫人伝

孫権夫人たちの動向

孫権が娶った6人の夫人たち。寵愛を受けた夫人の子が皇帝になることが多かった。

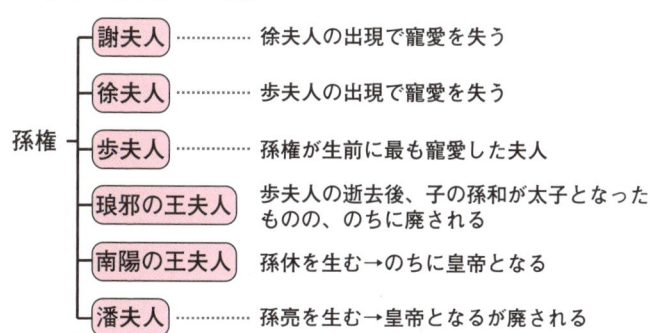

孫権
- 謝夫人 …… 徐夫人の出現で寵愛を失う
- 徐夫人 …… 歩夫人の出現で寵愛を失う
- 歩夫人 …… 孫権が生前に最も寵愛した夫人
- 琅邪の王夫人 …… 歩夫人の逝去後、子の孫和が太子となったものの、のちに廃される
- 南陽の王夫人 …… 孫休を生む→のちに皇帝となる
- 潘夫人 …… 孫亮を生む→皇帝となるが廃される

関連項目

● 呉書「呉主伝」第2→No.058

No.061
呉書「張顧諸葛歩伝」第7
「張昭伝」「顧雍伝」「諸葛瑾伝」「歩騭伝」

「張顧諸葛歩伝」は、孫策や孫権を支えた名臣・張昭や、長年宰相を務めた顧雍など、メインとなる4人の一代記と、その4人の子である8人の伝記がつけ加えられている。

●頑固な張昭と控えめな諸葛瑾

　孫権から高く評価されながらも、ついに宰相に任じられることのなかった張昭、19年も宰相を務めた顧雍、孫権の長史となった諸葛瑾、陸遜の跡を継いで丞相となった歩騭の伝記で、各人の子である張奮、張承、張休、顧邵、顧譚、顧承、諸葛融、歩闡らの伝記もつけ加えられている。ここでは、孫策が文事武事にかかわる一切を委ねるほど厚く信頼し、跡を継いだ孫権の代でも軍師として重く用いられた「張昭伝」と、孫権の幕僚として活躍し、蜀の諸葛亮の兄でもある「諸葛瑾伝」を取り上げる。

　「**張昭伝**」では、張昭は厳格で自らの主張を変えなかったため、しばしば孫権から煙たがられたとある。自分の意見が用いられなかったことに腹を立てた張昭が、病気と称して参内しなかったとき、孫権はこれを恨みに思って、張昭の家の門を土で塞いでしまう。これを不服に思った張昭は、内側からも土を盛って立て籠もってしまった。張昭の息子たちが抱えて連れ出し、孫権が詫びを入れて、ようやく張昭は機嫌を直し、朝会に加わったという。注に引く『江表伝』では、「赤壁の戦い」を前に張昭が魏への徹底抗戦に反対したことをいつまでも根に持っていたと明かしている。また、注に引く『呉歴』によると、孫策が死の床に臨んだとき、張昭に「仲謀（孫権）に才能がなければ、そなたが政権を執れ」といわれたほど信頼が厚かったようである。

　「**諸葛瑾伝**」では、諸葛瑾は性格が控えめで、諫めを述べるときも決して強い口調ではなく、主張のおおよそを述べるだけで、ものにたとえて同意を求めることが多かったという。諸葛亮が呉にきたとき、孫権から「なぜ、弟・諸葛亮殿を呉に引き止めようとしないのか？」といわれたことがあった。このとき諸葛瑾は「弟が呉に留まらぬのは、私が蜀にいってしまわないのと同じなのです」という。以後、ますます孫権から信頼されるようになったという。

張昭への信頼度と強情さ

孫策から厚い信頼を受けていた張昭も、強情ゆえに跡を受け継いだ孫権から煙たがられることも多かった。

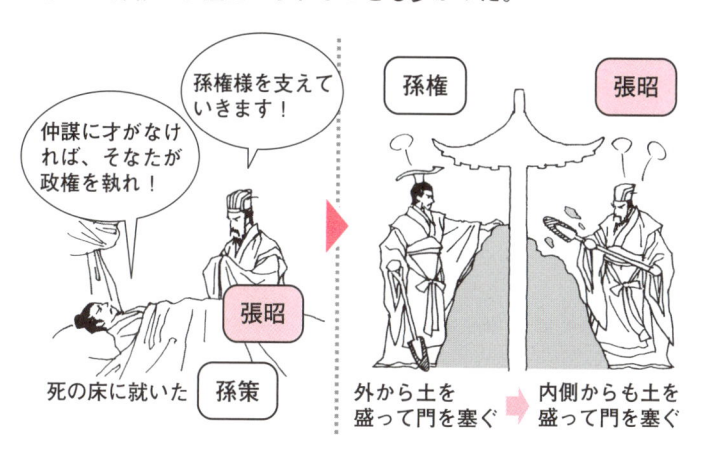

孫権の諸葛瑾に対する信頼

孫権は、諸葛瑾に弟・諸葛亮を呉に引き止めるよう求めたときの一言で、ますます諸葛瑾への信頼を厚くしたといわれる。

関連項目
●呉書「呉主伝」第2→No.058

No.062
呉書「周瑜魯粛呂蒙伝」第9

「周瑜伝」「魯粛伝」「呂蒙伝」

「周瑜魯粛呂蒙伝」は、「赤壁の戦い」で勝利をもたらした都督・周瑜と、関羽との会談に気骨を見せた魯粛、関羽を死に追いやった呂蒙の3人の伝記である。

●呉最大の功労者・周瑜と、跡を継ぐ魯粛、呂蒙の伝記

　呉に仕える名臣たちのなかでも最も功績があったのは、いうまでもなく都督・周瑜であろう。「赤壁の戦い」において周瑜が果たした役割は、計り知れないほど大きい。「**周瑜魯粛呂蒙伝**」は、その名将・周瑜と、その跡を継いだ魯粛、さらに魯粛亡きあとの呉を守り抜いた呂蒙の3人の伝記である。

　「**周瑜伝**」では、「赤壁の戦い」における周瑜の活躍ぶりが詳しく記されている。それによると周瑜は、曹操を迎え入れるべきだとする他の臣下たちに断固異議を唱えたことになっている。曹操が騎馬を捨てて船で呉に戦いを挑むことの浅はかさ、寒さが厳しく必ず疫病に悩まされること、馬超や韓遂らの後顧の憂いが消え去らぬことなどを数え上げて、曹操との戦いにおいて呉が有利であることを孫権に示し、曹操を迎え撃つことを薦めたのである。また、注に引く『江表伝』を見ると、曹操が水軍と歩兵合わせて80万であるというのは嘘で、実数は中原の人数が15万～16万、劉表の降伏兵が7万～8万程度で、いずれも士気の衰えた者ばかりであるという。そして、呉の精鋭5万もあれば十分防ぎ止めることができると断言している。黄蓋を曹操側に投降させ、火の点いた船を敵陣に突っ込ませたことも本伝に記されている。

　「**魯粛伝**」では、魯粛の家が裕福で、周瑜が居巣県の長になったとき、ふたつある蔵のうちひとつをそっくり周瑜に与えたという逸話が記されている。また、劉備が益州を平定したあとも荊州を呉に返還しなかったため、魯粛が荊州の関羽に会見を申し入れ、互いに護身用の刀ひとつで会見に臨んだことも記されている。このとき魯粛は、断固たる態度で関羽と渡り合ったという。

　「**呂蒙伝**」では、呂蒙が病気療養を理由に一線を退いたように見せかけて、関羽が油断したところを襲って虜にした話のほか、呉下の阿蒙と呼ばれていたが勉学に励んで博学となったことを称える話などが、詳しく記されている。

周瑜の魏軍分析

周瑜の考えでは、魏軍はせいぜい22万〜24万で士気が衰えた者ばかり。呉の精鋭5万で防ぎ止めることができるという。

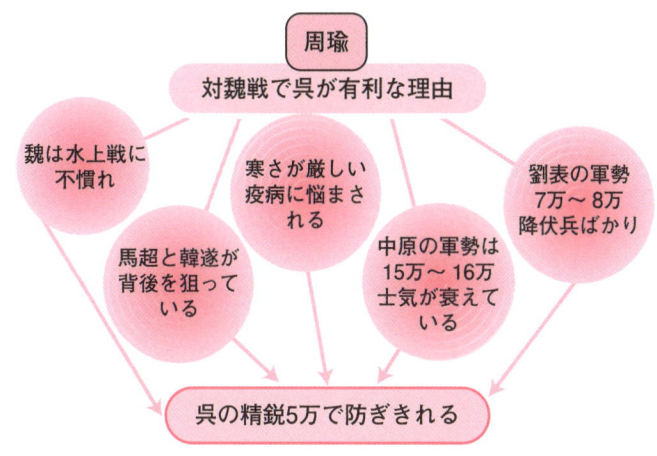

```
                    周瑜
              対魏戦で呉が有利な理由

  魏は水上戦に    寒さが厳しい            劉表の軍勢
    不慣れ      疫病に悩まさ             7万〜8万
                    れる              降伏兵ばかり
       馬超と韓遂が      中原の軍勢は
       背後を狙って     15万〜16万
         いる        士気が衰えて
                         いる

              呉の精鋭5万で防ぎきれる
```

意外にも豪胆な魯粛の行動

魯粛には、援助を求めにきた周瑜に対して蔵ひとつ丸ごとポンと渡したり、関羽に対して単刀ひとつで会見に臨んだりと、豪胆な一面もあった。

（魯粛）「ふたつの蔵のうちひとつを差し上げよう」
（周瑜）「それはありがたい」

（魯粛）「荊州を返さぬのは間違っている！」
（関羽）「‥‥」

関連項目

●蜀書「関張馬黄趙伝」第6→No.053

No.063
呉書「程黄韓蒋周陳董甘凌徐潘丁伝」第10

「程普伝」「黄蓋伝」「韓当伝」「蒋欽伝」「周泰伝」「陳武伝」「董襲伝」「甘寧伝」「凌統伝」「徐盛伝」「潘璋伝」「丁奉伝」

黄蓋や甘寧など、呉の勢力拡大に大きな力を発揮してきた勇猛の士たち12人の伝記である。ここでは、特に「赤壁の戦い」で活躍した黄蓋の「黄蓋伝」と、武勇伝が多い甘寧の「甘寧伝」に注目したい。

●猛将たちの武勇伝が目白押し

「程黄韓蒋周陳董甘凌徐潘丁伝」は、江南の勇猛の臣たちの伝記である。程普、黄蓋、韓当、蒋欽、周泰、陳武、董襲、甘寧、凌統、徐盛、潘璋、丁奉ら12人のほかに、陳武の子・陳脩と陳表の伝記も加えられている。周瑜とともに督となって曹操軍を「赤壁の戦い」で打ち破った程普や、呂蒙とともに南郡を攻略した韓当、孫権が宴席で傷跡をひとつひとつ指差しながら武勇を称えた周泰、蒙衝艦の腹の下に潜り込んでロープを切って黄祖討伐に大きな手柄をあげた董襲、関羽を虜にした潘璋、孫綝を斬った丁奉など、華々しい活躍ぶりを見せる武将たちが居並ぶが、特に注目したいのが黄蓋と甘寧のふたりである。

「黄蓋伝」の「赤壁の戦い」の記述は、黄蓋は周瑜の配下として曹操軍を赤壁で押し止めたとし、火攻めの計を進言したとあるのみである。『三国志演義』に見られるような「苦肉の計」を弄して曹操を陥れたという記述は見当たらない。また、注に引く『呉書』を見ると、黄蓋は戦いのなかで流れ矢に当たって川に落ち、呉軍の兵士に引き上げられたが、黄蓋であるとは思われず、そのまま便所のなかに放置されたままだったという。力の限り叫んでようやく韓当に救い出されたという、少々ユーモラスな話が記されている。

「甘寧伝」では、遊侠好みで無頼漢の頭領であった甘寧の武勇伝が数多く見られる。黄祖の都督・蘇飛の計らいで黄祖のもとから逃れ、孫権に仕えるようになったことをはじめ、黄祖が孫権に追われたとき、殿を務めた甘寧が校尉の凌操を弓で射殺したこと、5000～6000人もの曹仁軍に包囲されて雨あられと矢を射られてもひとり平然としていたこと、1000人の兵で関羽5000人の侵攻を食い止めたこと、わずか100人の兵で曹操の大軍に対して夜襲をかけたことなどが、詳しく記されている。

「赤壁の戦い」でのひとコマ

黄蓋が、矢に射られて川に落ちて溺れているところを兵士に助けられるが、それが黄蓋だと気づかれず、厠に放置されたままであった。

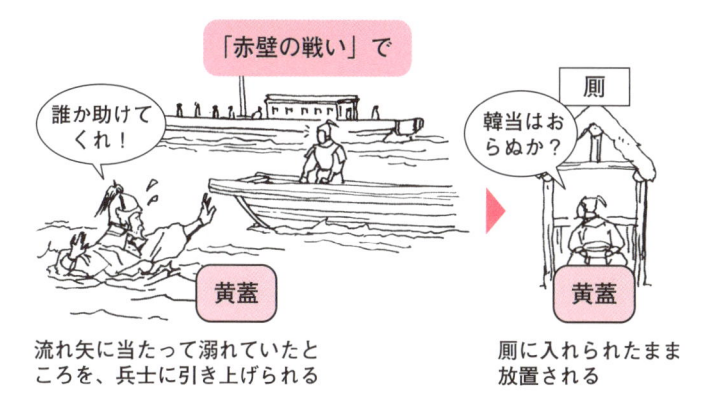

「赤壁の戦い」で

誰か助けてくれ！

黄蓋

流れ矢に当たって溺れていたところを、兵士に引き上げられる

厠

韓当はおらぬか？

黄蓋

厠に入れられたまま放置される

甘寧の活躍

曹仁軍に包囲されても動じなかったり、100人の兵で曹操軍に夜襲をかけて士気をくじかせたりと、甘寧の武勇伝には事欠かない。

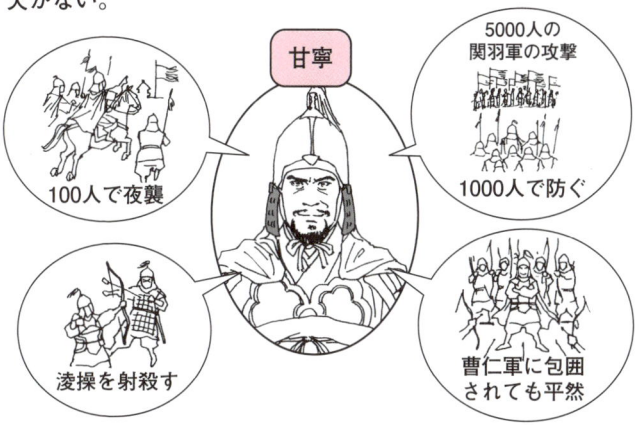

甘寧

100人で夜襲

5000人の関羽軍の攻撃
1000人で防ぐ

凌操を射殺す

曹仁軍に包囲されても平然

関連項目

●呉書「周瑜魯粛呂蒙伝」第9→No.062

No.064
呉書「陸遜伝」第13

「陸遜伝」

「陸遜伝」は、新参者としてへりくだって関羽の油断を誘い、ついに荊州奪回に成功したという呉の功労者・陸遜の一代記である。陸遜が関羽に送った手紙も、全文が記されている。

●関羽に油断させて荊州を奪う

「**陸遜伝**」は、江東の豪族の家に生まれた陸遜(もとの名を陸議という)の伝記である。まず、孫権が将軍となった陸遜21歳のときに、初めて出仕したことが記されている。孫権は、兄・孫策の娘を陸遜に妻として与えたというから、信任の度合いも相当高かったようである。

劉備が関羽と張飛の仇を討たんと大軍を率いて呉へ侵攻したとき、孫権は陸遜を偏将軍右部督に任じてこれにあたらせた。「呂蒙伝」では呂蒙の計略によって呂蒙が仮病を使い関羽を油断させたとしているが、「陸遜伝」を見る限り、呂蒙の病気は本当で、関羽が油断している今こそ関羽を攻めるべきだと、陸遜が呂蒙に伝えている。陸遜が関羽に送った新任の挨拶ともいうべき手紙が全文記されているが、自らへりくだって関羽を盛んに持ち上げ、油断を誘うように心憎いまでに配慮し、まんまと荊州を奪うのである。

劉備が大軍を率いて夷陵へと攻め上ったとき、陸遜は大都督に任じられてこれにあたっている。武将たちが攻撃することを盛んに願い出ても、今は様子を見るときであるとして、決して出兵させることはなかった。膠着状態が7～8か月も続き、蜀の兵士が疲労困憊し意気も喪失し始めたころになって、ようやく火攻めでの総攻撃を命じる。このときの死者の数は数万人、劉備は夜陰にまぎれて白帝城へと落ち延びていったと記されている。

魏の大司馬・曹休が皖を襲ってきたときもまた、陸遜は大都督に任じられてこれにあたるや、曹休軍を散々に追い散らして、1万あまりもの敵兵を斬殺したり捕虜にしたりしている。244年、顧雍の跡を継いで丞相となったものの、孫和と孫覇の後継者争いに巻き込まれて流罪となったのち、憤りのあまり死去したという。陸遜の跡を継いだ陸抗も、父親の威風を受け継いで見事な働きぶりであったとつけ加えられている。

136

陸遜の荊州攻略の戦法

呂蒙が病で一線を退いた今こそ荊州を守る関羽攻略のチャンスと見た陸遜は、関羽の油断を誘う作戦に出る。

- 関羽:「ただの若造かこれなら安心じゃ」
- 陸遜:「私は若輩者ですご指導お願いします」「今こそ関羽攻略のチャンスです」
- 呂蒙:「わしは病ゆえ、しばらく休養する」

陸遜の活躍と凋落

「夷陵の戦い」で蜀軍を壊滅させて、のちに丞相となった陸遜も、晩年は呉の後継者争いに巻き込まれて憤死してしまう。

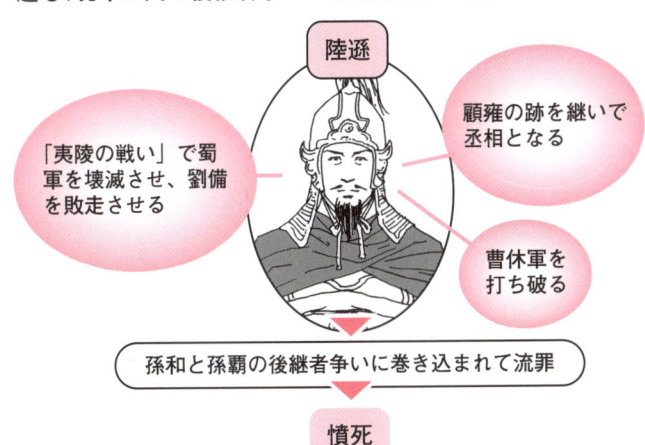

陸遜
- 「夷陵の戦い」で蜀軍を壊滅させ、劉備を敗走させる
- 顧雍の跡を継いで丞相となる
- 曹休軍を打ち破る

↓

孫和と孫覇の後継者争いに巻き込まれて流罪

↓

憤死

関連項目
● 蜀書「関張馬黄趙伝」第6 → No.053

No.065

呉書 その他

「太史慈伝」「孫和伝」「諸葛恪伝」

その他の呉書では、孫策との壮絶な一騎打ちが光る太史慈、孫権によって廃太子とされた孫和、人々の怨嗟の声を聞き入れずに死を招いた諸葛恪の各伝記を取り上げる。

●孫策との壮絶な殴り合い

「劉繇太史慈士燮伝」にある「**太史慈伝**」には、郡の上書を手にした太史慈が、州の役人を出し抜いて朝廷に上聞した話や、救援を求める孔融のために決死の覚悟で敵前を突破した話、弓が得意で百発百中だった話などとともに、太史慈が孫策と戦ったときの経緯が記されている。それによると、敵情の偵察に出た太史慈が、たまたま孫策と出くわして戦いを挑んだとしている。そのとき、孫策は韓当や宋憲、黄蓋といった猛勇の士13騎を従えていたにもかかわらず、太史慈はためらいなく突き進んでいったという。孫策が太史慈の項のところにあった手戟を奪い取ると、太史慈は孫策の兜を奪うという烈しさであった。ちょうどそのとき、双方の歩兵騎兵が駆けつけてきたので、ふたりは左右に分かれている。また、のちに孫策が太史慈を捕らえたとき、太史慈の評判を耳にしていた孫策は、すぐに縄目を解いたと記している。

「呉主五子伝」にある「**孫和伝**」では、孫権の後継者選びでの愚行が記されている。孫権が礼に従って跡継ぎとした孫和は立派な人物だったが、孫権は王夫人を陥れようと企んだ全公主の讒言を信じ、ついに王夫人を死に追いやって、その子・孫和を廃し幽閉してしまう。裴松之は孫権の行動について言及し、愚かで道理にもとる行いであると断罪する。しかし全公主の思惑とは裏腹に、結局孫覇は自殺を命じられ、孫亮が太子となる。

「諸葛滕二孫濮陽伝」にある「**諸葛恪伝**」では、諸葛恪は諸葛瑾の長男で、若くして才能が開花してその名が知られたとし、数多くの逸話を記し、その機転のよさを強調している。孫権が危篤になると、諸葛恪を大将軍に任じて後事を託した。しかし、たびたびの出兵で国、兵士ともに疲弊させ、それでも出兵を繰り返したため、次第に人々から怨嗟の声が湧き上がってくる。そして諸葛恪は、宴席上で孫峻に刀でめった斬りにされてしまうのである。

138

孫策と太史慈の戦い

13人もの騎士に守られた孫策目がけて、太史慈は果敢にも攻め立てていく。

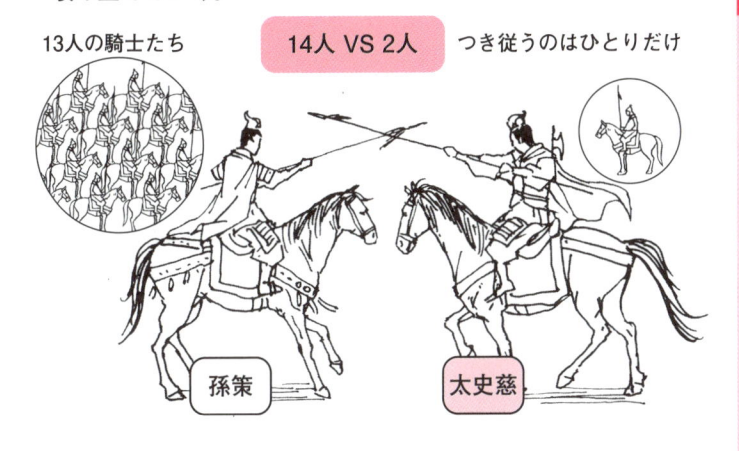

13人の騎士たち　　14人 VS 2人　　つき従うのはひとりだけ

孫策　　　太史慈

孫権の後継者選びの顛末

王夫人を陥れようと企んだ全公主の讒言を信じて、孫和を廃し、王夫人を死に追いやった孫権。孫覇を自殺させるなど、愚行を繰り返した。

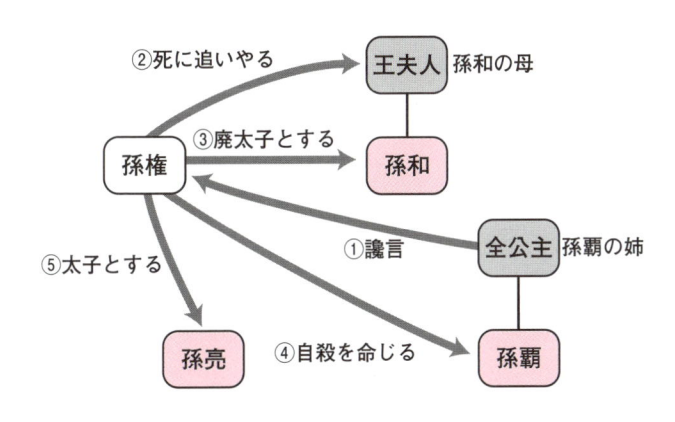

- ②死に追いやる → 王夫人（孫和の母）
- ③廃太子とする → 孫和
- ①讒言 ← 全公主（孫覇の姉）
- ④自殺を命じる → 孫覇
- ⑤太子とする → 孫亮

関連項目

●呉書「孫破虜討逆伝」第1→No.057　●呉書「呉主伝」第2→No.058

三国志紀行② 諸葛亮登場から「赤壁の戦い」へ

■「三顧の礼」の舞台へ

　袁紹軍に加担していた劉備は、曹操に敗れて荊州の劉表のもとに身を寄せて以後、7年ものあいだ戦火を交えることなく、なんの成果もあげられず鬱々としていた。参謀の不在が劉備躍進に大きな歯止めをかけていたからである。『三国志演義』によると、このとき、劉備は伏竜と称えられた諸葛亮の存在を知り、新野から足繁く通って彼を迎え入れようとしたとある。3度目にしてようやく諸葛亮と出会った劉備は、ここで「天下三分の計」の秘策を告げられるのである。その「三顧の礼」の舞台となったのが、襄樊市内から西15kmに位置する古隆中である。人家も途絶えた静寂の地で、諸葛亮は自ら耕作し、晴耕雨読の生活を送っていたのである。鳥居のような形の古隆中牌坊を潜って100mほど進むと、諸葛亮が耕していたという躬耕田が見えてくる。そのすぐそばにある小虹橋は『梁父吟』を口ずさみながら歩いていた諸葛亮の舅・黄承彦と劉備が出会ったところ。さらに抱膝亭、草廬の石碑、武侯祠、三顧堂、六角井、半月渓、老竜洞、梁父岩などが点在。若き諸葛亮の清楚な生き様に触れるには最適の舞台である。

■「長阪坡の戦い」から「赤壁の戦い」の舞台へ

　「官渡の戦い」で袁紹軍を破って意気揚がる曹操は、いよいよ荊州征圧を目指して南下し始める。曹操といえども軽視し難い劉備を真っ先に葬りたかったからである。大軍を率いて押し寄せてくる曹操軍に対処すべくもない劉備は、領民ともども逃げ始めるが、長阪坡において、とうとう曹操軍に追いつかれてしまう。ふたりの妻と息子・阿斗も行方知らずである。このときに活躍したのが趙雲。彼の獅子奮迅の働きによって、甘夫人と阿斗は無事救出されたのだ。その舞台となったのが、襄樊の南150kmほどのところにある当陽である。街のシンボルともいえる勇壮な趙雲像のすぐそばにある歴史公園には、趙雲が阿斗を抱いて敵陣を駆け巡る「単騎救主」や、劉備が阿斗を地面に投げつける「劉備獅子」などの名場面を再現した塑像が点在している。同市内には張飛が曹操軍を食い止めた長阪橋跡もあり、張翼徳横矛処碑の石碑が置かれている。

　長阪坡において九死に一生を得て逃げ延びた劉備は、その後呉の孫権と同盟を結んで、曹操と世紀の一戦に臨むことになる。三国志史上最大の見せ場ともいうべき「赤壁の戦い」である。80万人と豪語する魏の曹操軍に対して、呉の孫権と蜀の劉備の連合軍はわずか5万人。この圧倒的に不利な状況のなか、寡兵の連合軍が劇的ともいえる勝利を収めてしまうのが『三国志演義』のストーリー。この赤壁の古戦場跡には、周瑜の作とされる赤壁の文字が彫り込まれた巨大な岩をはじめ、諸葛亮が東南の風を起こすために祈祷したとされる拝風台、周瑜ゆかりの翼江亭、周瑜像、赤壁大戦陳列館、鳳雛庵などが点在している。しかし、実際には長江の流れは時を経るにつれて移動しているので、この地が歴史上の本当の舞台であったかどうかは定かでない。

第3章
『三国志演義』と正史『三国志』

No.066 『三国志演義』と正史『三国志』

『三国志演義』と正史『三国志』。このふたつの書には、いったいどのような違いがあるのだろうか？ それぞれの作者や成り立ちを紹介し、大きな特色を見比べてみたい。

●全65巻で442人を紹介

　正史『三国志』の作者は、晋代の著作郎(国史を記す書記官)・陳寿(233～297年)である。若いころは父の跡を継いで蜀の朝廷に仕え、31歳ごろに蜀が滅んだあとは晋に仕え、50歳ごろに魏書、蜀書、呉書を書き始めた。**魏書30巻、蜀書15巻、呉書20巻**、合わせて**65巻**の膨大な歴史書を書き上げ、のちの人がこの3書を合わせて『三国志』と名づけたとされる。晋が魏から禅譲を受けた国である以上、魏を正統と見るのが当然で、陳寿もその大原則に従い、曹操や曹丕をはじめ、魏の王朝継承者を本紀として取り上げている。蜀や呉の人物たちはすべて列伝扱いで、総勢442人の人々を紹介(登場人物は4866人)した。ただ、記述が簡潔過ぎたため、宋代(420～479年)の文帝が裴松之(372～451年)に命じて注釈を加えさせた。陳寿が記した魏書、蜀書、呉書の文字数は**総数36万字**だが、**裴松之の注も32万字**ある。一般に正史『三国志』と呼ばれるのは、注を含めたものを指すことが多い。

●劉備は善人、曹操は悪の権化へ

　正史『三国志』をもとにしながら、市井に広まる講談や伝承などを加味し、おもしろおかしくまとめられたのが小説『三国志演義』である。作者は14世紀末から明初期の人物・羅貫中で、陳寿から1000年以上ものちの人である。羅貫中は生没年や人物像など、正確にはなにも知られていない。

　明は、朱元璋が仁義礼智信を模範とする儒教の一派・朱子学を国家教学としたこともあって、忠義に篤い劉備や関羽らの蜀が正統とされた。そして、正史『三国志』では漢の正統な後継者であった曹操は、後漢王朝を亡ぼした冷徹な悪の権化と化し、義に篤い関羽や徳の人である劉備は、ますます善人の仮面を被せられて正義の人に描かれた。こうして『三国志演義』は、勧善懲悪物語として人気を博していくのである。

正史『三国志』の構造

3世紀に陳寿が記した魏書、呉書、蜀書の65巻に、4〜5世紀の人・裴松之が注釈を加えた。

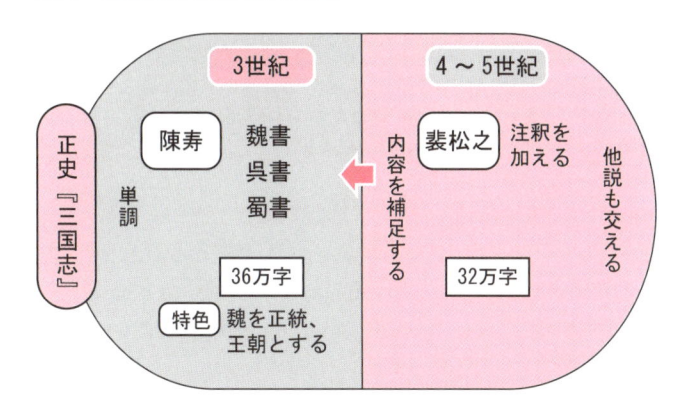

```
        3世紀              4〜5世紀

  陳寿   魏書                裴松之   注釈を
正史     呉書    内容を補足する       加える    他説も交える
『三国   蜀書                
 志』  単調
        36万字              32万字
       特色 魏を正統、
            王朝とする
```

『三国志演義』ができあがるまで

14世紀の人・羅貫中が、正史『三国志』や講談、伝承などをもとに、歴史小説『三国志演義』を書き上げた。

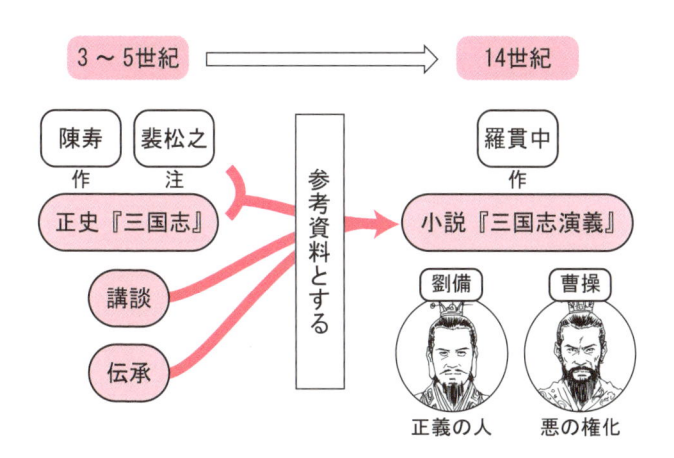

```
3〜5世紀  ──────→  14世紀

陳寿  裴松之                    羅貫中
作     注                         作
正史『三国志』  ┐              小説『三国志演義』
              │ 参考資料とする
  講談        ┤                劉備      曹操
              │
  伝承        ┘              正義の人  悪の権化
```

関連項目

● 『三国志演義』とは→No.001 ● 正史『三国志』とは→No.035

No.067
劉備は有徳の人だったのか？

『三国志演義』において、劉備は仁に優れ徳に篤い人物と称えられている。しかし、正史『三国志』に見る劉備像は、かなり性格を異にする。それは『三国志演義』からは想像できないものだった。

●黄巾賊討伐戦において、劉備は活躍しなかった

蜀を正統な王朝とする『三国志演義』では、劉備が三国きっての英雄で、有徳の人であったと記すのは当然かもしれない。しかし、正史『三国志』を見る限り、劉備はさして武勇に秀でていたわけでもなく、徳があるというより**打算的な人物**であったと見られる。

黄巾賊討伐戦では「先主は仲間を率いて黄巾賊を討伐し、手柄を立てて安喜県の尉に任命された」という記述はあるが、黄巾賊の将・程遠志兵5万を打ち破った話や、太守・龔景を黄巾賊の大軍から救った話など、『三国志演義』に見られるような華々しい活躍ぶりは見当たらない。それどころか、裴松之が注に引いた『典略』には、劉備が劉子平軍に参軍して賊と遭遇したとき、負傷していたために死んだふりをして、賊がいなくなったのを見計らって友人の車に乗せてもらったという情けない様子が記されている。

●罷免させられることを恐れて、督郵の懐柔を企てる

次のようなこともある。劉備は、さしたる武功もないのに軍功ありと見られ、安喜県の尉に収まった。しかし、郡の督郵が視察に訪れ、軍功に関して改めて調査し始めると、劉備は罷免させられるのではと恐れ、策を講じようと督郵に面会を申し入れる。しかし、督郵は病と称して会わなかった。劉備はこれに逆上して、督郵を縛り上げて県境まで連れ出し、自らの官印を彼の首にかけ、樹に括りつけて100回あまり杖で叩いて（『漢晋春秋』では馬繋ぎの柱に括りつけ、200回杖で打ったとある）殺そうとしている。『三国志演義』に見られるような「弘毅寛厚」（心が広く温厚なこと）のイメージとは裏腹に、かなり打算的な人だったと見るべきであろう。

ちなみに『三国志演義』では、督郵を鞭打ったのは張飛である。おそらく、劉備ファンを失望させないために、羅貫中が書き換えたものであろう。

劉備の戦いぶり

『三国志演義』では華々しい活躍ぶりを見せる劉備だが、正史『三国志』を見ると、無様な戦いぶりだったことがわかる。

	『三国志演義』では	正史『三国志』では
劉備の性格と特徴	三国きっての英雄 有徳の人	打算的な人物 武芸は今ひとつ
戦いぶり	程遠志兵5万を破る 太守・龔景を救う	記述がない
黄巾賊の討伐	華々しい活躍ぶり	たいして活躍していない 無様な戦いぶり

督郵を打ったのは誰？

『三国志演義』では張飛が督郵を義憤に駆られて鞭打つが、正史『三国志』では打算的な劉備が怒りに任せて杖で打った。

『三国志演義』では

- 張飛:義憤に駆られて鞭打つ
- 督郵:馬繋ぎの柱に括りつけられる 柳の枝で叩かれる

正史『三国志』では

- 督郵:樹に括りつけられる 100回叩かれる
- 劉備:督郵を懐柔しようとしたが失敗 杖で打つ

関連項目

●蜀書「先主伝」第2→No.049

No.068
曹操は姦雄だったのか？

『三国志演義』に見る曹操は、「乱世の姦雄」とたとえられる通りの極悪人である。しかし、実はそれは後世の史家たちの捏造で、正史『三国志』に見える曹操は、希代の英傑と記されているのである。

●『三国志演義』に描かれた曹操の悪行の数々

後漢末期の人物批評家・許子将は、曹操を「治世の能臣、乱世の姦雄」と評した。姦雄とは、悪知恵を働かせて英雄になること、あるいは大悪人を意味する。『三国志演義』では、この曹操姦雄説をもとに、非情で冷徹な曹操像が描かれた。善玉の劉備に対して曹操は悪玉である。呂伯奢一家殺害事件や孔融一族の皆殺し、徐州における住民虐殺など、曹操の悪行の数々は、『三国志演義』には数え切れないほど記載されている。それらが広く読まれたため、曹操は悪者というイメージがすっかり定着してしまった。

●曹操悪人説は、後世の史家たちの捏造

本当に曹操は悪玉、姦雄だったのか？ 裴松之は晋代の歴史家・王沈の『魏書』を正史『三国志』の注に記しているが、それによれば、**呂伯奢殺害の真相**は、呂伯奢の息子たちが曹操の馬や荷物を奪おうとしたため、やむなく斬ったという。徐州での住民大虐殺も、正史には「**多数の者を虐殺した**」とだけ記されている。その一文をもとに、後世の史家たちが大虐殺へと話を膨らませていったとも見られる。仮に虐殺が真実だとしても、それは曹操が**法を厳格に守った**結果だとする識者もいる。敗軍の将を律する『司馬法』に「包囲されたあとで降伏する者は容赦しない」という一条があるが、曹操がこれを頑なに守り抜いたために招いた悲劇だというのだ。

それにしても、曹操を小馬鹿にし過ぎたとはいえ、孔融を殺害したのは曹操にとっては不運であった。孔子の子孫を殺害するなど、朱子学を国家教学とした明朝の歴史家たちにとっては、許しがたいことだったからである。このことがあるために、時代が下るにつれて曹操の評価は下がり続け、悪人説が堂々とまかり通っていく。そして14世紀半ば、ついには潤色を重ねて『三国志演義』が仕上げられたのである。

曹操悪人説の形成過程

曹操は時代が下るにつれて、後世の史家たちの手によって悪人へと仕立てられ、ついに悪の権化にまで変身させられてしまう。

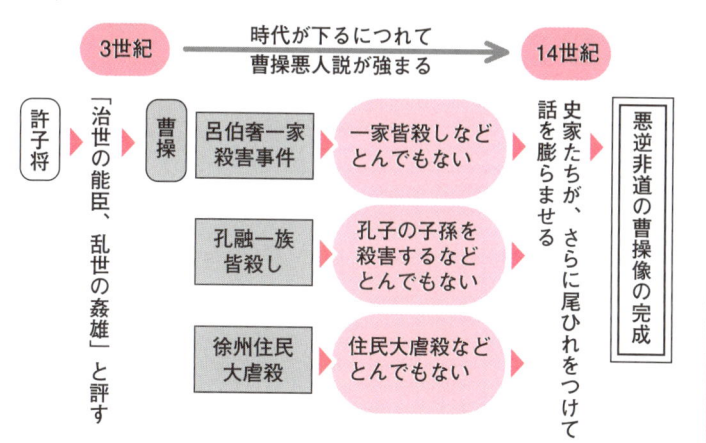

```
                  時代が下るにつれて
   3世紀         曹操悪人説が強まる         14世紀

許    「
子    治                呂伯奢一家      一家皆殺しなど      史
将    世    曹          殺害事件        とんでもない      家        悪
      の    操                                            た        逆
      能                                                  ち        非
      臣                 孔融一族       孔子の子孫を      が        道
      、                  皆殺し        殺害するなど      、        の
      乱                                 とんでもない      さ        曹
      世                                                  ら        操
      の                 徐州住民        住民大虐殺など    に        像
      姦                 大虐殺          とんでもない      尾        の
      雄                                                   ひ        完
      」                                                   れ        成
      と                                                   を
      評                                                   つ
      す                                                   け
                                                           て
                                                           話
                                                           を
                                                           膨
                                                           ら
                                                           ま
                                                           せ
                                                           る
```

曹操悪人説の由来となった事件の真相

曹操悪人説の根拠となった事件をよく見てみると、曹操には弁解できる事情があった。曹操は不運であったというべきである。

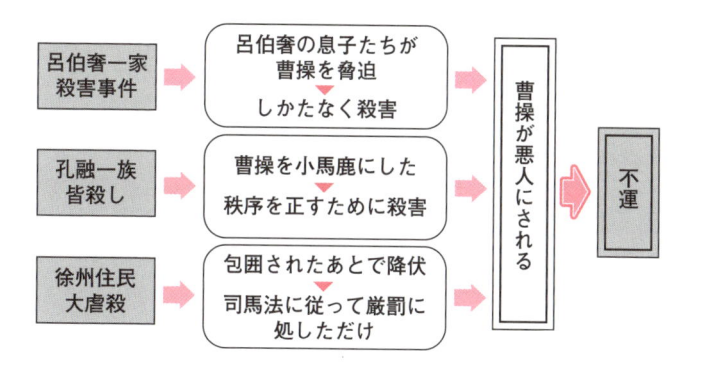

```
                      呂伯奢の息子たちが
  呂伯奢一家     →      曹操を脅迫            曹
  殺害事件              ▼                    操
                      しかたなく殺害          が
                                             悪
                                             人
  孔融一族              曹操を小馬鹿にした     に          不運
  皆殺し        →      ▼                    さ   ⇒
                      秩序を正すために殺害    れ
                                             る

  徐州住民              包囲されたあとで降伏
  大虐殺        →      ▼
                      司馬法に従って厳罰に
                           処しただけ
```

関連項目

●魏書「武帝紀」第1→No.036

No.069
諸葛亮は本当に天才軍師なのか？

『三国志演義』では、鬼神とも思える奇才ぶりを発揮する諸葛亮。しかし、正史『三国志』に記された諸葛亮の軍師としての能力は、意外なものであった。諸葛亮は、天才軍師ではなく優秀な政治家であった。

●軍師としての能力は？

「赤壁の戦い」では東南の風を起こし、曹操の逃走路を比類なき洞察力で完璧に予測し、伏兵を配して曹操を這々の体で逃げ惑わせるなど、『三国志演義』に見る諸葛亮像は、神業ともいえるような天才軍師ぶりを発揮している。周瑜に10万本の矢を調達せよという無理難題を吹っかけられたときも、船を曹操陣営に寄せて矢を射かけさせ、たやすく集めるなど、奇想天外な発想で次々と難局を乗り越え、華々しい活躍ぶりを見せる。

正史『三国志』での諸葛亮は、『三国志演義』のような神懸かり的な行動はないが、極めて能力の高い人物だったと記されている。陳寿も「政治のなんたるかをよく知る良才であり、管仲、蕭何といった名相たちの仲間といってもいい」と称え、注を記した裴松之も「もし諸葛亮が魏に仕えていれば、陳羣や司馬懿ですら対抗できる相手ではない」とまでいっている。しかし、それは**政治家としての能力**であって、軍師としての力量ではない。

諸葛亮が「赤壁の戦い」で采配を振るったという記録はなく、劉備存命中は食糧や兵員の調達という後方支援がおもな任務だった。劉備亡きあと、初めてともいえる南中征伐では幸運にも見事な采配を振るったが、続く北伐では得るところもなく、ただ兵を損傷させ、国力を低下させるばかり。陳寿も諸葛亮の政治家としての能力は認めつつも、評の最後に「毎年軍勢を繰り出しながらも成功しなかったのは、臨機応変の軍略が彼の得意とするところではなかったからであろう」と記している。

裴松之が注に引く『袁子』にも「状況の変化に対応することは得意でなかった」とある。呉の大鴻臚（少数民族の担当大臣）・張儼も、自著『黙記』で「毎年出征しながら、わずかな土地を攻略することもできず、帝業を開くどころか国内を荒廃させてしまった」と手厳しい評価を下している。

『三国志演義』に見る諸葛亮像

10万本の矢を3日で調達したり、東南の風を祈祷で呼び起こしたり、曹操の逃避ルートを洞察するなど、神業のような活躍ぶりであった。

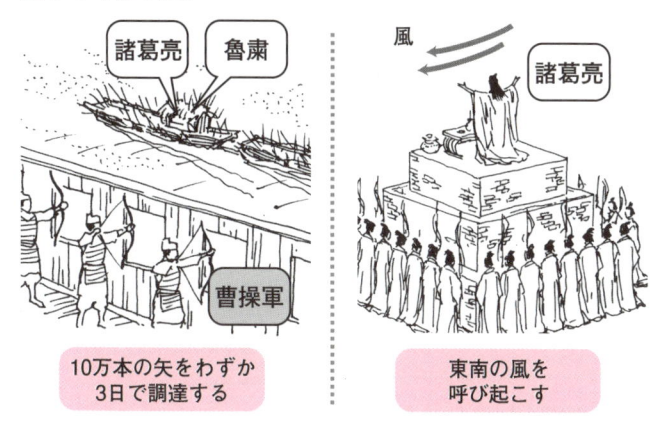

諸葛亮　魯粛
曹操軍
10万本の矢をわずか3日で調達する

風
諸葛亮
東南の風を呼び起こす

正史『三国志』に見る諸葛亮像

諸葛亮は政治家としては、管仲や蕭何に匹敵するほど有能であったが、臨機応変の能力を求められる軍師としては今ひとつであった。

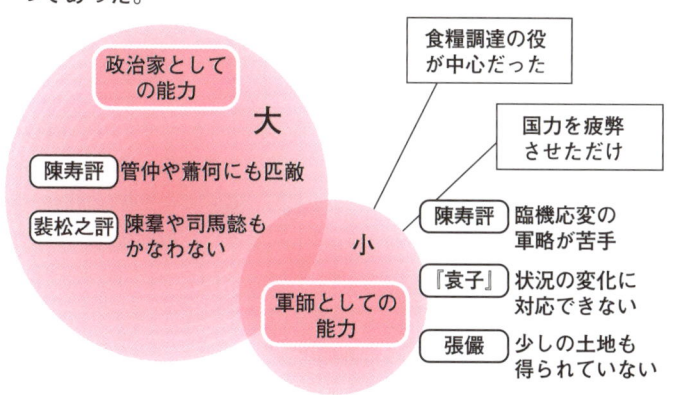

政治家としての能力　大
- 陳寿評：管仲や蕭何にも匹敵
- 裴松之評：陳羣や司馬懿もかなわない

軍師としての能力　小
- 食糧調達の役が中心だった
- 国力を疲弊させただけ
- 陳寿評：臨機応変の軍略が苦手
- 『袁子』：状況の変化に対応できない
- 張儼：少しの土地も得られていない

関連項目
●蜀書「諸葛亮伝」第5→No.052

No.070
『三国志演義』に登場する架空の人物たち

単調になりがちな歴史物語にひときわ華やかな色彩を放つのが、羅貫中らが作り上げた架空の人物たちである。なかでも、絶世の美女・貂蝉と、忠義の人・周倉に注目したい。

● 160名もいる架空の人物

『三国志演義』に登場する1192名のなかには、正史『三国志』に登場する4866名以外の謎の人物が、**160名**存在するという。ほとんどが羅貫中の創作か、荒唐無稽な講談話が集められた『三国志平話』に登場する架空の人物だ。

金環三結や木鹿大王、祝融夫人、兀突骨、董荼那、朶思大王など、諸葛亮の南征時に対戦した洞主らは、毒泉で異国の者を悩ませたり、狂風を吹き荒らして猛獣を繰り出したりと、荒唐無稽な戦術を駆使しており、いかにも作り話のようである。しかし、「赤壁の戦い」で黄蓋の「苦肉の計」を信じて曹操に黄蓋投降の誤報を伝えた蔡和や、関羽が五関六将を斬って劉備のもとへ向かったとき、その人柄に惚れて王植の命を無視し、関羽を逃がしてしまった胡班までもが架空の人物だというのは、なんとも紛らわしい。

● 美女・貂蝉と、殉死した周倉

『三国志演義』に登場する架空の人物で最も有名なのは、絶世の美女として知られる**貂蝉**と、関羽殺害を知って自刎したとされる**周倉**だろう。

貂蝉は司徒・王允が抱えていた歌姫で、董卓と呂布との三角関係を演じて仲違いさせるという「美女連環の計」の主人公である。董卓の側妾となりながらも、呂布に色目を使ってこれを籠絡し、董卓殺害を仕向けた。王允の目論みは成功したが、その後貂蝉がどうなったか『三国志演義』には記されていない。ちなみに、吉川英治は自著『三国志』のなかで、貂蝉は自ら毒をあおって死んだと描いた。絶世の美女にふさわしい死に際である。

臥牛山の元山賊だった周倉は、劉備のもとに向かっていた関羽と出会い、意気に感じて配下となった。魯粛との荊州帰属問題を話し合う単刀赴会において、関羽が呉の伏兵に襲われそうになったとき、周倉が機転を利かせて関平の船団を呼び寄せ、無事関羽を救出したという逸話が作られている。

160名もの架空の人々

木鹿大王や朶思大王など、いかにも嘘めいた人物だけでなく、胡班や蔡和のように実在の人物と思い込んでしまいそうな人物も多くいた。

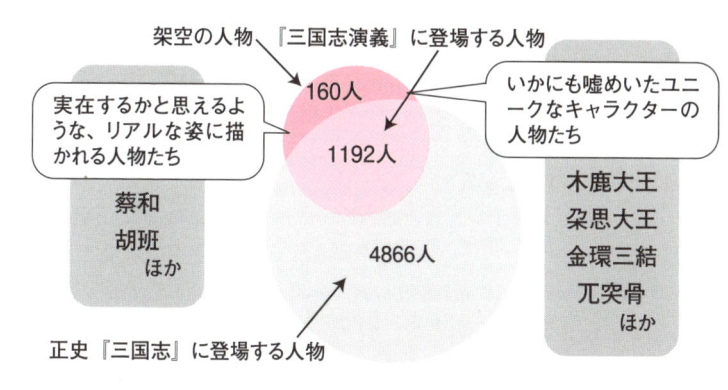

- 架空の人物、『三国志演義』に登場する人物：160人
- 『三国志演義』に登場する人物：1192人
- 正史『三国志』に登場する人物：4866人

実在するかと思えるような、リアルな姿に描かれる人物たち：蔡和、胡班 ほか

いかにも嘘めいたユニークなキャラクターの人物たち：木鹿大王、朶思大王、金環三結、兀突骨 ほか

貂蝉と周倉

絶世の美女・貂蝉が、呂布を籠絡して董卓を殺害させたほか、元山賊だった周倉が関羽に惚れ込んで配下となった話がおもしろい。

董卓 ← 殺害 — 貂蝉（妾にしてしまう）— 呂布（結婚するはずだった）

周倉「弟子にしてください」／関羽「俺についてこい！」

関連項目

●呂布、董卓を殺害→No.006

No.071
羅貫中によって死因を変えられてしまった英傑たち

物語をよりおもしろくするため、羅貫中は実に多くの人物の死因までも書き換えている。なかでも魏軍の将・張遼や徐晃、呉の礎を築いた孫堅や孫策らの死に様に注目したい。

●張遼は射殺されたことに

『三国志演義』に登場する英傑たちのなかには、病死なのに戦死扱いにされたり、まだ死んでもいないのに早々と殺されたことにされたりなど、もし本人が聞いたら怒り心頭に発するほど死因を大きく変えられた人物が数多くいる。魏の張遼や徐晃、蜀の黄忠、張苞、関興、呉の孫堅、孫策、甘寧、韓遂らである。皆、史実とはかけ離れた死に様にされた。なかでも有名なのは、**魏の猛将・張遼**である。正史『三国志』の「張遼伝」を見ると、張遼は221年に病が重くなって死去したはずなのに、『三国志演義』では224年の「広陵の戦い」まで生きていて、この戦いで呉の名将・丁奉に矢を射られて死んでいる。戦場で腰に矢を受けた張遼は、徐晃に助けられてなんとか許都へ戻ったが、矢傷が張り裂けて死んだことになっているのだ。

張遼を助けた**徐晃**も、227年に病死したことが正史『三国志』に書かれているが、『三国志演義』では翌年まで生きていて、新城で、蜀から魏へ下り、また蜀へと舞い戻ろうとした孟達に、額を射られて戦死している。

●脚色された孫堅・孫策親子の死

呉の**孫堅**は、正史『三国志』では黄祖の兵に矢を射られて死んだと記されているが、『三国志演義』では呂公の兵に、矢に加え山上から巨石を落とされ、それが頭に当たって脳味噌を噴き出したという壮絶な死に様に書き換えられている。その子・**孫策**も、正史『三国志』では許貢の食客に襲われた傷が悪化して死んでしまうが、『三国志演義』では、あたかも自らが殺害した于吉の亡霊に呪い殺されたかのような書き方をされている。

また、**甘寧**の没年や死因は正史『三国志』には記載されていないが、『三国志演義』に見られるような、「夷陵の戦い」において蛮王・沙摩柯に矢を射られて死んだというのも、作り話といわれている。

張遼と徐晃の死

張遼と徐晃はともに病死であるのに、張遼は丁奉に、徐晃は孟達に、矢を射られて戦死したことにされてしまう。

張遼の場合

正史『三国志』では 221年 病死

『三国志演義』では 224年 戦死

腰に矢を射られる

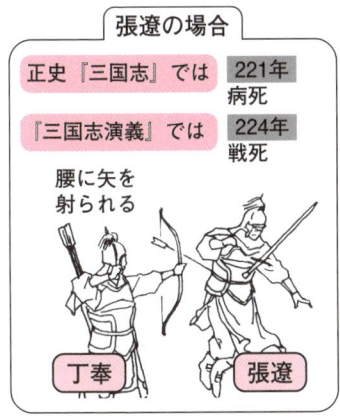

丁奉　張遼

徐晃の場合

正史『三国志』では 227年 病死

『三国志演義』では 228年 戦死

額に矢を射られる

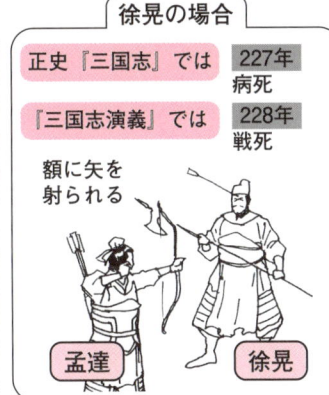

孟達　徐晃

孫堅と孫策の死

孫堅は矢で射られたはずなのに石を頭にぶつけられて死に、孫策はまるで干吉の亡霊に呪い殺されたような死に方にさせられている。

孫堅の場合

正史『三国志』では 射殺

『三国志演義』では 石をぶつけられて戦死

石をぶつけられて頭が砕ける

孫堅

孫策の場合

正史『三国志』では 許貢の食客に射られた矢傷が悪化して死亡

『三国志演義』では 干吉の亡霊に呪い殺される

うらめしや……

干吉の亡霊　孫策

関連項目

● 呉書「孫破虜討逆伝」第1→No.057　● 呉書「張顧諸葛歩伝」第7→No.061

No.072
反董卓連合軍は結集して虎牢関で戦ったのか？

一堂に会したと思われがちな反董卓連合軍ではあるが、実は結集などしておらず、各地に点在したままであった。しかも、戦いに臨んだのはごくわずかであったという。

●お粗末な反董卓連合軍の実体

　少帝を廃し、わずか9歳の献帝を擁して、これを傀儡として政治の実権を握った董卓は、その後、手のつけられないような横暴を働いていく。『三国志演義』では、その非道ぶりに憤慨した曹操が、全土に檄文を飛ばして結集を呼びかけたことにしている。そして各地の諸侯たちは、これに応じて兵をあげた。

　冀州刺史・韓馥や豫州刺史・孔伷をはじめ、劉岱、王匡、張邈、喬瑁、鮑信、孔融、張超、陶謙、馬騰、公孫瓚、張楊、孫堅、袁紹など、17もの諸侯がそれぞれ1万～3万もの兵を引き連れて結集したというのである。これら反董卓連合軍は、陳留に拠点を構える曹操と合流、かけ連ねた陣屋は200里にも及んだと記している。その後、**氾水関**や**虎牢関**で激戦を繰り広げ、関羽が董卓軍の華雄の首を斬り、董卓軍の呂布に張飛、関羽、劉備の3人が打ちかかっていくというのも、このときのことである。

　しかし、正史『三国志』に見える反董卓連合軍の活躍の模様は、かなり様相が異なっている。まず、全土に檄文を飛ばしたのは曹操ではなく東郡太守・喬瑁である。『三国志演義』では18諸侯が一堂に会したかのように描かれているが、正史を見る限りその事実はない。曹操をはじめ、劉岱、張邈、張超、喬瑁、袁遺、鮑信らは酸棗に集結したものの、孔伷はその南の潁川に、袁術と孫堅はそのさらに南の魯陽に駐屯している。韓馥は河北の鄴に、袁紹と王匡は黄河北岸の河内にいたままで、公孫瓚や孔融、陶謙らに至っては、連合軍に参加すらしていないのである。当時公孫瓚の配下であった劉備ら3人が呂布と戦ったこともなければ、関羽が華雄を討ち取ったというのも『三国志演義』の作り話である。実際に董卓と戦ったのは、**曹操、鮑信、孫堅**のみというから、ほとんど名前だけの連合軍だったのである。

『三国志演義』に見る反董卓連合軍の動き

曹操の呼びかけに応じて17の諸侯が陳留に結集したのち、虎牢関や氾水関へ向かっていった。

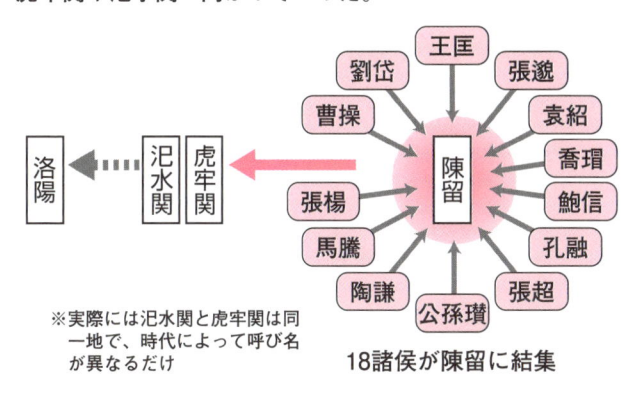

洛陽 ← 氾水関 ← 虎牢関 ← 陳留

陳留に結集：王匡、張邈、袁紹、喬瑁、鮑信、孔融、張超、公孫瓚、陶謙、馬騰、張楊、曹操、劉岱

※実際には氾水関と虎牢関は同一地で、時代によって呼び名が異なるだけ

18諸侯が陳留に結集

正史『三国志』に見る反董卓連合軍の動き

反董卓連合軍が一堂に会したことはなく、各地に点在したままであった。しかも戦ったのは曹操ら3人だけであった。

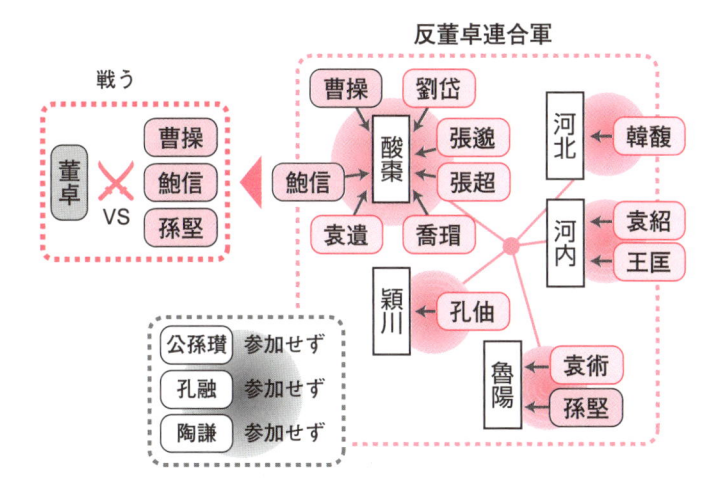

戦う：董卓 VS 曹操・鮑信・孫堅

反董卓連合軍
- 酸棗：曹操、劉岱、張邈、張超、喬瑁、袁遺、鮑信
- 河北：韓馥
- 河内：袁紹、王匡
- 潁川：孔伷
- 魯陽：袁術、孫堅

参加せず：公孫瓚、孔融、陶謙

関連項目

●魏書「武帝紀」第1→No.036

No.073
単刀赴会でしどろもどろだったのは魯粛ではなく関羽

『三国志演義』では、単刀赴会において関羽は終始威厳を保ち、悠々と退席していくことになっている。しかし実体は、反論すらできずに引き揚げていったのである。

●関羽が返す言葉もなく退出

　劉備が、孫権との「西川(蜀)を手に入れたら荊州を返す」という約束を反故にしようとしたとき、これに抗議する魯粛は、関羽を騙し討ちにしようと臨江亭へ招く。関羽が返還に応じなければ、伏兵を動かして斬り殺そうというのだ。関羽は、小船1艘に周倉と近習の者8〜9人を乗せ、自らは薙刀1本で乗り込む。亭のなかで泰然自若と構える関羽に対し、魯粛はその威厳に押されて顔も上げられない。魯粛がようやく返還話を持ち出すも、関羽は劉備らが烏林で命がけで戦ったと一歩も譲らない。魯粛は精一杯の力を振り絞って「欲のために義を忘れるなど天下の物笑いとなりましょう」といい、返答次第では伏兵に襲わせようとする。そのとき、脇にいた周倉が機転を利かせ、「天下の土地は徳ある者が占めるもの。呉がひとり占めするようなものではない」と口を挟む。関羽は周倉に目配せしながら、彼が持つ大薙刀をもぎ取り、「これは国家の一大事。おぬしが口出しする話ではない。出てうせろ！」と周倉を外に出す。意を悟った周倉が外へ出て旗を振ると、控えていた500人の兵を乗せた関平の船が漕ぎ寄せる。関羽は右手に大薙刀をさげ、左手で魯粛の手を引いて人質としながら岸辺へいき、関平の船に乗って危機を脱する。これが『三国志演義』での、**単刀赴会**の名シーンである。

　しかし、正史『三国志』「**魯粛伝**」での同シーンは、かなり趣が違う。魯粛と関羽は、会見場ではそれぞれ兵馬を100歩離れたところにとめ、軍の指揮者だけが護身用の刀1本を身につけて会見に臨んでいる。裴松之の注に引いた『呉書』では、魯粛が「貪欲なことをして義をないがしろにすれば必ず禍を招く」というと、関羽は自らの非を悟って返答できなかったという。『三国志演義』では、関羽は泰然自若として会見に臨んだとあるが、『呉書』では、魯粛の理にかなった弁に返す言葉もなく引き下がっている。

『三国志演義』に見る単刀赴会の様子

終始泰然自若と構える関羽に対して、魯粛は萎縮して顔も上げられないという始末。周倉の活躍も目立つ。

臨江亭にて

命をかけて戦ったではないか！

・・・

関平	周倉	関羽	魯粛
兵を大船に乗せて待機	旗を振って関平を呼ぶ	泰然自若	怯えて顔も上げられない

正史『三国志』に見る関羽と魯粛の会見の様子

関羽と魯粛、ともに兵を100歩離れたところに置いて、刀1本を身につけて会見に臨んだ。詰め寄る魯粛に、関羽は弁解すらできないでいた。

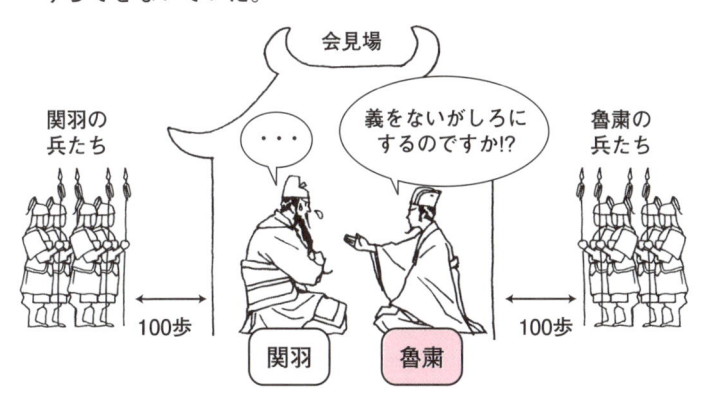

会見場

関羽の兵たち

・・・

義をないがしろにするのですか!?

魯粛の兵たち

100歩　関羽　魯粛　100歩

関連項目

●蜀書「関張馬黄趙伝」第6→No.053

No.074
呂伯奢殺害事件の真相

曹操悪人説を語るときによく出てくる呂伯奢殺害事件。曹操が一方的に勘違いして殺してしまったと描かれているが、その真相は、曹操自身が呂伯奢の家族や食客に襲われたからであった。

●時代が下るにつれて曹操は悪役に

　曹操が董卓のもとから逃げるように郷里へ戻る途上に起きた呂伯奢一家殺害事件は、曹操悪人説を語るとき、よく引き合いに出される事件である。
　『三国志演義』には次のように描かれている。曹操が亭長・陳宮とともに、父の義兄弟・呂伯奢の屋敷に泊まったときのこと。呂伯奢はふたりをもてなそうと酒を買いに出た。ふたりが家にいると、隣室から刀を研ぐ音がする。怪しんで様子を探ると、「縛って殺したらどうだ」という声が聞こえた。殺されると思ったふたりは、その部屋に飛び込み、なかにいた男女8人すべてを斬り殺す。生き残った者はいないかあたりを見ると、そこには豚1匹が縛られていた。自分たちに食べさせようと屠殺の相談をしていたのだ。過ちに気づいたふたりが立ち去ろうとしたとき、酒甕を持った呂伯奢が帰ってくる。曹操は詫びる様子もなく、これを無惨にも斬り殺した。陳宮にその非を責められると、曹操は**「わしが天下の人を裏切ることがあっても、人がわしを裏切るようなまねはさせぬ」**といったという。

　以上が『三国志演義』での呂伯奢一家殺害事件の全貌だが、正史『三国志』にはこの事件の記載はなく、裴松之が注に引く『魏書』や『世語』『雑記』に記されているだけだ。『雑記』や『世語』は『三国志演義』と大筋ではほぼ内容が似ているが、呂伯奢を殺害した曹操が心を痛めたと記しているのが『三国志演義』との違いである。それとは全く様相が異なるのが、『魏書』に記された一文だ。これによると呂伯奢は留守で、その息子たちが食客とグルになって曹操を脅し、馬や金品を奪おうとしたのでやむなく打ち殺したとあり、**正当防衛**が成り立つという。魏滅亡直後に書かれた『魏書』、西晋時代の『世語』、東晋時代の『雑記』、さらには明代の『三国志演義』へと、時代が下るにつれて、曹操はより悪者になっていく。

『三国志演義』に見る呂伯奢一家殺害事件の様子

曹操は、豚を殺す相談をしていた呂伯奢の家族たちを間違えて殺したのち、帰ってきた呂伯奢までも容赦なく殺してしまう。

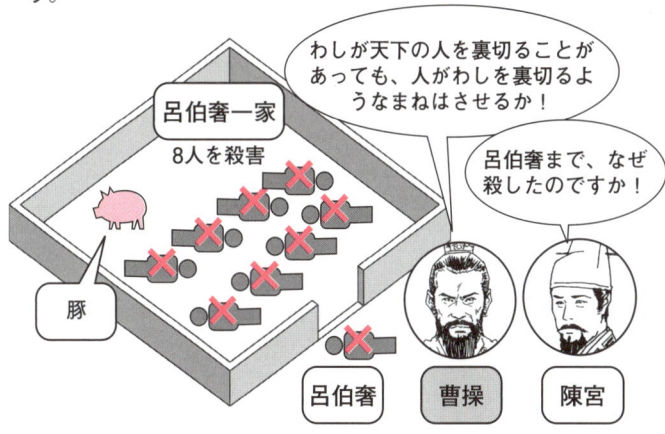

呂伯奢一家
8人を殺害
豚

わしが天下の人を裏切ることがあっても、人がわしを裏切るようなまねはさせるか！

呂伯奢まで、なぜ殺したのですか！

呂伯奢　曹操　陳宮

『魏書』に見る呂伯奢一家殺害事件の様子

曹操は呂伯奢の息子や食客たちに金品を奪われそうになったので、やむなくこれを殺して逃げた。

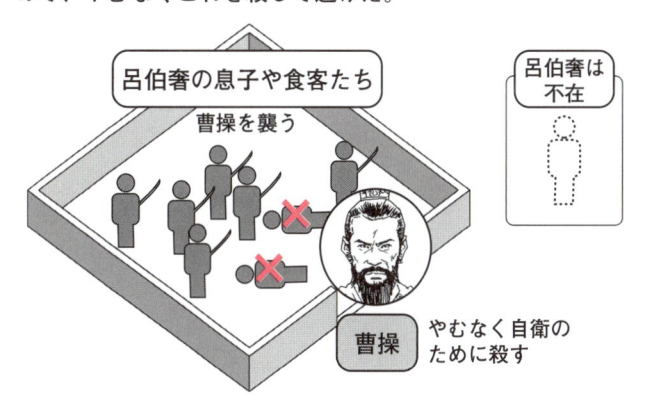

呂伯奢の息子や食客たち
曹操を襲う

呂伯奢は不在

曹操　やむなく自衛のために殺す

関連項目

●魏書「武帝紀」第１→No.036

No.075
「天下三分の計」の発案者は魯粛だった!?

魏、呉、蜀が鼎足状態となって、そののちに中原を目指すというのが「天下三分の計」である。その発案者は諸葛亮ではなく、意外にも呉の魯粛であった。

●魏と呉の「天下二分の計」

「**天下三分の計**」といえば、207年に「三顧の礼」を尽くしてようやく会うことのできた諸葛亮が劉備に語った、天下取りへの壮大なプランである。

100万もの軍勢を擁する曹操に、まともにぶつかっても戦果が見込めない状況のなかでは、劉備が取るべき行動は、物資豊かな荊州と要害の地・益州を領有して足場とし、江東を支配する孫権を味方につけながら、変事が起こるのを待つのが最善だというのである。

しかし、この「天下三分の計」の原案を、諸葛亮が劉備に語るよりもはるか前に孫権に語っていた人物がいる。周瑜にその剛胆さを称えられた魯粛である。初めて孫権にまみえた若き魯粛が、孫権の為すべきことを語っている。すでに漢王室の再興が不可能であると語ったのち、曹操の力が強大ゆえに、これをすぐに取り除くことはできないといい、孫権に江東の地を足場にしながら、天下のどこかに破綻が生じることを注意深く見守ることが大切だと説く。最初の会見時に魯粛が孫権に語ったのは「**天下二分の計**」だった。これがのちに劉備を加えた「天下三分の計」の原案である。

●魯粛の「天下三分の計」

劉表が死んだあとに、魯粛は再び孫権に目通りして、いよいよ劉備を加えた「天下三分の計」を説くのである。金城鉄壁の堅固な荊楚が天下統一の重要な足場となるはずで、一筋縄でいかぬ天下の英傑・劉備がもし劉表の息子たちと心を合わせてまとまっていけそうなら、荊楚を劉備らの統治するに任せ、これと手を組んで曹操に立ち向かっていくのが最善の策であると魯粛は説いた。まさに、諸葛亮が劉備に述べた「天下三分の計」と同じである。この進言を受け入れた孫権は、直ちに魯粛を劉備のもとへ派遣し、劉備と同盟を結ぶのである。

『三国志演義』に見る孔明の「天下三分の計」とは

100万もの軍勢を擁する曹操が存在する以上、劉備は荊州と益州を領有して、江東を支配する孫権と手を組むべきだと説いた。

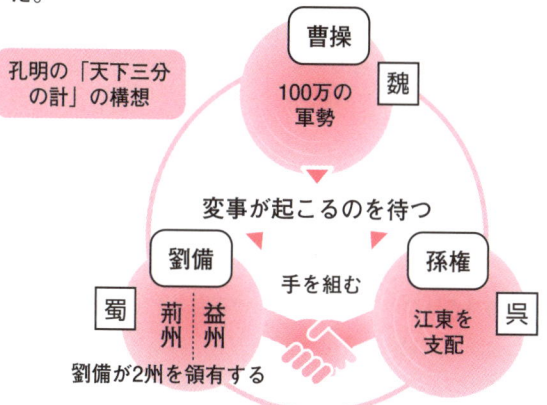

孔明の「天下三分の計」の構想

- 曹操（魏）：100万の軍勢
- 劉備（蜀）：荊州・益州を領有する
- 孫権（呉）：江東を支配

変事が起こるのを待つ／手を組む

正史『三国志』に見る魯粛の「天下二分の計」と「天下三分の計」

「天下三分の計」は、魯粛が初めて孫権と会ったときに語った「天下二分の計」を改良したものであった。

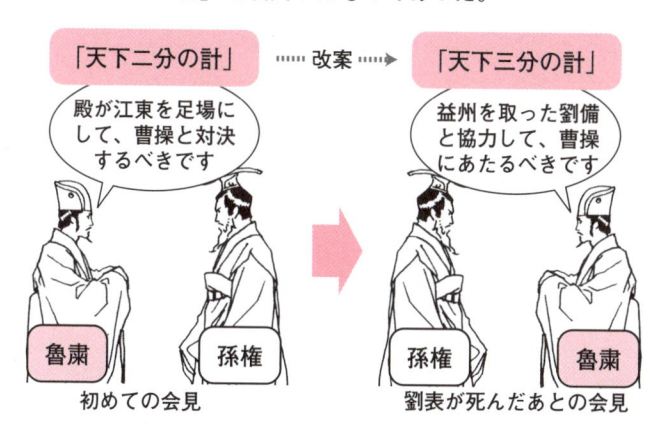

「天下二分の計」（初めての会見）
魯粛：「殿が江東を足場にして、曹操と対決するべきです」

……改案……▶

「天下三分の計」（劉表が死んだあとの会見）
魯粛：「益州を取った劉備と協力して、曹操にあたるべきです」

関連項目

● 蜀書「諸葛亮伝」第5→No.052

No.076

「空城の計」を実践したのは諸葛亮ではなく趙雲だった

寡兵ゆえに、正攻法で戦っては勝ち目がないと、城門を開け放って敵の意表を衝く「空城の計」。これを実践したのは、実は諸葛亮ではなく、趙雲と文聘だった。

●曹操を驚かせた趙雲の奇計

「空城の計」とは、『三国志演義』に見られる諸葛亮の奇計である。「街亭の戦い」で馬謖が諸葛亮の命に反して山上に陣を張り、魏軍に水を断たれて敗走したのち、諸葛亮は陽平関から諸将を撤退させた。いよいよ自らも立ち去ろうとしたとき、突如司馬懿率いる魏の大軍が押し寄せてくる。諸葛亮側は兵がわずかに残っているだけで、まともに戦えば勝ち目はない。進退窮まった諸葛亮は、四方の門をすべて開け放ち、兵士に平民の服を纏わせて門前を掃き清めさせ、自らは檀上に上ってのどかに琴を奏で始めた。これを見た司馬懿は、伏兵が潜んでいると見て攻撃せずに引き返してしまった。

諸葛亮の「空城の計」は、正史『三国志』には記述がない。裴松之が注に引く『魏書』に見られる話だ。裴松之はこの一文を掲載しながらも、事実ではあるまいと記している。しかし正史は、この「空城の計」を実行したふたりの人物を紹介している。ひとりは蜀の名将・**趙雲**である。裴松之が注に引く『趙雲別伝』を見ると、曹操との漢中争奪戦の折、数十騎のみを率いて偵察に出た趙雲が、曹操軍に追われて陣中へ逃げ込んだことがあった。しかし城内に残るのはわずかな兵だけ。このとき趙雲が取った行動が、まさに「空城の計」だった。砦の門を開け放って息を殺していると、追ってきた曹操は伏兵ありと見て退却する。曹操が引き返そうとしたとき、趙雲は寡兵を悟られないよう太鼓を激しく打ち鳴らし、矢を射かけて反撃に出る。すると、やはり伏兵がいたと思った曹操が一目散に逃げていくという、胸のすくような話である。もうひとりの**文聘**も、呉の孫権が数万の大軍を率いて城に攻めてきたとき、同様の手口で孫権を追い払ったと、裴松之が注に引く『魏略』に記されている。『三国志演義』の作者・羅貫中は、この両名の奇策を諸葛亮の手柄に書き換えてしまったものと思われる。

『三国志演義』に見る「空城の計」

撤退準備を進めていた諸葛亮に、突如司馬懿が襲いかかってくる。このとき諸葛亮は、門を開け放って悠然と構える。

- 門を開け放つ
- 琴を弾く
- 伏兵がいるに違いない。兵を引こう！
- 諸葛亮
- 司馬懿
- 兵が平民服姿で掃除

『趙雲別伝』に見る「空城の計」

漢中争奪戦のとき、趙雲は城内に潜んで曹操の大軍が去るのをじっと待っていた。そして、曹操が兵を引いたところに襲いかかる。

- 曹操が兵を引いたら、太鼓を打ち鳴らして打ちかかるぞ！
- 門を開け放つ
- 伏兵がいるぞ！引き揚げよう
- 趙雲
- 曹操

関連項目

●蜀書「関張馬黄趙伝」第6→No.053

No.077
「官渡の戦い」で曹操は決して寡勢ではなかった

正史『三国志』に書かれている「官渡の戦い」の兵力は、袁紹軍10余万に対して、曹操軍は1万にも満たない、10分の1以下の寡兵であったという。これに裴松之は大いなる疑問を投げかける。

●曹操軍1万未満説はでっち上げ？

　『三国志演義』によると、曹操が孫権と手を組んだことに腹を立てた袁紹は、打倒曹操の旗印を掲げ、**70万もの大軍**を擁して「官渡の戦い」に臨んだという。曹操は荀彧に許都を守らせ、自ら7万の軍勢を起こして、これにあたっている。袁紹が50もの山を築いて山頂に立てた櫓から盛んに矢を射かけさせれば、曹操は発石車を繰り出してこれを打ち壊すという乱戦である。その後、許攸のもたらした情報をもとに、曹操は袁紹軍の兵糧が蓄えられている烏巣を襲って勝利した。10分の1の寡兵で袁紹の大軍を打ち破ったという、曹操の力量がクローズアップされた大舞台である。

　一方、正史『三国志』「武帝紀」を見ると、このときの曹操陣営は、わずか1万にも満たなかったとある。対する袁紹軍は、公孫瓚軍を併合して青州、冀州、幽州、并州の地を合わせたあととあって、10余万もの大軍を擁している。ここでも10分の1以下の寡兵であることに違いはない。

　しかし裴松之は、曹操の兵力が1万以下という数字に疑問を投げかけている。曹操が最初に兵をあげたとき、すでに5000の軍勢を持っていた。以後、戦いで負けたことは10回に2～3回で、多くの勝利を得ている。**青州の黄巾賊**を破ったときは、一度に**30余万もの降兵**を手に入れている。数々の戦闘で兵の損傷が激しいとしても、30万を超える兵力を持った曹操軍が、1万以下になるはずがないというのだ。それに、いかに曹操が超人的な才能の持ち主だとしても、わずか数千の兵で10余万もの大軍と長期にわたって対抗できるわけがないという。また、烏巣攻撃のときに、ほとんど抵抗なく打ち破れたのは寡兵ではありえないし、曹操が袁紹の軍勢8万人を穴埋めにしたというが、わずか数千人の兵で8万人もの敵兵を捕まえることはできないとして、この曹操軍寡兵説はでっち上げであると断言している。

『三国志演義』に見る「官渡の戦い」

曹操は7万人の寡兵で70万人という袁紹の大軍に対抗し、ついにこれを打ち破ることができたのである。

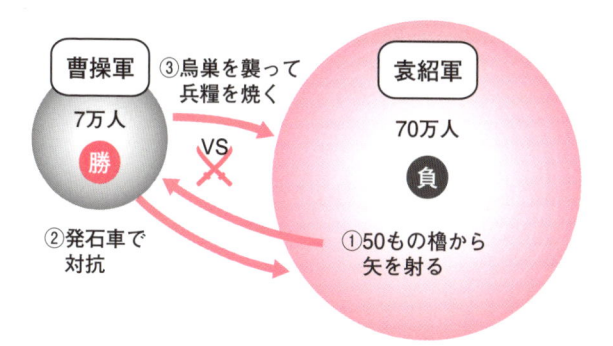

```
曹操軍          ③烏巣を襲って         袁紹軍
7万人            兵糧を焼く           70万人
 勝          VS                        負
         ②発石車で      ①50もの櫓から
           対抗          矢を射る
```

正史『三国志』に見る兵員比較

わずか1万にも満たない兵で袁紹軍10万人を打ち破った曹操。しかし裴松之は、曹操の兵がそんなに少なくないと指摘する。

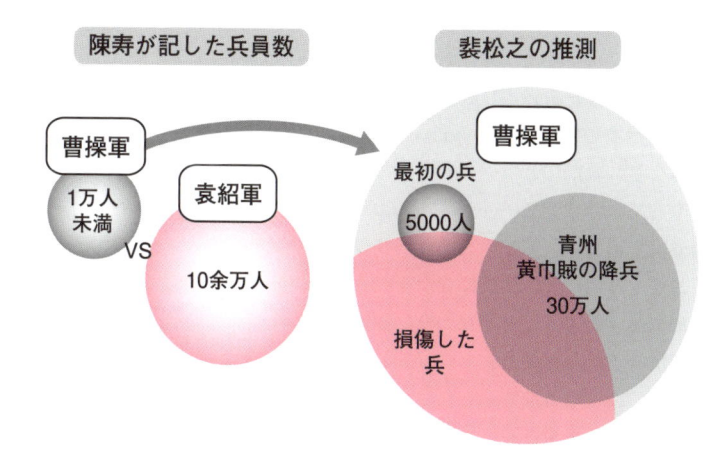

陳寿が記した兵員数

曹操軍 1万人未満 VS 袁紹軍 10余万人

裴松之の推測

曹操軍
- 最初の兵 5000人
- 青州黄巾賊の降兵 30万人
- 損傷した兵

関連項目

● 「官渡の戦い」→No.013　● 魏書「武帝紀」第1→No.036

No.078
「三顧の礼」はなかった!?

諸葛亮といえば、劉備に「三顧の礼」をもって迎えられたと信じられている。しかし、諸葛亮が自ら進んで売り込みにいったという説も、実は有力なのである。

●諸葛亮が自ら語るからこそ怪しい

　207年、新野に駐屯中の劉備に、徐庶が眠れる竜・諸葛亮を推挙したと「諸葛亮伝」に記されている。劉備が徐庶に「連れてきてくれ」というと、「いけば会えますが、無理には連れてこられません」と答えたとある。劉備は3度目の訪問でようやく諸葛亮に会うと、「姦臣の横行を正そうと思うが、私には知恵も策もない。どうすればよかろう」と諸葛亮に問うた。「諸葛亮伝」に記載された「出師の表」にも「**先帝は自ら身を屈して、3度臣の草廬をご訪問くださった**」と記されており、史実と見られることが多い。

　しかし、裴松之が注に引く『魏略』では様相が一変する。ここでは、諸葛亮が樊城に駐屯していた劉備のもとへ出向いて会見しているのだ。劉備は諸葛亮と旧知でないうえ、年も若いので初めは見くびっていた。会合が終わって皆が帰っても諸葛亮だけは残っていたが、劉備は口を開くことなく牛毛の編み物に熱中していた。諸葛亮が「将軍は遠大な志がおありのはずですが、編み物をされるだけとは……」というと、劉備は編み物を投げ捨て「ただ慰みにやっていたまでじゃ」と答える。その後、諸葛亮は数千の軍勢しか持たぬ劉備に軍増強の秘策を伝える。荊州は人口が少なくないのに戸籍に載っている者が少ないので、国中に命令を出して全員を戸籍に登録させ、そこから兵士を調達するようにと進言した。劉備がこれを実行すると、荊州の兵員は大幅に増員されたという。そこで劉備は諸葛亮が優れた策略の持ち主だと認め、上客の礼をもって処遇したと記されている。

　裴松之はこの異説を注に紹介しておきながらも、諸葛亮自身が「出師の表」に「三顧の礼」をもって迎え入れられたことを記しているところから、『魏略』は間違っていると断定している。しかし、諸葛亮が自らを美化するためにでっち上げたと見る向きもあり、いずれが真実かは定かではない。

『三国志演義』に見る「三顧の礼」の流れ

徐庶に逸材・諸葛亮のことを聞いた劉備は、3度諸葛亮宅を訪問して、ようやく会うことができた。

- 諸葛亮という逸材がいます
- 連れてきてくれ！
- 徐庶
- 劉備

諸葛亮宅
- 1度目 不在
- 2度目 不在
- 3度目 やっと会えた → 諸葛亮

『魏略』に見る諸葛亮と劉備の出会い

諸葛亮は劉備のいる樊城へ、自ら売り込むために出向いていった。

諸葛亮（隆中）→ 諸葛亮が、自分を売り込むために樊城へ出向いていく

- 編み物が好きなのですか？（諸葛亮）
- なにをいう！ちょっとやっていただけじゃ（劉備）

樊城

関連項目
- 劉備、「三顧の礼」をもって伏竜を得る→No.015
- 蜀書「諸葛亮伝」第5→No.052

No.079
「赤壁の戦い」で船に火を点けたのは曹操だった！？

周瑜と諸葛亮がともに力を合わせ、火計をもって曹操の大船団を焼き尽くしたとされる「赤壁の戦い」。実は、正史『三国志』には、曹操自らが船に火を点けたと記録されているのである。

●「赤壁の戦い」の模様は諸説紛々

　「赤壁の戦い」は三国時代屈指の大合戦である。『三国志演義』では、劉備軍と孫権軍が曹操軍の大船団を焼き尽くし、曹操の天下統一の野望を打ち砕いている。そんな世紀の大会戦にもかかわらず、実は正史『三国志』でのこの戦いに関する情報は、驚くほど少ない。比較的記録が多い呉書「周瑜伝」の記述は大筋では『三国志演義』に近いが、記録の分量は少ない。それによると、黄蓋が投降すると装って、薪を積んだ船を曹操船団に突っ込ませて火攻めにしたと記されている。強風にあおられて船は燃え尽き、岸辺にある陣営まで延焼し、人馬は焼け死に、あるいは溺死する者も多く、曹操らは撤退して南郡に立て籠もったという。呉軍の圧倒的な勝利である。

　しかし、魏書「武帝紀」では状況が違う。そこには「公(曹操)は赤壁に到着したあと、劉備と戦ったが負け戦となった。疫病が蔓延し、多くの官吏、士卒が死んだため軍を引き揚げた」とある。曹操が戦ったのは劉備だが、戦いの記載はない。撤退の原因は疫病で、呉軍の火攻めの記録もない。

　一方、蜀書「先主伝」では「曹操と赤壁において戦い、これを打ち破ってその軍船を焼いた」とあり、また「武帝紀」の注に引かれた『山陽公載記』にも「公は軍船を劉備らに焼かれて軍を退いた」と記し、ともに劉備が火攻めで戦いに勝利したとしている。また、呉書「呉主伝」では、周瑜と程普が曹操軍を打ち破ったとしながらも、残った船に火を点けたのは曹操とし、曹操自身も、のちに孫権に送った手紙に「たまたま疫病がはやったために自ら船を焼いて撤退した」と記し、周瑜が火を放って大勝利をもたらしてヒーローとなったことを「虚名を得させることになってしまった」と皮肉交じりにいっている。このように、敵味方のどちらが火を点けたのかは実は不明で、確かなのは疫病に苦しんだ曹操軍が敗走したことだけなのだ。

『三国志演義』に見る「赤壁の戦い」の様子

黄蓋が投降を装って、薪を積んだ船に火を点けて、曹操船団へと突っ込んでいく。東南の風に煽られて、曹操陣営は火の海となる。

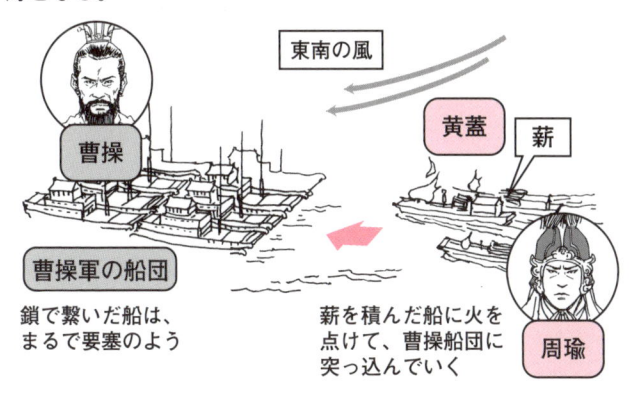

東南の風

曹操 — 曹操軍の船団
鎖で繋いだ船は、まるで要塞のよう

黄蓋 — 薪
周瑜
薪を積んだ船に火を点けて、曹操船団に突っ込んでいく

正史『三国志』に見る「赤壁の戦い」のさまざまな記述

黄蓋が火を点けたとする「周瑜伝」のほか、劉備が火を点けたとする「先主伝」『山陽公載記』、曹操が火を点けたとする「呉主伝」などがある。

	戦いぶり	船に火を点けたのは
「周瑜伝」	黄蓋が投降すると見せかけて火船を突っ込ませた	黄蓋
「先主伝」	劉備が曹操を破って火を点けた	劉備
『山陽公載記』	劉備が船を焼いたので撤退した	劉備
「武帝紀」	疫病が蔓延したので兵を引いた	火攻めの記録なし
「呉主伝」	周瑜が曹操を破ったので曹操は船を焼いて撤退した	曹操

関連項目

●孔明、七星壇で東南の風を呼ぶ→No.021　●呉書「周瑜魯粛呂蒙伝」第9→No.062

No.080
黄蓋の「苦肉の計」は作り話だった

『三国志演義』では、黄蓋の「苦肉の計」が功を奏して曹操船団を焼き尽くすことができたとされているが、正史『三国志』には、この計が実行されたという記録はどこにも見当たらない。

●周瑜の計略で黄蓋を棒で打つ

「赤壁の戦い」で一番功績が大きいのは、呉の黄蓋だと思う人も多いだろう。曹操に投降すると見せかけ、薪を満載した船を曹操船団に突っ込んで火だるまにし、曹操軍を壊滅状態にした英雄だ。『三国志演義』では、火計を思いついた周瑜が、黄蓋を曹操側へ偽投降させている。火船を曹操船団の間際まで、曹操側の抵抗を受けずに近づけるには、投降者を装うのがいい。そして、曹操に投降話を信じ込ませるために、黄蓋が周瑜に罵声を浴びせ、怒った周瑜が黄蓋を棒で打って瀕死の重傷を負わせるという「苦肉の計」を講じる。棒打ち100回の刑によって黄蓋の背中の皮は破れ、肉はただれて血まみれとなる。この光景を、偽投降してきた蔡中や蔡和に見せ、曹操へ密通させるとともに、黄蓋の友人・闞沢を曹操のもとへやって、黄蓋の投降話をさせるという2段構えの戦法だ。曹操は闞沢の話だけでは信じきれなかったが、蔡中らの密書が届けられると、投降話を信じきってしまう。かくして黄蓋は、やすやすと火船を曹操船団に突っ込ませることができた。

●「苦肉の計」の記録は正史に見当たらない

しかし、正史『三国志』を見る限り、**偽投降**と**火攻め**の記録はあるが、黄蓋が棒で打たれたという「苦肉の計」が実行されたという記録はない。「**黄蓋伝**」も、「曹操軍の進軍を赤壁で押し止め、火攻めの計略を進言し、その功によって武峰中郎に昇進した」とするだけである。「**周瑜伝**」にも、あらかじめ曹操に手紙を送って降伏の意向を伝え、快速船を仕立てて次々と曹操陣営へ向けて発進したとしか記載されていない。ともあれ、正史にその記録は見当たらないが、羅貫中は黄蓋の投降話をよりリアルに描くために「苦肉の計」を取り入れたのだろう。壮大なスケールの一大決戦に生々しい話題を挿入することで、物語は一気に現実味を帯び、迫力を増したのだ。

『三国志演義』に見る「苦肉の計」

曹操は闞沢の話だけでは、黄蓋の投降話を信じきれなかったが、蔡中らの密書を受け取ってついにこれを信じてしまう。

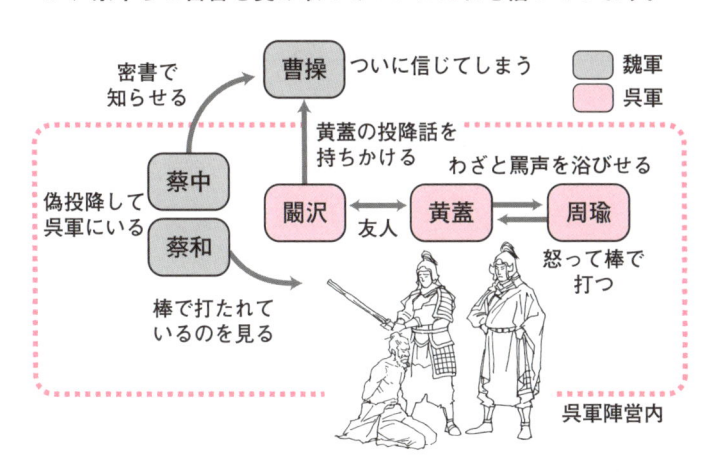

```
          密書で              曹操 ← ついに信じてしまう     □ 魏軍
          知らせる   ┌─────↗                              □ 呉軍
                    │       黄蓋の投降話を
                    │       持ちかける        わざと罵声を浴びせる
            蔡中  ┌──┘
偽投降して         闞沢 ───── 黄蓋 ←───── 周瑜
呉軍にいる  蔡和    友人                    怒って棒で
                ↘                          打つ
          棒で打たれて
          いるのを見る
                                                呉軍陣営内
```

「黄蓋伝」「周瑜伝」に見る「赤壁の戦い」の流れ

「黄蓋伝」では、火攻めをした黄蓋を称えるだけ。「周瑜伝」では、黄蓋投降の手紙を曹操に送った。ともに「苦肉の計」の記述は見られない。

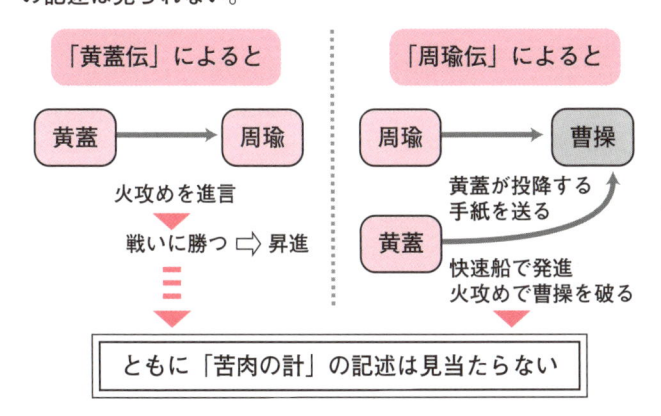

「黄蓋伝」によると

黄蓋 → 周瑜
　↓ 火攻めを進言
　戦いに勝つ ⇨ 昇進

「周瑜伝」によると

周瑜 → 曹操
　　　　↑ 黄蓋が投降する
黄蓋 ───┘ 手紙を送る
　快速船で発進
　火攻めで曹操を破る

→ ともに「苦肉の計」の記述は見当たらない

関連項目

● 黄蓋、「苦肉の計」を用う→No.020　● 呉書『程黄韓蒋周陳董甘凌徐潘丁伝』第10→No.063

No.081
「赤壁の戦い」に諸葛亮は参加しなかった!?

正史『三国志』の記録を見ると、諸葛亮は劉備らと離れて呉軍と行動をともにしていた。しかし、そこでの彼の行動は謎のまま。なにもしなかったという可能性が高いのである。

●諸葛亮が「赤壁の戦い」に参加した記録が見当たらない

『三国志演義』を見る限り、「赤壁の戦い」での諸葛亮の活躍ぶりは、実に鮮やかだ。曹操との戦いに逡巡する孫権を、話術を駆使して反曹操へ誘導し、戦いが始まると周瑜とともに計略を練り、周瑜が待ち焦がれる東南の風を鬼門遁甲の術で呼び起こす。戦いのあとの曹操の敗走ルートもすべてお見通しで、いく先々に伏兵を配して曹操を叩きのめす。まるで鬼神かとも思える諸葛亮の才覚の大きさに、周瑜ですら嫉妬の念を抱いたほどである。

しかし正史『三国志』には、諸葛亮が参戦したという確かな記述はない。蜀書「**諸葛亮伝**」は、諸葛亮が孫権に曹操との対戦を決意させたとするが、その後諸葛亮が赤壁でどうしたかの記述はない。ただ「孫権は周瑜、程普、魯粛らに水軍3万を派遣して諸葛亮のもとにいかせ、力を合わせて曹公を防がせた」とだけある。この一文では、周瑜、程普、魯粛は諸葛亮に案内されて劉備のもとへいっただけで、諸葛亮が戦いにかかわった記述はない。

しかし、蜀書「**先主伝**」の注に引く『**江表伝**』に興味深い話がある。それによると、劉備が呉軍の兵数を聞くと、周瑜は「3万です」と答えたという。劉備が「それでは少な過ぎますな」というと、周瑜は「これで十分。豫州殿(劉備)は私が曹操を破るのをご覧になってください」という。劉備は周瑜が曹操軍を撃破できるとは信じられず、関羽、張飛とともに2000の兵を率いて後方で待機し、参戦しようとしなかったとある。このとき諸葛亮は劉備らとは別行動で、魯粛らと共同歩調を取っているような記載があるが、その後諸葛亮がどうこの戦いに参加したのかは記述がない。蜀の書である以上、蜀の軍師・諸葛亮が活躍すれば、その行動が記されないのは不自然である。仮に、本当に諸葛亮が周瑜陣営にいたとしても、諸葛亮は参戦せず、劉備同様に第三者的な立場で様子見していた可能性が高い。

『三国志演義』に見る「赤壁の戦い」における諸葛亮の活躍ぶり

東南の風を巻き起こしたり、曹操の撤退ルートを見通したりと、神業とも見える活躍ぶりであった。

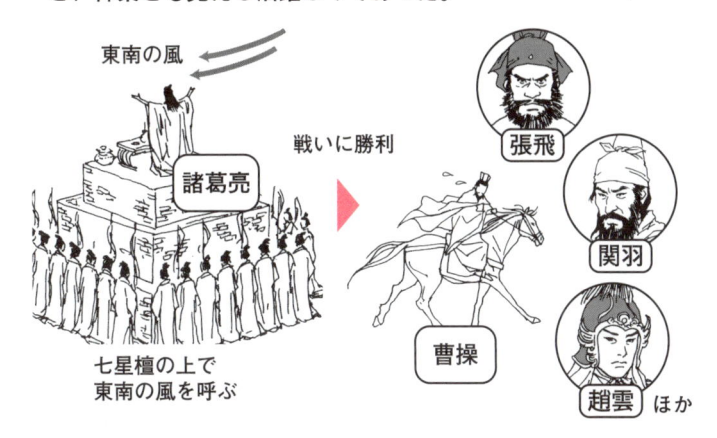

東南の風
諸葛亮
七星檀の上で東南の風を呼ぶ

戦いに勝利

張飛
関羽
曹操
趙雲 ほか

『江表伝』に見る「赤壁の戦い」の様子

3万の兵を率いる周瑜軍だけが曹操と戦い、劉備や関羽らは後方で待機、諸葛亮も傍観していただけの可能性が高い。

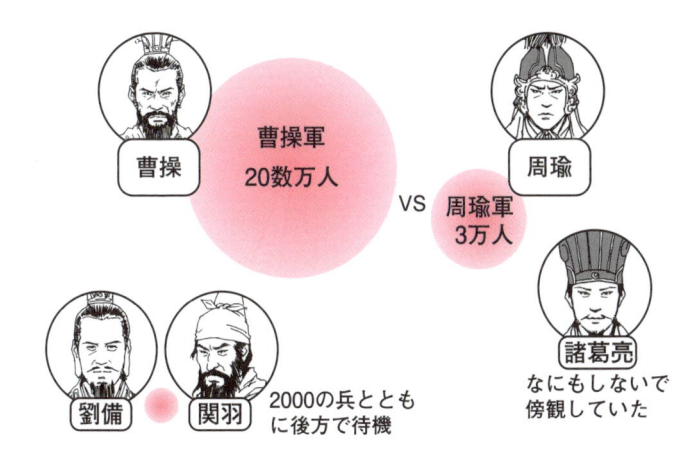

曹操　　曹操軍 20数万人　　VS　　周瑜軍 3万人　　周瑜

劉備　関羽　2000の兵とともに後方で待機

諸葛亮　なにもしないで傍観していた

関連項目

●孔明、七星壇で東南の風を呼ぶ→No.021　●蜀書「諸葛亮伝」第5→No.052

No.082
魏延は反逆者ではなかった!?

諸葛亮の死後、撤退命令に反して徹底抗戦を主張する魏延は、楊儀によって反逆者に仕立てられ、三族皆殺しにされてしまう。正史『三国志』に書かれたこの内容に、裴松之が疑問を投げかける。

●魏延を逆賊として処刑

　五丈原において病にかかった諸葛亮は、長史の楊儀、司馬の費禕、護軍の姜維らを呼んで、自分が死んだあとの軍撤退に関する指示を与えている。そのとき諸葛亮は、魏延が撤退命令に従わなくても、全軍はそのまま出立するよう皆に命じる。そして諸葛亮が亡くなると、楊儀は費禕を魏延のもとへ赴かせ、意向を探らせた。そのとき魏延は、「皆は遺体を運んで帰国するがよかろう。しかし、わしは諸軍を率いて賊を討つ」といい、頑として撤退する気配を見せない。しかたなく楊儀が軍を撤退させると、魏延は立腹して、軍の撤退ルートに先回りし、いく先々の釣り橋などを焼き落とした。そして、楊儀と魏延がそれぞれ後主・劉禅に上奏し、相手の非を攻め立てると、侍中の董允や留守長史の蒋琬らが楊儀の肩をもって魏延を非難したため、魏延はついに逆賊の汚名を着せられて馬岱の手で斬殺される。魏延の首は楊儀に踏みつけられ、三族まで皆殺しにされてしまうのだ。以上は正史『三国志』「**魏延伝**」に見られる記述で、『三国志演義』もほぼ同じ内容である。

●魏延と楊儀

　しかし裴松之は、『**魏略**』にある「**魏延は反逆者ではない**」とする別の説を注に記している。それによると、諸葛亮は魏延に、生前「自分が死んだら職務を代行し、秘密裏に遺体を運び去れ」といった。魏延はその命に従って諸葛亮の死を隠し、褒口まで撤退したところで、ようやく喪を発する。魏延が軍事の職務を代行するのを見た楊儀は、日ごろ魏延と不仲だったので危機感を抱き、魏延が魏に投降すると喧伝して軍を攪乱し、魏延を攻撃して殺害したとある。陳寿も本伝の最後に「魏延はただ単に仲の悪かった楊儀を除きたかっただけで、反逆したわけではない」といっている。魏延は反逆者ではなく、楊儀と対立して負けたと見るのがよさそうである。

正史『三国志』と『三国志演義』に見る魏延の行動

魏延と仲の悪かった楊儀が撤退し始めると、魏延はこれを阻止しようとする。楊儀は魏延が魏に降伏しようとしていると上奏して、逆賊として処刑してしまう。

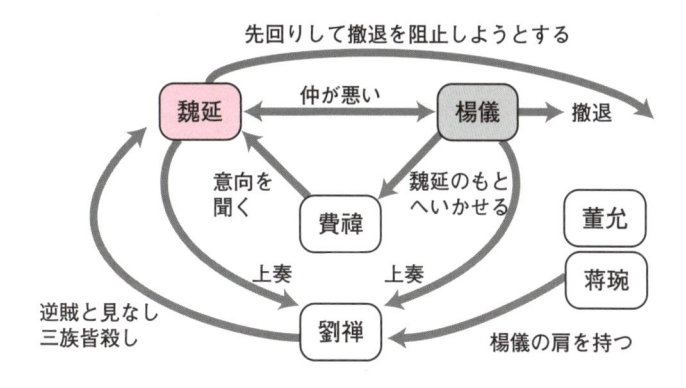

```
              先回りして撤退を阻止しようとする
                  ┌──仲が悪い──┐
              [魏延]─────────[楊儀]── 撤退
                │              │
           意向を│       魏延のもと│
            聞く│       へいかせる │      [董允]
                │   [費禕]      │      [蒋琬]
                │   上奏    上奏 │
   逆賊と見なし  │              │
   三族皆殺し   └──→ [劉禅] ←──┘    楊儀の肩を持つ
```

『魏略』に見る魏延と楊儀の行動

諸葛亮から後事を託されていた魏延は、諸葛亮の命じたように行動しただけ。妬んだ楊儀が魏延を陥れて殺害する。

「私が死んだらお前が私の職を代行するのだ！」 — 諸葛亮
「はい！」 — 魏延

▶

「魏延が魏に投降しようとしています」 — 楊儀
「嘘だ！」 — 魏延

関連項目

●蜀書 その他→No.056

No.083
文醜を斬ったのは関羽ではなかった

『三国志演義』では、関羽の勇姿をより鮮明にするために、顔良だけでなく、文醜までも関羽が斬ったことにしている。しかし、正史『三国志』にあるのは顔良の記述だけで、文醜の記述は見当たらない。

●関羽は顔良を斬っただけ

『三国志演義』には、「白馬の戦い」で関羽が顔良と文醜を討ち取ったとある。白馬に到着した曹操軍に対し、袁紹は先鋒・顔良に精鋭10万を率いさせて陣を張った。曹操は猛将・宋憲、魏続、徐晃を顔良と戦わせるが、誰もかなわない。そこに飛び出したのが、曹操に降伏して一時身を寄せていた関羽である。関羽は凄まじい勢いで突き進み、顔良に薙刀を構える暇も与えず斬って落とした。顔良と兄弟同然に親しくしていた文醜が、仇を討たんと7万の軍勢を率いて向かってくると、曹操は輜重を囮に使って文醜軍を攪乱する。兵が取り乱れて敗走する文醜に、張遼と徐晃が勇んで打ちかかるもかなわず、かえって逃げ惑うばかり。そこへ再び関羽が現れた。両雄が矛を3合交え、文醜がかなわないと背を向けたその刹那、関羽は背後から一刀のもとに斬る。これが『三国志演義』の内容である。

●曹操陣営の誰かが文醜を斬った

しかし、正史『三国志』では、顔良こそ関羽が自らの手で斬ったとしながらも、文醜を誰が斬ったのか、正確な記述は見られない。「関羽伝」を見ると、200年、袁紹が大将・顔良に、白馬にいた東郡太守・劉延を攻撃させている。対して曹操は、関羽と張遼を先鋒としてこれにあたらせた。関羽は戦場で顔良の旗印を見つけると一目散に駆けつけ、大軍の真っ只中で顔良を刺し殺し、首を斬り取ったと記している。しかし、その後の「関羽伝」には文醜に関する記載はない。文醜が殺害される記載は「袁紹伝」にあるが、それには袁紹は劉備と文醜を派遣したものの、「太祖(曹操)がこれを撃破して文醜を斬り殺した」とするだけである。曹操が直接戦場に出て敵の大将と一騎打ちを演じるわけはないから、結局曹操軍の誰かが文醜を討ち取ったというだけで、具体的な対戦相手はわからずじまいなのである。

『三国志演義』に見る「白馬の戦い」の様子

劉備とともに曹操陣営にいた関羽が、顔良に続いて文醜までをも斬って落とした。

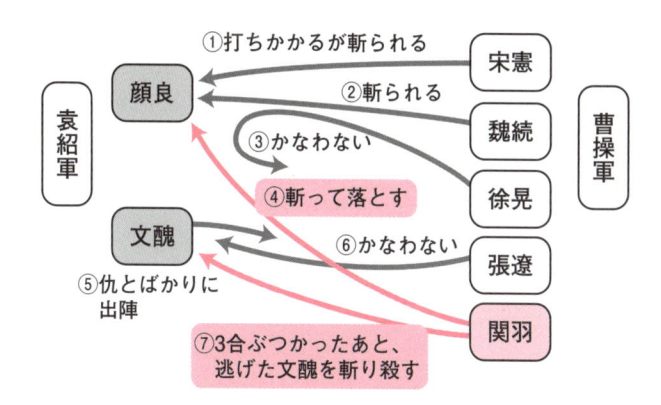

```
袁紹軍                                            曹操軍

          ①打ちかかるが斬られる
    顔良 ←──────────────────── 宋憲
         ←──── ②斬られる ──── 魏続
         ←──── ③かなわない ── 徐晃
         ←──── ④斬って落とす
    文醜
         ←──── ⑥かなわない ── 張遼
    ⑤仇とばかりに                  関羽
      出陣
    ⑦3合ぶつかったあと、
     逃げた文醜を斬り殺す
```

正史『三国志』に見る「白馬の戦い」の様子

関羽が顔良を斬ったことは記されているが、文醜を斬ったのが誰かは不明のままである。

顔良殺害の様子

顔良　関羽

関羽が顔良を討ち取る

文醜殺害の様子

文醜　？

曹操軍の誰が斬ったか不明

関連項目

● 蜀書「関張馬黄趙伝」第6→No.053

No.084
張飛が長阪橋の上で仁王立ちしたのはウソ

『三国志演義』の名シーンのひとつに、長阪橋の上で馬に跨って目を怒らす張飛の勇姿がある。しかし、正史『三国志』では、張飛は先に橋を落として、川を盾にして大見得を切っていただけだった。

●夏侯傑が驚いて落馬

『三国志演義』において、張飛一番の見せ場となったのが、第42回に見られる長阪橋での武勇伝である。曹操が精鋭5000騎を選りすぐって雪崩れ込んできたところを、張飛は単騎で**長阪橋の上に馬を立てて**目を怒らせ、曹操らを一喝して敗走させてしまうという名シーンだ。馬上で矛を小脇に抱えて威容を誇る張飛。橋の東側の森のなかには、張飛の配下20名が密かに馬を駆け巡らせて、もうもうたる土煙を上げている。曹操らは伏兵を恐れて誰も近づこうとしない。そこへ「我こそは燕人・張飛なり。誰か勝負する者はおらぬか」と大音声で一喝したものだから、皆驚いた。曹操の傍らにいた夏侯傑は、あまりの恐ろしさに肝を潰して馬から転げ落ちるという始末。曹操までもが、馬首を返して一目散に逃げ始めたから、一同、西のほうへ飛ぶように逃げていった。これが『三国志演義』の内容である。

●武勇伝とはほど遠い張飛の行動

しかし、正史『三国志』に見る張飛の行動は、多少様相が違う。蜀書「張飛伝」によると、曹操に襲われたとき、劉備は妻子を捨てて逃走し、張飛に20騎を指揮させて後詰めをさせたとある。このとき、張飛は曹操たちがくる前に**橋を切り落とし**、目を怒らせ、矛を小脇に抱え、川を盾にして「やってこい。命をかけて戦おうぞ！」と叫んでいるのである。『三国志演義』とは違って、橋を切り落としたため、すぐには向かってこられない相手に向かって「かかってこい」と大見得を切っている。このとき、曹操らが思い切って近づこうとしなかったため、劉備らは助かったとしているが、曹操らが思い切って近づこうとしなかったのではなく、橋がなかったためにすぐには近づけなかっただけである。こうなると、とても武勇伝といえるほどの活躍ではないだろう。

『三国志演義』に見る長阪橋での張飛の活躍ぶり

張飛は橋の上から曹操らをにらみつけて、寄せつけようとはしなかった。

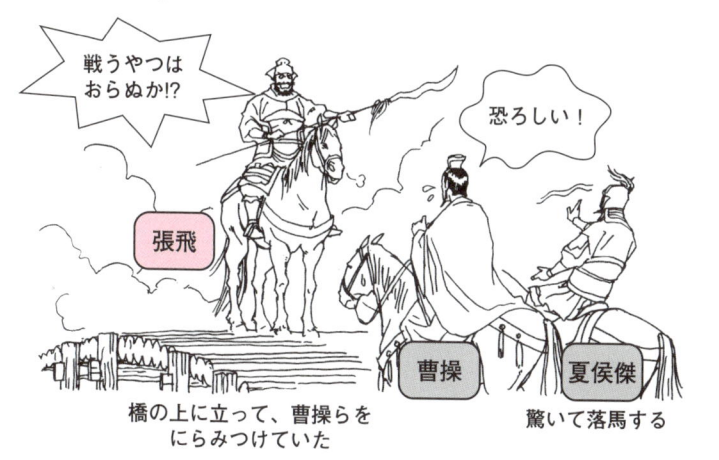

戦うやつはおらぬか!?

張飛

恐ろしい！

曹操　夏侯傑

橋の上に立って、曹操らをにらみつけていた

驚いて落馬する

正史『三国志』に見る長阪橋での張飛の行動

張飛は曹操らがやってくる前に橋を壊して、渡れなくしておいてから、橋のたもとで大見得を切っていた。

やってこい！

いけるわけないだろ！

橋はすでに壊してあった

関連項目

●張飛、長阪橋で目を怒らす→No.018　●蜀書「関張馬黄趙伝」第6→No.053

No.085
「博望坡の戦い」に諸葛亮は参加していなかった

「博望坡の戦い」が繰り広げられたのは202年である。諸葛亮が劉備軍に加わったのは207年。つまり、諸葛亮が戦いに参加できるわけはなく、明らかに羅貫中の創作なのである。

●諸葛亮参加は羅貫中の創作

「博望坡の戦い」とは、『三国志演義』では、劉備が「三顧の礼」をもって迎えた諸葛亮が初めて采配を振り、劉備軍に痛快な勝利をもたらす戦いである。曹操が夏侯惇を都督に任じ、于禁、李典、夏侯蘭、韓浩を副将に、総勢10万の大軍を率いて博望城へ進軍してくる。これに対して劉備は、招いたばかりの諸葛亮に佩剣と官印を貸し与えて全権を委ね、関羽や張飛らはお手並み拝見とばかりに諸葛亮の計略に従う。「雲長殿は豫山に潜み、敵がきても見過ごされよ。南に火の手が上がったらすぐ打って出よ。翼徳殿は安林に潜み、南に火の手が上がったら博望の兵糧屯積所に火をかけられよ。関平殿と劉封殿は博望坡の後方で待ち伏せし、敵がきたら火をかけられるべし」など、次々と命を下す諸葛亮。そして自身は「謀を帷幄のなかに巡らせ、勝ちを1000里の外に決する」とばかりに県城から悠々傍観する。関羽、張飛ともども半信半疑ながら、ひとまずこれに従って打ち立っていく。

しかし、関羽や張飛らの疑念は一気に吹き飛ぶ。諸葛亮の計略がことごとく当たり、夏侯惇と李典の軍勢を街道沿いにおびき寄せ、火攻めで大勝したのだ。こうして諸葛亮の初陣は華々しい戦果をあげ、皆が諸葛亮の采配に目を見張り敬意を表する。以上が『三国志演義』の「博望坡の戦い」である。

しかし、そもそもこの戦いに諸葛亮は参加できない。諸葛亮が劉備とともに参画したのなら、「三顧の礼」でふたりが出会った**207年以降**のはずだが、実際に戦いが繰り広げられたのは**202年**だ。夏侯惇が于禁や李典とともに荊州へと攻め上ったとき、劉備は博望坡まで出向いて、夏侯惇らと矛を交えた。ここまでは事実だが、采配を振るったのは劉備自身である。羅貫中は、諸葛亮の超人ぶりを読者に強く印象づけるため、時の経過を無視して、「博望坡の戦い」に諸葛亮を登場させ、華々しく初戦を飾る話に仕立てたのである。

『三国志演義』に見る「博望坡の戦い」

諸葛亮が県城にいながら、張飛や関羽らに次々と指示を出していく。そして見事火攻めで曹操軍を打ち破るのである。

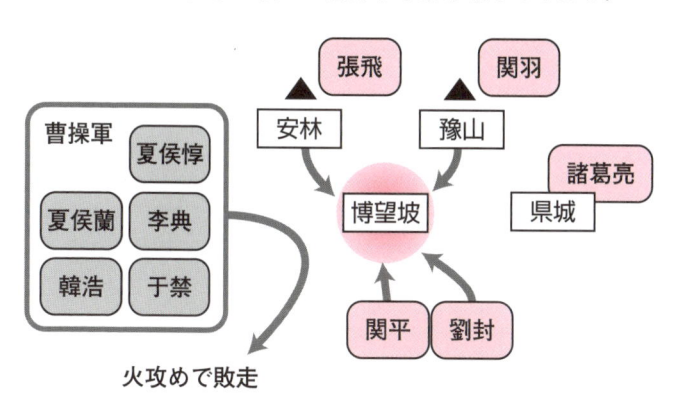

```
曹操軍: 夏侯惇、夏侯蘭、李典、韓浩、于禁
張飛 → 安林 → 博望坡
関羽 → 豫山 → 博望坡
関平・劉封 → 博望坡
諸葛亮：県城
火攻めで敗走
```

諸葛亮が「博望坡の戦い」に参加しなかった理由

諸葛亮が劉備と出会ったのは207年のこと。だから、202年に起きた「博望坡の戦い」に諸葛亮が登場することはありえない。

```
正史『三国志』が記した「博望坡の戦い」
　→ 202年・・・まだ諸葛亮は劉備と出会っていない

劉備と諸葛亮が出会った「三顧の礼」
　→ 207年

↓
「博望坡の戦い」に諸葛亮が参画することはありえない

于禁・李典・夏侯惇 VS 劉備
采配を振るっていたのは、諸葛亮ではなく劉備だった
```

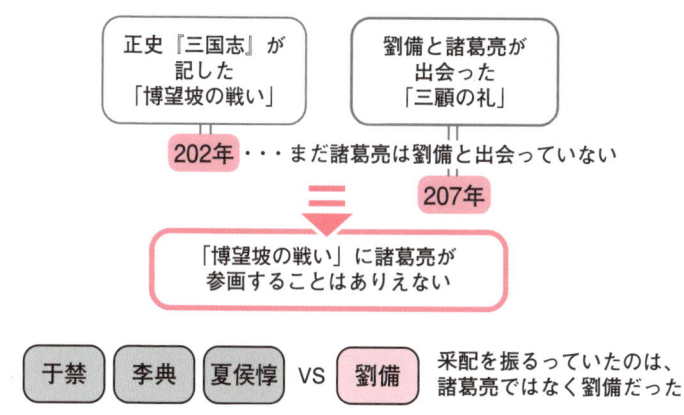

関連項目

●蜀書「諸葛亮伝」第5→No.052

三国志紀行③　三国鼎立から諸葛亮最後の戦いの舞台へ

■「定軍山の戦い」の舞台へ（定軍山）

「赤壁の戦い」において曹操が大敗を喫したとはいえ、曹操軍はまだまだ強大であった。態勢を立て直すと、漢中争奪をかけて劉備との壮絶な戦いを繰り広げていく。そのおもな舞台となったのが定軍山である。勉県の西にそびえる12の峰からなる細長い山で、2匹の龍が球遊びをしているように見えるところから、二龍戯珠とも呼ばれるのどかな山並みである。この山塊を舞台に「漢中の戦い」「陽平関の戦い」「下弁の戦い」「定軍山の戦い」などが繰り広げられたが、なかでも219年から3年にもわたって戦い続けられた「定軍山の戦い」は、まさに激戦中の激戦。蜀の老将・黄忠が一騎打ちで魏の夏侯淵を叩き斬った話、その後の趙雲の決死の黄忠救出劇などは『三国志演義』の名場面としても知られるところである。山麓には諸葛亮の墓である武侯墓や漢諸葛亮武侯読書台、古陽平関、褒斜道石門などの史跡も点在。諸葛亮の北伐時の活躍ぶりを知ることもできる。

■「五丈原の戦い」の舞台へ

劉備は、漢中における曹操との戦いに勝利して、ついに漢中王となる。しかし、関羽と張飛が殺害されると、夷陵において無謀な戦いを開始し、呉の陸遜に大敗を喫して白帝城に逃げ込み、ついに帰らぬ人となってしまう。劉備の遺志を継いだ諸葛亮は、疲弊した蜀の国力を立て直したのち、5度にわたる北伐を開始していくのである。そんな彼も最期の時を迎えた。高さ数十mもの絶壁が取り囲む南北5km、東西1kmあまりの五丈原の台地に布陣して、司馬懿率いる魏軍と満を持しての死闘を演じようとしたが、度重なる心労が祟ったのか、諸葛亮の願いも空しく、この地で没してしまうのである。享年54歳。このとき、陣営内に赤い星が流れ落ちたとも言い伝えられている。

諸葛亮が没したといわれる五丈原の台地には、五丈原諸葛亮廟が設けられて、多くの三国志ファンで賑わっている。大門を入ると、左右に鐘楼と鼓楼があり、正面に献殿があり、内部には八卦亭や正殿などが点在している。廟の見学もさることながら、五丈原の高台から見下ろす雄大な景観は心に滲みるものがある。この景観を前にして「出師の表」の一節でも口ずさんで古に思いを馳せるのが、ここならではの醍醐味であることはいうまでもない。

漢王朝再興を夢見ながらも、ともに夢を果たすことなく死んでいった劉備と諸葛亮。ふたりを偲ぶためにも、三国志紀行の最後は、成都にある武侯祠を訪ねておきたい。蜀の丞相・諸葛亮を祀る祠堂であるのと同時に、その主である劉備を祀った漢昭烈廟でもある。武侯祠の裏手にある劉備の墓・恵陵で手を合わせて、三国志紀行の幕を閉じることにしたい。

第4章
雑学

No.086
三国志から生まれた故事成語

正史『三国志』や『三国志演義』に見られる事象のなかには、故事成語として後世まで語り継がれ、たとえ話として引き合いに出されるものも多い。そのなかから、有名な話をいくつか取り上げてみたい。

●「呉下の阿蒙にあらず」と「刮目して相待す」

　呉の名将・呂蒙は、関羽を虜にした人物として知られるが、もうひとつ有名な話がある。それが「**呉下の阿蒙にあらず**」の故事を生んだ逸話である。武勇だけに頼ろうとする呂蒙に、孫権は学問の重要さを諭したことがあった。以降、呂蒙は勉学に励み、儒者も唸るほどの知恵を得る。ある日、魯粛が呂蒙と会った。魯粛は昔のままの不勉強な呂蒙のつもりでいたところ、呂蒙は関羽に対処する5つの方策を諄々と語った。その才覚の大きさに目を見張って漏らしたのがこの言葉だ。呉にいたときの蒙ちゃん（阿は親しみを込めてつけ加える愛称）とは別人、いつまでも愚かではないのだねと驚くのである。

　「呉下の阿蒙にあらず」と感嘆した魯粛に呂蒙が語ったのが「**士別れて3日なれば、即ち刮目して相待す**」だ。「士たるもの、別れて3日も過ぎれば目をよくこすって見なければならないほど進歩しているものです」といい、人と接するときは常に新たな視点で見るべきだと、自信ありげに語るのである。

●「白眉」と「危急存亡の秋」

　荊州の馬氏の五兄弟は秀才揃いで知られていた。5人とも字に「常」という文字が使われていたところから、「馬氏の五常」ともいわれた。なかでも眉に白い毛が混じっていた馬良が特に優れていたため、優れた者を「**白眉**」というようになった。また、諸葛亮が北伐を前に蜀主・劉禅に奏上した決意表明書が「先帝、創業未だ半ばならずして、中道に崩殂せり」で始まる「**出師の表**」。「今天下三分し、益州疲弊す。此れ誠に危急存亡の秋なり」と続くその一節に、「**危急存亡の秋**」がある。先帝（劉備）は漢王朝再興の願いも実現しないまま亡くなった。天下は魏呉蜀の三国に分かれて戦いに明け暮れ、益州（蜀）は今にも滅亡しそうな状況だということを改めて劉禅に説き、危機から逃れるために、先手を打って魏へ侵攻しなければならないという。

「呉下の阿蒙にあらず」と「刮目して相待す」

孫権から諭された呂蒙は猛勉強に励むようになる。そんなある日、呂蒙と出会った魯粛が、呂蒙の変貌ぶりに驚かされるのである。

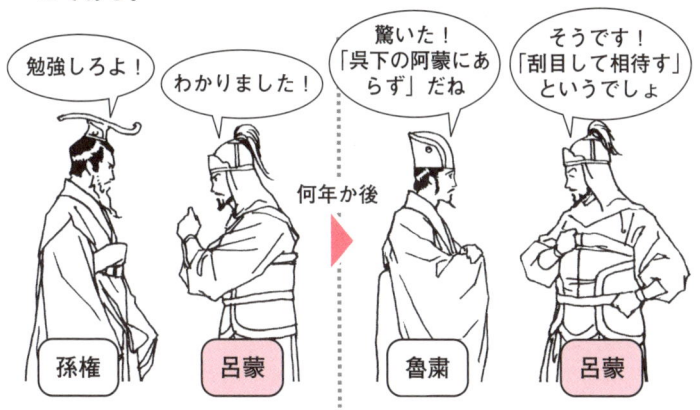

- 孫権:「勉強しろよ!」
- 呂蒙:「わかりました!」

何年か後

- 魯粛:「驚いた!「呉下の阿蒙にあらず」だね」
- 呂蒙:「そうです!「刮目して相待す」というでしょ」

「白眉」と「危急存亡の秋」

眉の白かった馬良が5人兄弟のなかでも一番優れていたところから、優れた人のことを白眉という。諸葛亮の北伐前の名言にも注目したい。

「白眉」の由来

馬氏の五常

○常 ○常 ○常 ○常 ○常

→ 馬良
- 眉が白かった
- 一番優秀

「危急存亡の秋」の由来

- 劉禅:「出陣するんですね」
- 諸葛亮:「今まさに蜀は「危急存亡の秋」なのです」

ワンポイント雑学

●蜀書「後主伝」第3→No.050　●呉書「周瑜魯粛呂蒙伝」第9→No.062

No.087
三国時代の武器と武具

三国時代には青銅製の剣はすたれ、頑丈な鋼鉄製の刀や戟を手にした歩兵や騎兵が、戦場を駆け抜けていた。射程距離1kmという強弩や、一度に10本の矢を放つ連弩も活躍している。

●鋼鉄製の刀、長柄の戟、強力な弩がおもな武器

　三国時代の軍隊は、歩兵、騎兵、水兵で成り立っていた。北方騎馬民族と長年にわたって抗争を繰り返した魏では騎兵が活躍し、険しい山並みに囲まれた蜀では歩兵が多く、河川や湖沼が多い呉では水兵が軍の主軸をなした。
　春秋戦国時代を席巻した青銅製の両刃の剣はすたれ、より強度の高い鋼鉄製の片刃の**刀**が使用された。日本のように両手で柄を握るのではなく、片手で刀を持ち、もう一方の手で木製の盾を持つ。木の盾には鉄の鋲を打ち込んで強度を増したものもあった。**戟**は、敵を刺殺する矛の部分と、斬殺する戈の部分が一体となったもので、背丈より少し長い柄に括りつけたものだ。戦国時代に車戦などで使用された柄の長さが3mを超える戟は、三国時代にはすたれていた。**弩**は、戦国時代にもすでに使用されていたが、三国時代には改良が加えられてさらに強力となり、射程距離が1kmに及ぶ強弩や、一度に10本以上もの鉄矢を放つ連弩（諸葛亮が開発した元戎など）が開発された。
　城攻めの際は、**雲梯**と呼ばれる折りたたみ式の梯子車や、巨大な槍状の鎚を振り子のように揺すって城門を打ち破る**衝車**、重い石を遠くに飛ばす**発石車**なども用いた。ほかにも、諸葛亮が開発したともいう、険しい山道でも荷物を運べる**木牛**と**流馬**がある。木牛は二輪車あるいは四輪車のリヤカー、流馬は一輪車のようなものだったといわれる。諸葛亮は231年の「祁山の戦い」で木牛を使用し、234年の「五丈原の戦い」では流馬を量産して物資の運搬に利用したことも「諸葛亮伝」に記されている。また、裴松之が注に引く『諸葛亮集』によると、木牛には兵士1年分の食糧を積むことができた。
　水上戦では、敵の大型船にぶつけて破壊させるという頑丈な快速船・**艨衝**や、防壁で守られた**闘船**、小回りの利く小舟の**艇**、さらに指揮官が乗るだけでなく、最大2000～3000人もの兵を乗船させる巨大な**楼船**なども使用された。

歩兵と騎兵の装備

鋼鉄製の鋭い刀や戟が、おもな武器として活躍していた。

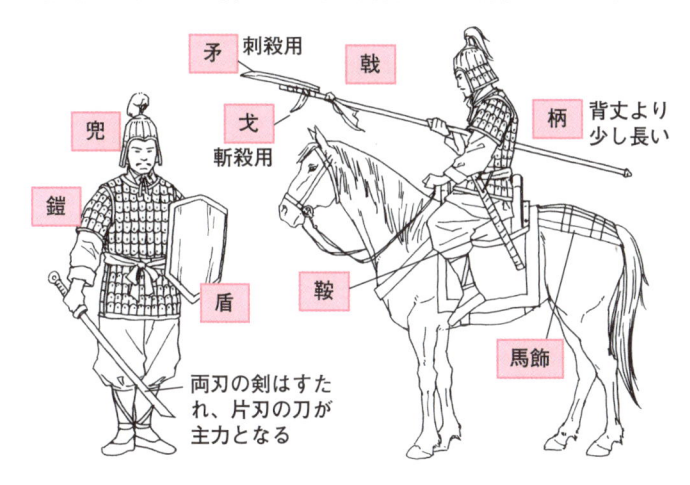

- 矛　刺殺用
- 戟
- 兜
- 戈　斬殺用
- 柄　背丈より少し長い
- 鎧
- 盾
- 鞍
- 馬飾

両刃の剣はすたれ、片刃の刀が主力となる

城攻めの道具

城攻めには発石車や衝車、雲梯などを用いて、より効果的な攻撃を加えていた。

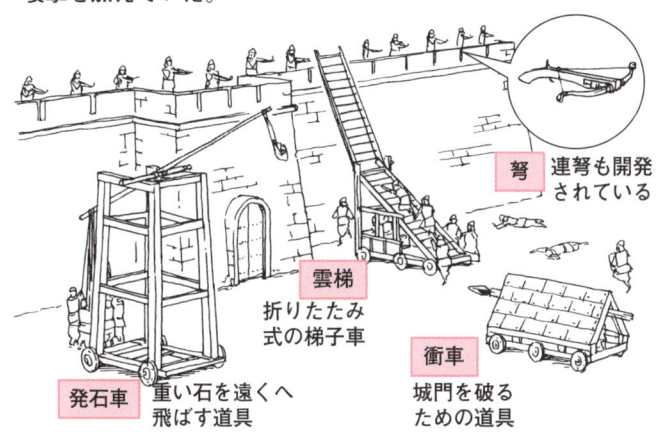

- 弩　連弩も開発されている
- 雲梯　折りたたみ式の梯子車
- 発石車　重い石を遠くへ飛ばす道具
- 衝車　城門を破るための道具

関連項目

● 『三国志演義』の計略→No.088

No.088
『三国志演義』の計略

『三国志演義』には、さまざまな奇策や偽計を用いて、敵を罠にはめていくというシーンがしばしば登場する。そのなかから、よく知られる計略を取り上げてみよう。

●「二虎競食の計」と「駆虎呑狼の計」

　曹操が、袁紹との官渡における天下分け目の大会戦に挑む前、一番の脅威だったのは袁紹ではなく劉備である。当時、劉備には猛将・呂布が身を寄せていたからなおさらだ。人望の厚い劉備と武勇に優れた呂布が手を組めば、曹操にとっても御し難い勢力になる。そこで曹操の幕僚・荀彧が編み出したのが「**二虎競食の計**」である。二虎とは、いうまでもなく劉備と呂布のこと。策略を用いて劉備と呂布を仲違いさせて戦わせるという作戦だ。しかし、劉備がこれを姦計と悟って呂布と共謀すると、荀彧は次に「**駆虎呑狼の計**」を打ち出す。劉備と袁術を戦わせれば、貪欲な呂布は必ず劉備を裏切って襲うだろうとの計算だ。しかし今度は呂布がこの意図を悟って仲裁役に回り、劉表と劉備の仲を取り持ってしまう。ついに荀彧の計が実ることはなかった。

●「連環の計」と「美女連環の計」

　「**連環の計**」とは複数の策を連なるように仕かけるもので、『三国志演義』ではふたつの計略が有名である。ひとつは「赤壁の戦い」で、名士・龐統が曹操の兵士たちが船酔いで苦しんでいるのを見て、船と船を鉄の鎖で繋ぐことを提案。曹操はこれを龐統の策とは気づかずに実行してしまう。そして、「苦肉の計」で相手を信用させた黄蓋が火計を用いて火船を曹操船団に突っ込む。曹操軍は鎖をすぐに外すこともできず、次々と船を延焼させてしまった。

　もうひとつが、董卓の横暴に堪えかねた王允が、歌姫・貂蟬を使って董卓殺害を図った「**美女連環の計**」である。王允は呂布に貂蟬を嫁がせるとしながら、呂布に隠れて側妾として董卓にあてがう。自らがもらい受けるはずだった貂蟬が、あろうことか董卓とねんごろになっているのを見て、呂布は怒り心頭に発し、董卓への憎しみを募らせる。王允は、董卓と呂布と貂蟬の三角関係をうまく利用し、ついに呂布に董卓を殺害させることに成功するのだ。

「二虎競食の計」と「駆虎呑狼の計」

曹操臣下の荀彧が劉備と呂布を戦わせて共倒れさせようと目論んだ計略で、いずれも失敗に終わっている。

「二虎競食の計」

計略内容：虎（呂布）↔虎（劉備）　仲違いさせて、ともに競わせる

結果：劉備が奸計を見破って戦わず、計はならず

「駆虎呑狼の計」

計略内容：劉備↔袁術　戦わせる／呂布　劉備を裏切って襲う

結果：呂布が劉備と袁術の仲裁役に回って、計はならず

「連環の計」と「美女連環の計」

龐統が曹操船団を鎖で繋ぐよう仕向けたのが「連環の計」、貂蝉が呂布と董卓の仲を裂いて董卓を殺させるのが「美女連環の計」である。

「連環の計」

曹操：「皆船酔いで苦しんでいるのじゃ」
龐統：「船と船を繋げばいいのです」

鉄の鎖で船と船を繋ぐ

「美女連環の計」

貂蝉：「呂布が言い寄ってくるのです」／「いつまでも董卓の言いなりになるなんて」

董卓　貂蝉　呂布
殺害

関連項目

●呂布、董卓を殺害→No.006

No.089
曹操はツァオツァオ

正史『三国志』は日本人には馴染みのある楷書で書かれている。これは大きく改良された簡体字を使用する現在の中国人には馴染みの薄いものである。読み方も、日本語と似たものも多い。

●原書は中国人より日本人のほうが読みやすい

現在の中国では、劉備は刘备、孫権は孙权、馬超は马超と書く。これは、1960年代に中国で字改革運動が起き、使いやすい文字に改良されたからで、日本の漢字よりも画数が少なく、簡体字と呼ばれる。もちろん三国時代に簡体字はないから、それまでの楷書や行書が使用される。正史『三国志』でも楷書が使用されており、現在の中国人には読みにくく、むしろ日本人のほうが読みやすい。また、戦場で使用される旗に記された文字は、甲骨文字の面影が多少残った篆書(春秋戦国時代に使用された文字)で書かれることもある。躍動感あふれる漢字の迫力が、戦場にはふさわしいからかもしれない。

●劉、張、趙、李、王は5大姓

実際に中国語読みで『三国志』の登場人物を読んでみよう。**日本語と発音が似ている**のが李典(李典、リディエン)、劉岱(刘岱、リゥダイ)、辛毗(辛毗、シンピィ)、李異(李異、リイー)、周瑜(周瑜、ゾウユ)、趙雲(赵云、チャオユン)、関羽(关羽、グァンユ)、劉備(刘备、リゥベイ)、袁紹(袁绍、ユェンサオ)、張飛(张飞、チャンフェイ)、馬超(马超、マチャオ)、孫権(孙权、スンチュン)、司馬懿(司马懿、スーマイ)、蒋琬(蒋琬、ジャンワン)、費禕(費禕、フェイイ)らで、**異なる**のが曹操(曹操、ツァオツァオ)、董卓(董卓、ドンゾウ)、姜維(姜维、ジャンウェイ)、諸葛亮(诸葛亮、ズーガーリャン)、黄皓(黄皓、ファンファオ)、于禁(于禁、ユージン)など。ちなみに劉(刘、リゥ)、張(张、チャン)、趙(赵、チャオ)、李(李、リ)は日本も中国も似た読み方をするが、これに王(王、ワン)を加えた5姓を名乗る人が現在の中国では最も多く、漢民族全体の3分の1を占めるともいわれる。そのほか、陳(陈、チェン)、陸(陆、ルー)、朱(朱、ジュー)、呂(呂、リュ)、孔(孔、コン)、孟(孟、モン)、蔡(蔡、ツァイ)、丁(丁、ディン)なども一般的だ。

漢字の移り変わり

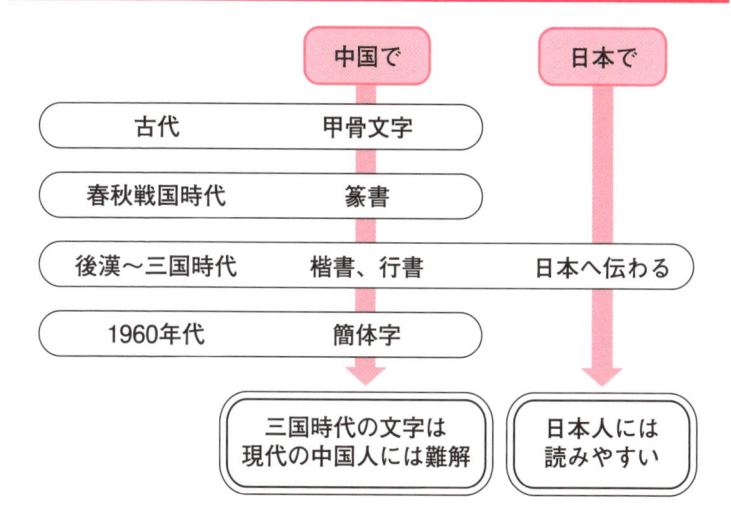

```
                          中国で          日本で

   古代           甲骨文字

   春秋戦国時代    篆書

   後漢〜三国時代  楷書、行書      日本へ伝わる

   1960年代        簡体字

                    三国時代の文字は      日本人には
                    現代の中国人には難解   読みやすい
```

中国語読みすると……

日本語読みと似ている人物

李典	リディエン	袁紹	ユェンサオ
劉岱	リゥダイ	張飛	チャンフェイ
辛毗	シンピィ	馬超	マチャオ
李異	リイー	孫権	スンチュン
周瑜	ゾウユ	司馬懿	スーマイ
趙雲	チャオユン	蒋琬	ジャンワン
関羽	グァンユ	費禕	フェイイ
劉備	リゥベイ		

全く異なる人物

曹操	ツァオツァオ
董卓	ドンゾウ
姜維	ジャンウェイ
諸葛亮	ズーガーリャン
黄皓	ファンファオ
于禁	ユージン

関連項目

●正史『三国志』とは→No.035

No.090
関羽は神として祀られている

勇猛果敢で武芸に秀でた武将・関羽。信義に篤く、蜀軍にあって、五虎将軍の筆頭として活躍した関羽だったが、死後は商売の神様として崇められている。その謎に迫りたい。

●権威ある関羽にご利益を期待

関羽といえば、三国きっての猛将であり、戦場においては1万人の敵に相当するといわれたほど武芸に秀でた人物だ。袁紹軍の大将・顔良を一刀のもとに斬り捨て、毒矢に冒された肘の骨を削り取らせるときも、酒を飲みながら泰然と談笑したという豪傑である。それがなぜか、死後は**商売の神様**として祀られているというのだから、なんとも不思議である。中国国内だけに留まらず、海外でも華僑が暮らすところなら必ずといっていいほど祀られている**関帝廟**は関羽の廟であり、商売繁盛を願う多くの人々で賑わっている。

では、関羽がなぜ商売の神様として祀られるようになったのか。そのヒントは、彼の出身地にある。蜀書「関羽伝」を見ると、河東郡解県の人とある。出奔したとしか記されていないから、どのような理由で涿県へとやってきたのかは不明だが、おそらくなにか事件を起こし、追われるようにしてきたのだろう。ともあれ、解県には塩湖があり、**塩の産地**として知られる。塩商人として財を成した人も多く、その人たちが、武勇に優れ、信義を重んじた関羽に惚れ込んで、自分たちの守り神として奉ったのが始まりと見られる。

さらに、中国歴代の皇帝が、忠義の人・関羽の功績を称えて、臣下に模範とすべしとの強いメッセージを発するとともに、自らの権威を高めるために関羽の名声を利用したということもある。市井における関羽の人気が高まるにつれ、歴代皇帝たちはますます関羽の権威を持ち上げていく。宋の徽宗皇帝が関羽を忠義公に封じたのをはじめ、宋の孝帝は英済王に、明の神宗は関聖大帝に、清の世宗は忠義神武関聖大帝に関羽を封じ、公から王、王から帝へと、関羽の権威を高めていくと、それにつられて市井の人々の関羽への信仰度もますます大きくなっていった。権威の高い神様に期待するご利益もまた、大きく膨らんでいくのである。

関羽が商売の神様になった理由

塩商人の町・解県出身の関羽は、彼らの守り神として祀られるようになる。それゆえ、次第に財を守る神から商売の神へと変貌させられてしまう。

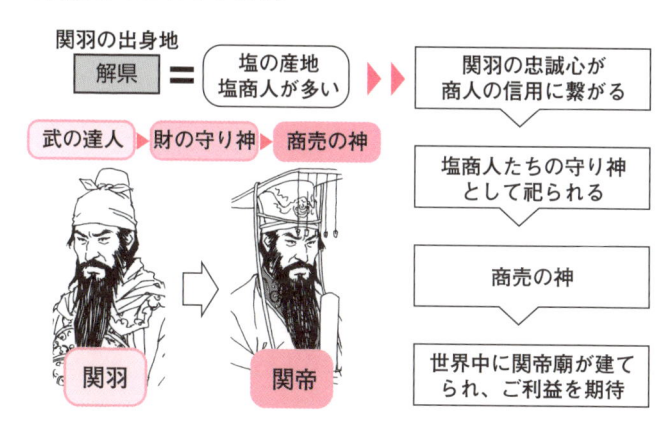

関羽の出身地
解県 = 塩の産地 塩商人が多い ▶▶ 関羽の忠誠心が商人の信用に繋がる
↓
塩商人たちの守り神として祀られる
↓
商売の神
↓
世界中に関帝廟が建てられ、ご利益を期待

武の達人 ▶ 財の守り神 ▶ 商売の神

関羽 → 関帝

関羽は死後、皇帝となる

歴代の皇帝が、関羽の官位を公から王、帝へと上げていったことで、ますます人々の信仰の度合いも高まっていく。

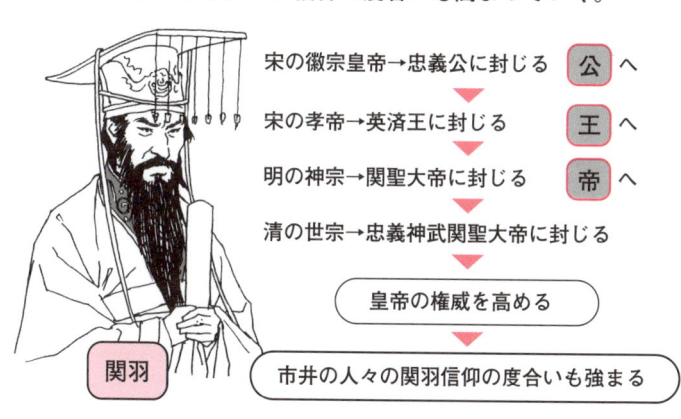

宋の徽宗皇帝→忠義公に封じる 　**公** へ
▼
宋の孝帝→英済王に封じる 　**王** へ
▼
明の神宗→関聖大帝に封じる 　**帝** へ
▼
清の世宗→忠義神武関聖大帝に封じる
▼
皇帝の権威を高める
市井の人々の関羽信仰の度合いも強まる

関羽

関連項目

●蜀書「関張馬黄趙伝」第6→No.053

No.091
英雄たちの子孫が暮らす村がある

諸葛亮、孫権、曹操の子孫たちが大勢集まっている3つの村が、すべて浙江省内にあり、それほど遠くない場所に存在しているという。その経緯などを探ってみたい。

●それぞれの子孫が暮らす村

　魏の創始者・**曹操**、呉の初代皇帝・**孫権**、蜀の丞相・**諸葛亮**ら、魏呉蜀の重要人物の子孫たちが暮らす村が、偶然にも同じ**浙江省内**に点在していることをご存知だろうか？　杭州から南西150kmほどの蘭渓市へ向かう街道沿いに、それぞれの子孫たちが、今も静かに暮らしている。蘭渓市にある諸葛八卦村と、富陽にある龍門鎮、そしてそのすぐ近くにある上村である。

　諸葛八卦村はその名からもわかるように、諸葛亮の子孫が暮らす村である。諸葛亮の孫にあたる諸葛京の子息・第15世の諸葛渕が952年に戦火を逃れて浙江に移住し、さらにその子孫である第28世の諸葛大獅がこの村へたどり着き、以後、諸葛姓の人々で埋め尽くされるようになったという。全国に暮らす諸葛亮の子孫1万人のうち4割もの人がここに暮らしているというから、諸葛亮の子孫が暮らす村としては最大規模である。村の構造も、諸葛亮が陣立てに用いた八卦陣の図案をもとにした造りであるというのが興味深い。

　諸葛八卦村の100kmほど杭州寄りにある**龍門鎮**は、孫権の子孫が暮らす村だ。ここ富陽は孫氏一族の本籍地で、孫権の先祖・孫子ゆかりの地でもある。村の住人7000人のうち9割もの人が孫氏を名乗っているという。孫権の人物像が描かれた孫氏宗廟は、当時の面影を今に伝えるものとして興味深い。

　龍門鎮のすぐ北西にある**上村**は、近年になって曹操の子孫が住むと判明した村で、曹操の末裔である曹元四がこの地に移り住んだのが始まりといわれる。曹操といえば市井では長らく悪の権化のような存在だったから、曹操の子孫だと名乗り出ることははばかられたのかもしれない。ここも住人1400人中9割もの人が曹氏姓であり、村のなかほどに曹氏宗廟が建てられている。

　近年、NHKで紹介されたこともあって、魏呉蜀三国の子孫たちの村々を巡り歩く人も、次第に多くなっている。

3つの村の位置関係

諸葛亮、曹操、孫権の子孫が暮らす村が、杭州から南西への街道沿いに点在している。

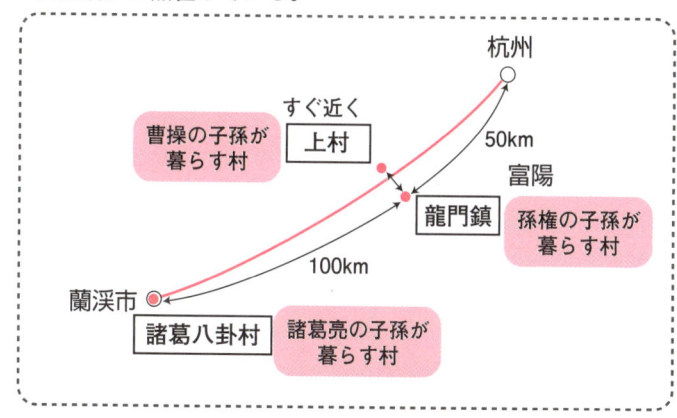

```
                                        杭州 ○
              すぐ近く                    ╲
   曹操の子孫が    上村                    ╲ 50km
   暮らす村        ●                       ╲
                    ↘ ●                   富陽
                        龍門鎮      孫権の子孫が
                                    暮らす村
                    100km
   蘭渓市 ●
         諸葛八卦村   諸葛亮の子孫が
                     暮らす村
```

3氏がここに暮らすようになった経緯

龍門鎮のある富陽は孫氏の本籍地。諸葛八卦村には諸葛亮の第28世が移住。上村は曹元四が移住してきたのが始まり。

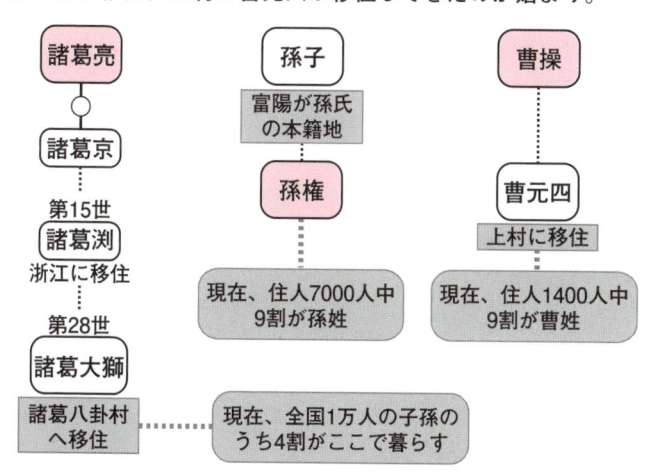

```
  諸葛亮           孫子            曹操
    ○            富陽が孫氏         │
  諸葛京          の本籍地         曹元四
  第15世          孫権            上村に移住
  諸葛渕                         現在、住人1400人中
  浙江に移住      現在、住人7000人中   9割が曹姓
  第28世          9割が孫姓
  諸葛大獅
  諸葛八卦村    現在、全国1万人の子孫の
  へ移住        うち4割がここで暮らす
```

関連項目
●蜀書「諸葛亮伝」第5→No.052　●呉書「呉主伝」第2→No.058

No.092
三国時代には曹操は死んでいる？

三国時代とは、いつからいつまでのことをいうのだろうか。『広辞苑』は220年が始まりとしている。とすると、曹操はこの時代の人ではなくなってしまうのである。

●董卓や呂布も三国時代にはいない

　『広辞苑』で三国時代を引くと、「**220年魏の建国に始まり、280年晋の統一まで**」とある。あくまでも、魏を正当王朝とする立場を今も貫いているのである。これによると、220年以前は三国時代ではないということになり、三国時代の主人公というべき曹操(155〜220年)は、三国時代には生きていなかったことになる。曹操だけでなく、董卓、呂布、袁紹、孫堅、孫策、周瑜、黄蓋、魯粛、呂蒙、荀彧、典韋、夏侯惇、夏侯淵なども皆しかりである。これだけの人物を除いて歴史を語ったとすれば、実につまらないものになったことだろう。

　さらに、三国時代を魏呉蜀が帝位をもって鼎立していた期間と厳密に限定すれば、孫権が三国のなかで最後に帝を称した229年をその始まりとし、蜀の皇帝・劉禅が降伏した263年までのわずか**35年間**となる。その場合は、蜀を打ち立てた劉備すらも、三国時代の人ではなくなる。曹操や劉備なしでは、いくらなんでも歴史書をまとめるのには都合が悪かったに違いない。

　そこで正史『三国志』の中心といえる魏書では、魏の実質的な創始者である曹操の生誕(155年)から曹奐が晋に禅譲する(265年)までが記載され、呉書ではさらに先の、呉の最後の皇帝・孫晧の降伏(280年)までが記されている。一方『三国志演義』はさらに鷹揚で、「黄巾の乱」(184年)が勃発し、劉備、関羽、張飛の3人が義兄弟の契りを結ぶころから書き始め、三国の皇帝のなかで最後まで生き残った曹奐が302年に薨じたところで幕を降ろしている。

　このように、三国時代を厳密に決めるとおかしなことになるので、さまざまな方策が取られる。「黄巾の乱」を皮切りに後漢王朝が末期的症状を見せ始めた184年あたりから、呉が晋に亡ぼされた280年までの**97年間**と見るのが、一番都合がいい。これなら重要人物をすべて登場させることができるからだ。

正史『三国志』の記載期間は？

厳密にいえば、三国の皇帝が存在した期間だけが三国時代。これだと曹操も劉備も、この時代の人ではなくなる。そこで正史『三国志』が取り扱うのは……!?

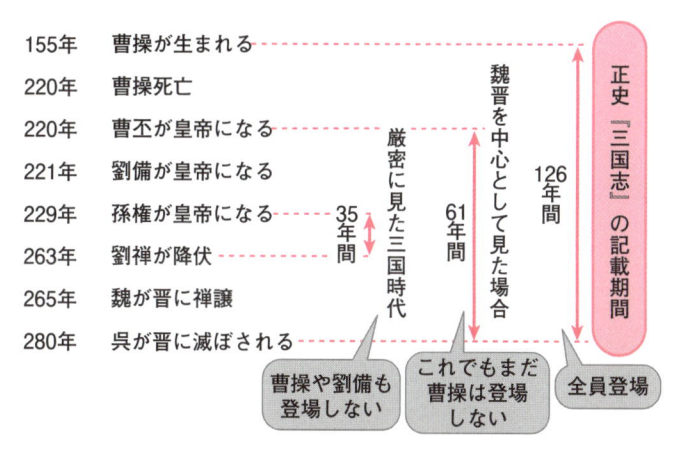

155年	曹操が生まれる
220年	曹操死亡
220年	曹丕が皇帝になる
221年	劉備が皇帝になる
229年	孫権が皇帝になる
263年	劉禅が降伏
265年	魏が晋に禅譲
280年	呉が晋に滅ぼされる

- 厳密に見た三国時代：35年間 → 曹操や劉備も登場しない
- 魏晋を中心として見た場合：61年間 → これでもまだ曹操は登場しない
- 正史『三国志』の記載期間：126年間 → 全員登場

『三国志演義』の記載期間は？

黄巾の乱から呉滅亡までの97年間を三国時代と見るのが一般的。『三国志演義』は、さらに曹奐の死亡に関しても記している。

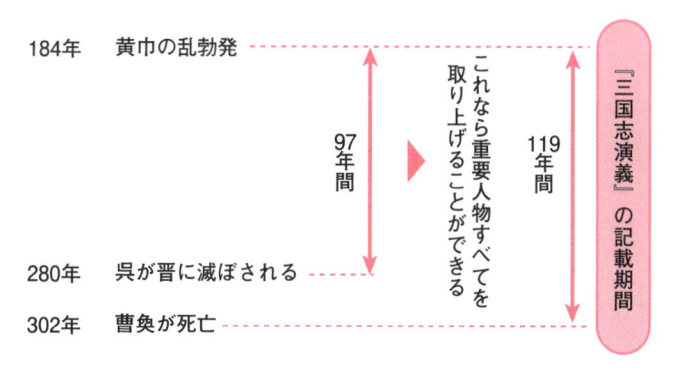

184年	黄巾の乱勃発
280年	呉が晋に滅ぼされる
302年	曹奐が死亡

- 97年間
- 『三国志演義』の記載期間：119年間 → これなら重要人物すべてを取り上げることができる

関連項目

● 『三国志演義』とは→No.001　● 正史『三国志』とは→No.035

No.093
三国時代の人物相関図に見る意外な繋がり

正史『三国志』では、魏呉蜀三国が和平の糸口を探ろうと、政略結婚が推し進められた。その結果、三国時代の重要人物の大多数が親戚状態になるという、奇妙な構図ができ上がってしまった。

●重要人物はほとんどが親戚状態

　魏の曹操、呉の孫権、蜀の劉備は、中国を3分して互いに覇権を競い合った敵同士である。彼らの三つ巴の戦いが、正史『三国志』の中核をなすものであることはいうまでもない。しかし、**彼ら3人が実は親戚関係**にあることは、意外と見落とされがちである。彼ら3人だけでなく、献帝をはじめ、袁紹や張繡、張魯、張飛、周瑜までもが親戚関係にあるというから、なんともおもしろい。これはおもに政略結婚が横行したためで、婚姻関係を結んで和平の糸口を探ろうという、涙ぐましい努力の証しともいえるものである。

　なかでも政略結婚としてよく知られるのが、**劉備と孫権の妹・孫夫人**との結婚だろう。「赤壁の戦い」のあと、着々と領土を拡大する劉備に脅威を感じ始めた孫権は、劉備と姻戚関係を結んで同盟の結束を強固なものにしようとした。孫夫人は取り巻く腰元数百人に常に薙刀を持たせ、自らも武芸に秀でた猛女だったという。また、劉備の配下・張飛のふたりの娘はともに劉禅の妻となったが、その母は曹氏と親類関係にある夏侯覇の従妹である。張飛が、薪取りに出かけていた当時13〜14歳のその娘を強奪して、自分の妻としたのだ。これによって、結果的に劉氏は張氏を通じて夏侯氏とも曹氏とも繋がりができたことになる。さらに曹操の子は、献帝の妻となった次女・節のほか、息子・整は袁紹の息子・袁譚の娘を、均は張繡の娘を、宇は五斗米道の教祖・張魯の娘を娶っている。彰は孫堅の甥・孫賁の娘を娶ったので、曹氏は孫氏とも繋がっている。さらに曹操の妹は夏侯淵の妻で、弟の娘は孫権の弟・匡の妻。孫策の妻・大喬の妹の小喬は周瑜の妻である。

　こうやって、ひとつひとつ縁の糸をたぐり寄せると、正史『三国志』に登場する中心人物の大半が親戚ということになってしまう。極めて乱暴ないい方をすれば、『三国志』とは一族郎党のお家騒動を語る本ともいえるのである。

三国時代の各人物相関図

政略結婚が盛んに行われたため、曹操、劉備、孫権、袁紹、献帝、張繡、周瑜、張魯、張飛らは皆、親戚となった。

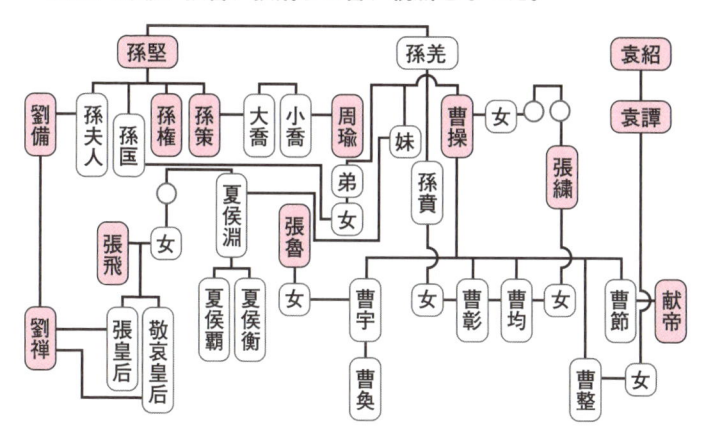

代表的な政略結婚（劉備の場合）

劉備の勢力拡大を脅威と感じ始めた孫権は、妹を劉備に嫁がせた。これで劉氏と孫氏が姻戚関係で結ばれた。

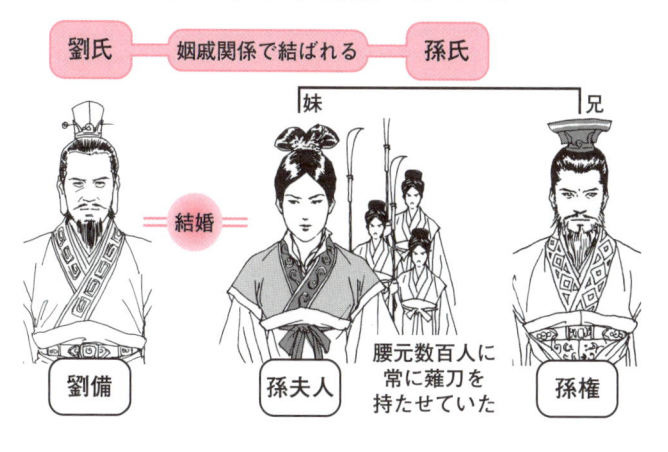

劉氏 ─ 姻戚関係で結ばれる ─ 孫氏

劉備 ＝結婚＝ 孫夫人　腰元数百人に常に薙刀を持たせていた　孫権

関連項目
●蜀書「先主伝」第2→No.049

No.094
劉禅は暗君ではなかった!?

施政者・司馬昭との宴席上で、愚鈍な姿を見せる劉禅。しかし、自らの身の安泰を図るための演技だったとすれば、稀に見る賢人だったといえるのである。

●暗愚を装った名優との説も

　蜀の後主・劉禅は「宦官を重用することのないように」という劉備の遺言を守らず、おべっか使いの黄門令・黄皓を寵愛し、毎日後宮に入り浸って遊びほうけていた。劉禅の暴走に目を光らせていた蒋琬と董允が亡くなると、劉禅は黄皓を中常侍・奉車都尉に任じて朝廷の実権を握らせる。軍の実権までも握ろうとした黄皓の行動を案じた姜維は、黄皓を殺害するよう上奏したが、劉禅は黄皓に丸め込まれてこれを受けつけない。魏が大挙して進軍し始めたときも、姜維は呉への援助を要請したが、またも黄皓の企みによって無視される。この対応の不備がもとで、結局劉禅は蜀を滅亡へと導いてしまう。

　魏への降伏後、安楽公に封じられて隠居暮らしとなった劉禅が、司馬昭の宴席に招かれた。蜀の音楽が奏でられると、同席した蜀の臣下たちは皆祖国を思って涙に暮れる。そのなかで劉禅だけが**楽しげに談笑**していたという。これを見かねた蜀時代の旧臣下・郤正が、「今度同じことを聞かれたら、蜀には先祖の墓もあり、一日として忘れることはありませんとお答えください」と諫言すると、劉禅は郤正の言葉をそのままオウム返しにいって、皆の失笑を買ったといわれる。劉禅が暗愚といわれる所以である。しかし、陳寿が評でいうように、劉禅は黄皓を寵愛するようになってから暗愚になったが、それまでは諸葛亮を父と敬い、余計な口出しをしなかったことは評価すべきだ。

　また、魏への降伏後に司馬昭の前で見せた愚直さも、『穀山筆塵』を記した明代の学者・于慎行（1545～1607年）によると、劉禅ならではの**保身術**だという。常に不穏な動きがないか監視する司馬昭に賢人ぶりを見せれば、いつ死を賜るかもしれない。馬鹿を演じていればその心配もない。己の保身のために劉禅が必死に暗愚を演じたとすれば、とてつもない名優である。ともあれ、嘘か真か愚鈍さを見せたお陰で、結果的に劉禅は**天寿を全うする**のだ。

宦官・黄皓の悪行ぶり

劉禅の寵愛をいいことに、宦官・黄皓は、姜維の呉軍援助要請まで、劉禅に無視させてしまう。

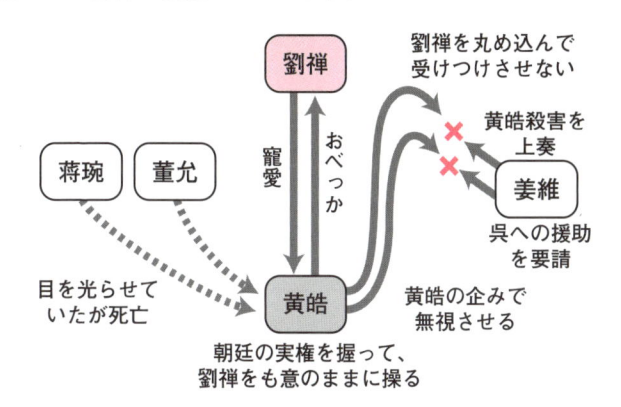

```
                              劉禅を丸め込んで
                              受けつけさせない
          劉禅
                                    黄皓殺害を
                   お                 上奏
                   べ          ×
     蒋琬   董允  寵 っ        ×      姜維
              愛 か
                                  呉への援助
                                   を要請
    目を光らせて      黄皓   黄皓の企みで
    いたが死亡            無視させる
              朝廷の実権を握って、
              劉禅をも意のままに操る
```

干慎行が推測する劉禅の名優ぶり

司馬昭から宴席に招かれた劉禅は、司馬昭に自分の愚かさ加減を見せつけることによって、生命の安泰を図った。

郤正:「一日中忘れることはありません」といってください

劉禅:「一日中忘れることはありません」

(劉禅 心中)うん、わかった。そういっておかないと殺されるからね

司馬昭:郤正の言葉と同じですね

司馬昭:アハハ……こんなバカなら、生かしておいても大丈夫だな

関連項目

●蜀書「後主伝」第3→No.050　●蜀書「蒋琬費禕姜維伝」第14→No.055

No.095
「後出師の表」は偽物？

第二次北伐を前に、後主・劉禅へと上奏された「後出師の表」。しかし、まだ生きていたはずの趙雲をすでに死んだことにするなど、不可解な点が多い。

●死んでいないはずの趙雲が死んでいる？

「臣亮言す。先帝、創業未だ半ばならずして、中道に崩殂せり。今天下三分し、益州疲弊す。此れ誠に危急存亡の秋なり」（諸葛亮が申します。先帝は漢室復興の半分も達成されず亡くなりました。天下は三分したが益州は疲弊しています。危機迫る状況です）で始まる「**出師の表**」は、諸葛亮が北伐前に蜀主・劉禅に上奏した決意表明書だ。このときは馬謖の失策で失敗するが、228年12月に諸葛亮は「**後出師の表**」を上奏し、第二次北伐を強行する。

「先帝、漢・賊の両立せず、王業の偏安せざるを慮り、故に臣に託すに賊を討つを以てす」（先帝は、漢室と賊は両立できず、天下統一のために私に賊討伐の命を下されました）で始まる「後出師の表」は名文で、最後の「鞠躬尽力、死して後已まん」（最後まで全力で戦う）という一文は特に悲壮感漂うが、これは『三国志』にはなく、裴松之が引く『黙記』にあるだけだ。『黙記』の作者は呉の大鴻臚（異民族担当大臣）を務めた人物というのが胡散臭い。「出師の表」の名調子に比べて弁解がましく説明口調が多い点と、決意表明にしては悲壮感が漂い過ぎている点から**後世の偽作**と見る向きも多い。

しかも決定的な証拠が文中にある。それは「臣、漢中に至りしより、中間朞年のみ。然るに、**趙雲**、陽羣…を喪う」という一文である。諸葛亮が漢中に駐屯して1年にしかならないのに、趙雲や陽羣ら多くの将兵たちを失ってしまったというのだ。趙雲が死んだのは「趙雲伝」では**229年**。「後主伝」にも当時23歳の劉禅が趙雲の死を聞いて泣いたとあるから、229年に趙雲が死んだことは間違いない。一方、第二次北伐が敢行されたのは**228年12月**。これは「後主伝」にも「諸葛亮伝」にも記されている。とすれば、諸葛亮は生きている趙雲を死んだと記載したことになる。いくらなんでもこれはありえない。後世の人が年数を確認せずに書いたと見るのが自然である。

「後出師の表」偽物説の根拠その1～4

「後出師の表」は名文とはいえ、「出師の表」に比べると説明的で悲壮感が漂い過ぎ。しかも『諸葛亮伝』『諸葛亮集』にも記載されていない。

その1
「出師の表」
「創業未だ半ばならずして～」
＝
名調子

「後出師の表」
「漢・賊の両立せず～」
＝
説明的、弁解がましい

→ 作者が違うように見える

その2
『黙記』に登場
→ 作者が呉の人というのが胡散臭い

その3
「鞠躬尽力し、死して後已まん」
→ 悲壮感が漂い過ぎている

その4
『諸葛亮伝』『諸葛亮集』に記載されていない

「後出師の表」偽物説の根拠その5　決定的証拠

第二次北伐が行われたのは228年。その前に書かれたはずの「後出師の表」に、229年に死亡した趙雲がすでに死んだと書くのはおかしい。

228年以前：「後出師の表」が書かれたとすれば、228年以前のこととなる

| 史実 | 228年 | 第二次北伐 | —「後主伝」「諸葛亮伝」に記載 |
| 史実 | 229年 | 趙雲死亡 | —「趙雲伝」「後主伝」に記載 |

228年以前に書かれたはずの「後出師の表」に、趙雲を死亡したと書くのはおかしい

→ 「後出師の表」は偽物

関連項目

●蜀書「諸葛亮伝」第5→No.052

No.096
人口変遷から見えてくる三国時代のお国事情

『三国志』の戦いのなかで、後漢時代には5650万人もいた中国の人口が、わずか数十年のあいだに7分の1にまで激減してしまったといわれる。特に中原の人口減少が激しかった。

●土地よりも人が重要

　前漢から三国時代の人口の変遷を見ると、三国時代がいかに一般の人々にとって暮らしにくい時代であったかがわかる。平帝(前9～5年)のころの前漢時代の人口は、『漢書』地理志によると6000万人ほどだったという。新王朝(前8～23年)建国の混乱期に一時的に2000万人まで落ち込んだが、後漢時代に再び**5650万人**(『晋書』地理志)まで回復し、まずまずの繁栄ぶりを見せていた。それが、後漢が滅んで三国時代へと突入し、動乱の時代をくぐり抜けると人口は一気に下がり始める。263年に魏が蜀を亡ぼしたときの魏の人口は443万人(『通典』)、同年の蜀の人口は94万人(『蜀記』)、孫和が呉の太子となった242年の呉の人口は230万人(『晋陽秋』)で、魏呉蜀合わせても**767万人**にしかならない。後漢王朝時代の5650万人の7分の1にまで落ち込んでいる。政治的な混乱期で政府が統制しきれない流民が多く出た面もあるが、戦乱で命を落としたり、戦が長引いて農地が荒れ、各地で食糧不足が起きて多くの人が餓死したりしたことも容易に想像できる。

　また、魏呉蜀の人口比率を時代別に比較すると、意外な一面が見えてくる。魏は前漢時代に78％もあったのに、後漢時代には60％、三国時代には50％と、時代が下るにつれて人口比率が下がる。反面、呉と蜀の人口比率は増加する。呉は前漢時代の14％から後漢時代の25％、三国時代の30％へ、蜀は前漢時代の8％から後漢時代の15％、三国時代の20％と、呉蜀とも倍増している。これは、魏の中核となる中原がたびたび戦乱に巻き込まれ、この地域の住民が戦乱の比較的少ない南方の揚子江流域や、天然の要害に守られた蜀へと移り住んだからだ。曹操が、多くの住人を魏へ強制移住させたあとの空っぽの漢中など鶏肋(鶏のガラ)に過ぎないといって撤退したのも、人口減に苦しむ魏では、土地よりも人のほうが重要だったからである。

漢代と比べた人口の変遷

後漢時代の5650万人から比べて、魏呉蜀三国の合計は767万人。7分の1に減ったことになる。流民、戦死、餓死など、さまざまな要因が考えられる。

中国全土

前206～前8年	前漢時代	6000万人
前8～23年	新時代	2000万人
23～220年	後漢時代	5650万人
220～280年	三国時代	魏 443万人 呉 230万人 蜀 94万人 合計 767万人

7分の1に激減！

人口減の理由
① 流民が多くなり人口統計が不明確
② 戦死者や餓死者が増大

魏呉蜀の人口比率の移り変わり

戦禍が絶えなかった魏から、比較的平穏だった呉や蜀へと移住していく人が多かった。

年代	時代	魏	呉	蜀
前206～前8年	前漢時代	78%	14%	8%
23～220年	後漢時代	60%	25%	15%
220～280年	三国時代	50%	30%	20%

魏：激減　呉：倍増　蜀：倍増

戦禍を逃れて呉や蜀に人々が移住していったため

関連項目

● 魏呉蜀三国の国力比較→No.103

No.097 『三国志演義』に見る超能力者たちの能力比べ

『三国志演義』で風を呼び雨をも降らせる超能力者たち。なかには人の寿命すら自在に操るという超人までいる。しかし、三国きっての超能力者は、なんといっても諸葛亮その人であった。

●諸葛亮こそ三国きっての超能力者

『三国志演義』には、超能力者と思われる人物が多数登場する。護符霊水などをもって万病を癒やすという**道士・于吉**は、孫策に捕らえられて火刑に処せられたとき、黒煙を天高く舞い上がらせ、激しい雷雨を呼び起こしたという超能力者である。このあと、薪の上から大喝するや、雲はさっと消え、再び太陽が輝き始めるという鮮やかさを見せている。

黄巾賊の首領・**張角**も、風を起こし雨をも降らせることができた。ほかにも、寿命を司る北斗(生を司る)と南斗(死を司る)を操って趙顔の寿命を80年も伸ばしたという卜筮の名人・**管輅**や、関羽の亡霊を叱咤して成仏させた僧・**普浄**なども、超能力者といってもよさそうである。

しかし、なんといっても最高の超能力者といえるのは**諸葛亮**である。「赤壁の戦い」において、七星壇を築いて祈祷し、季節外れの東南の風を吹き起こして戦いに勝利をもたらしたり、「夷陵の戦い」では大敗を喫した劉備を追う呉の陸遜を、魚腹浦において諸葛亮が事前に配しておいた石の陣・八陣の図に迷い込ませて出られなくしたりと、あの手この手の妖術を披露していく。なかでも痛快なのが、南中征伐時に見せた数々のパフォーマンスである。同じく超能力者のひとりで、象に乗る八納洞の洞主・**木鹿大王**が呪文を唱えて手にした鐘を振ると、猛烈な風とともに虎豹や豺狼、毒蛇、猛獣らが飛び出してくる。対する諸葛亮は、手に持った羽扇を一振りするや、風は木鹿大王の陣営へと向きを変え、機械仕掛けの巨獣たちが飛び出していくというのだ。巨獣は口から火を噴き鼻から黒煙を出し、牙を剥いて突進していく。木鹿大王らの一団は、恐れおののいて洞窟のなかへと逃げ込んでしまうのである。諸葛亮恐るべし。

三国きっての超能力者は、諸葛亮をおいてほかにない。

各超能力者たちの腕比べ

『三国志演義』には超能力者が多数登場するが、技を繰り出す回数が一番多かったのはやはり諸葛亮。三国きっての超能力者といってもいい。

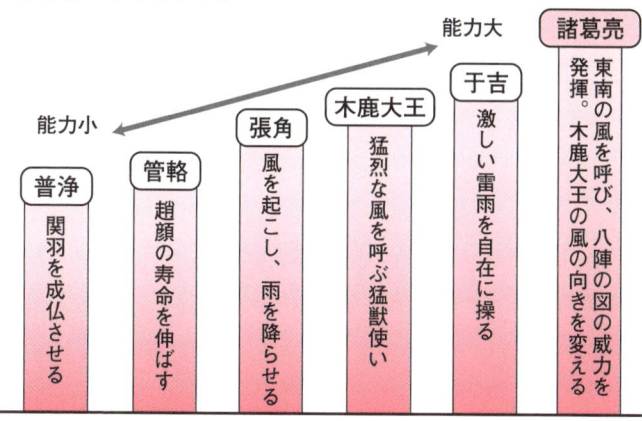

能力大 →

- **諸葛亮**：東南の風を呼び、八陣の図の威力を発揮。木鹿大王の風の向きを変える
- **于吉**：激しい雷雨を自在に操る
- **木鹿大王**：猛烈な風を呼ぶ猛獣使い
- **張角**：風を起こし、雨を降らせる
- **管輅**：趙顔の寿命を伸ばす
- **普浄**：関羽を成仏させる

← 能力小

諸葛亮が見せた超能力

東南の風を呼び、石の陣に陸遜を迷い込ませ、木鹿大王が吹かせた風の向きを変えるなど、諸葛亮の能力は多彩。

東南の風 — 諸葛亮：東南の風を呼び起こす

石の陣（出られない！） — 陸遜：事前に築いておいた石の陣に陸遜を迷い込ませる

風 — 諸葛亮／木鹿大王：木鹿大王が吹かせた風の向きを変えて、巨獣を繰り出す

関連項目

- 蜀書「諸葛亮伝」第5 → No.052

No.098
『三国志演義』を彩った美女、猛女、醜女たち

『三国志演義』には、美女を巡る争奪戦や猛女に悩まされる話、醜女ながらも献身的な働きで夫を支えていく話など、盛りだくさんの女の話がある。そんな女性たちを取り上げてみたい。

●絶世の美女が男を狂わす

　三国きっての美女として真っ先に取り上げなければならないのは、董卓と呂布を虜にした**貂蝉**だろう。董卓の横暴を見かねた司徒・王允が董卓暗殺の切り札とした架空の美女である。王允はこれを董卓とその護衛にあたる呂布のあいだに置いて奪い合いを演じさせ、ついには呂布の手で董卓を殺害させることに成功している。董卓や呂布にしなだれ、蕩かすような甘い言葉を耳元でささやく貂蝉は、まさに魔性の女そのものである。また、孫策と周瑜の妻となった**大喬・小喬**姉妹も美女の誉れが高い。江東の二喬と称えられたほどの美女で、孫策と周瑜は名門・喬氏の家から強奪して妻としたのである。

　猛女として知られるのは、劉備のもとに嫁いだ**孫夫人**だろう。孫権の妹で、取り巻く腰元数百人に常に薙刀を持たせ、部屋にも武器をかけ並べるという勇ましさである。並みの男顔負けの武芸の持ち主でもある。劉備が閨でこれを目の当たりにしたとき、魂も消え失せそうになったともいわれる。また、蛮王・孟獲の妻として登場する架空の女性・**祝融夫人**も猛女と呼ぶにふさわしい武芸の達人だ。百発百中の腕前を誇る飛刀の名人で、諸葛亮配下の張嶷と対戦したときも大暴れし、張嶷の腕に飛刀を命中させて生け捕っている。

●醜女が夫を立てるのは世の習わし？

　一方、醜女として名をあげなければならないのが、諸葛亮の妻・**黄夫人**である。注に引く『襄陽記』によると、赤毛で色黒の娘で、父親の黄承彦自身が醜い娘というぐらいだから推して知るべし。『三国志演義』でも、容貌がすこぶる醜かったと記しているが、天文と地理に明るく、『六韜』『三略』『遁甲』の兵法書に通じていたと持ち上げている。そして、諸葛亮の学問もこの夫人の助けがあったからこそ向上したのだとまでいう。往々にして美女は男を惑わし、醜女は夫を立てる。その典型的なケースともいえそうである。

『三国志演義』に見る美人度ランキング

『三国志演義』に登場する美人のなかでも、美人度No.1に輝くのは貂蝉である。呂布を蕩かして董卓を殺させるほどの魅力だった。

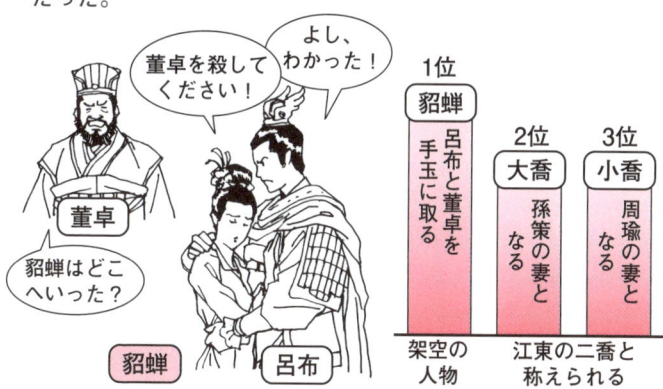

- 1位 貂蝉：呂布と董卓を手玉に取る（架空の人物）
- 2位 大喬：孫策の妻となる
- 3位 小喬：周瑜の妻となる

（江東の二喬と称えられる）

『三国志演義』に見る猛女、醜女たち

猛女の代表格は、常に薙刀を腰元たちに持たせていた孫夫人と、飛刀の名人・祝融夫人。諸葛亮の妻・黄夫人は醜女として有名。

- 猛女　孫夫人：武芸の達人。腰元数百人に、いつも薙刀を持たせていた（劉備「恐ろしい！」）
- 猛女　祝融夫人：飛刀の名人
- 醜女　黄夫人：赤毛、色黒（「天文と地理には明るいよ」）

関連項目

●呂布、董卓を殺害→No.006　●孔明、七たび孟獲を禽とす→No.030

No.099
日本での三国志ブームの変遷

日本では、正史『三国志』が8世紀半ばまでに貴族や武家社会のなかに浸透し、元禄時代になると、庶民のあいだで『三国志演義』がよく読まれていたようである。日本における三国志ブームの変遷に目を向けてみたい。

●貝原益軒や近松門左衛門も三国志ブームに一役買う

　正史『三国志』が日本に伝えられたのがいつかは不明だが、**760年**の藤原氏の伝記『**藤氏家伝**』に董卓の名が記されているところから、8世紀半ば以前には日本に伝わっていたようである。一方『三国志演義』は、儒学者・林羅山が**1604年**に『**通俗演義三国志**』を読了したと記しているから、17世紀初頭以前ということになる。『三国志演義』が翻訳されて庶民にも読まれるようになったのは、1690年に京都天竜寺の僧侶・湖南文山が『通俗三国志』を著してから。儒学者・貝原益軒も、兵法書『武訓』のなかで諸葛亮を忠義の人、曹操を大悪人として紹介し、浄瑠璃作者・近松門左衛門も、豊臣秀吉を主人公にした講釈本『本朝三国志』を著しているところから、このころすでに『三国志演義』の人気が庶民のあいだでも高かったと思われる。

●翻訳本や小説だけでなく、コミックやゲーム、映画にも登場

　近世では、1912年の漢学者・久保天随の『新訳演義三国志』に注目すべきだろう。吉川英治を夢中にさせた痛快本である。吉川はそれに大きく手を加え、日中戦争の最中の1939〜1943年に、新聞紙上に小説『三国志』を連載。これが大人気となって三国志ブームが巻き起こった。これを皮切りに、柴田錬三郎も痛快歴史ドラマ仕立ての『英雄ここにあり』『英雄 生きるべきか死すべきか』を、陳舜臣も曹操を新たな視点で描いた『秘本三国志』を出版。さらに、呉を中心とした伴野朗の『呉・三国志』や、蜀が天下を取る周大荒の『反三国志』、登場人物の性格を大きく変えた北方謙三の『三国志』など、個性的な三国志本が続々と出版される。以後、コミックやゲーム、映画の分野にも広がっていき、横山光輝のコミック『三国志』、コーエーテクモゲームスのゲームソフト『三国志シリーズ』、セガのアーケードゲーム『三国志大戦』なども人気を得た。映画では『レッドクリフ』が人気を博した。

日本へ正史『三国志』と『三国志演義』が伝わったのは……

正史『三国志』は8世紀半ばまでに、『三国志演義』は17世紀初頭までには日本に伝来していたと思われる。

?	正史『三国志』が日本に伝わる
760年	『藤氏家伝』に董卓の名が記される
?	『三国志演義』が日本に伝わる
1604年	林羅山が『通俗演義三国志』を読了
1690年	湖南文山が『通俗三国志』を著す
1716年	貝原益軒が諸葛亮と曹操を紹介する
1719年	近松門左衛門が『本朝三国志』を著す

近世における三国志ブームの変遷

吉川英治『三国志』の新聞連載で三国志ブームが起きる。以降、コミックやゲーム、映画など、発表の媒体が広がっていく。

1912年　　久保天随が『新訳演義三国志』を著す

1939～1943年　　吉川英治が新聞に『三国志』を連載

⬇

日本で三国志ブームが起きる

⬇

柴田錬三郎、陳舜臣、伴野朗、周大荒、北方謙三らが、個性的な三国志を次々と発表していく

⬇

コミック、ゲーム、映画、DVDへと、発表の媒体が広がっていく

関連項目

● 『三国志演義』とは→No.001　● 正史『三国志』とは→No.035

No.100
5か所もある「赤壁(せきへき)の戦い」の舞台、本物はどこ?

曹操の天下取りを阻止した「赤壁の戦い」。その舞台がどこにあるのかは興味深いところである。しかし、その候補地といわれる場所が、実は5か所も存在するのだ。

●有力といわれるのが蒲圻赤壁

「赤壁の戦い」といえば、5万にも満たない劉備と周瑜の連合軍が、20万を超える曹操の大軍を打ち破り、曹操の天下統一の野望を打ち砕いた大会戦だ。その舞台となったのは、武漢の南西100数十kmのところにある**蒲圻赤壁**というのが一般的である。長江の南岸の切り立った赤壁山の壁面に、1文字の大きさが縦1.5m、横1mもの巨大な「赤壁」の文字が彫り込まれている。一説によると、周瑜が戦勝記念の宴席において記したとされるが、真偽のほどは不明である。この赤壁山の上に、周瑜の巨像や赤壁大戦陳列館があり、多くの三国志ファンたちで賑わっている。赤壁山に続く金鸞山、南屏山などの長嶺山の丘陵地帯には、周瑜が指揮を執ったとされる翼江亭や、黄蓋が偵察に使ったという望江亭、諸葛亮が東風を呼び起こしたとされる拝風台などが、まるで本物の史跡といわんばかりに点在しているのがなんとも奇妙である。

ところで、「赤壁の戦い」の舞台といわれるのは、実はこの蒲圻赤壁だけではない。ここを含め、武漢周辺に5か所もある。蒲圻赤壁に次いで有名なのが武漢の東、湖北省黄岡県の長江北岸にある**黄州赤壁**。宋代の詩人・蘇東坡の名作「赤壁懐古」に「故塁の西辺 人の道うは 是れ三国周郎の赤壁なりと」(古い砦の西に三国時代の周瑜が活躍した赤壁があった)という一節があり、それをここで詠んだところから知られるようになった。蘇東坡の名を取って、東坡赤壁とも呼ばれる。また、滝川県の漢水沿岸にある**漢川赤壁**や、漢陽県漢水の中洲にある**漢陽赤壁**、さらには武漢市内の長江南岸にある**江夏赤壁**なども、ここが赤壁だと主張して譲らない。今のところ出土品らしきものが見つかっている蒲圻赤壁が一番有力ではあるが、正確なところは不明のままである。2000年もの長いあいだに、長江自体が大きく流れを変えた可能性もある。となれば、いずれの地も実は大いに怪しいのである。

蒲圻赤壁の様子

長江に面した赤壁山に大きく赤壁と記されているほか、周瑜の巨像や赤壁大戦陳列館、翼江亭、望江亭、拝風台などもある。

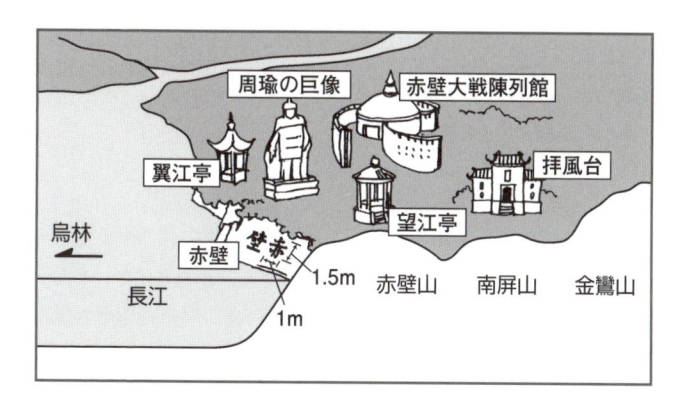

```
            周瑜の巨像   赤壁大戦陳列館
   翼江亭                          拝風台
                        望江亭
烏林←
         赤壁  埜赤
                  1.5m  赤壁山   南屏山   金鸞山
   長江           1m
```

「赤壁の戦い」の舞台と主張する5か所の位置関係

武漢を中心に5か所もの「赤壁の戦い」の舞台と主張するところが点在している。なかでも蒲圻赤壁が一番有力。

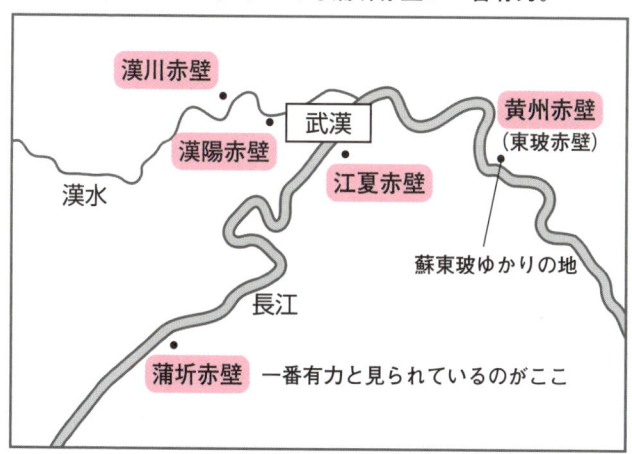

```
         漢川赤壁
                    武漢          黄州赤壁
         漢陽赤壁                  (東坡赤壁)
   漢水              江夏赤壁
                                蘇東坡ゆかりの地

                  長江
         蒲圻赤壁  一番有力と見られているのがここ
```

関連項目

●孔明、七星壇で東南の風を呼ぶ→No.021　●呉書「周瑜魯粛呂蒙伝」第9→No.062

213

No.101
張飛が主役の三国志があった

『三国志演義』のもととなった話のひとつ『三国志平話』の主役は張飛で、張飛がひとり大暴れして劉備や関羽らを困らせていくという内容だった。その破天荒な活躍ぶりを見てみよう。

●張飛の大喝で橋も真っ二つに

『三国志演義』は、正史『三国志』をもとに、市井に流布する講談や伝承などを加味して書き上げられたものである。なかでも羅貫中が一番参考にしたと思われるのが、講談本『三国志平話』だろう。劉備、関羽、張飛の桃園結義から南匈奴の首領・劉淵が晋を滅ぼすまでという壮大な物語である。しかし、前漢の高祖・劉邦が献帝に、その妻・呂后が伏皇后に、韓信が曹操に、彭越が劉備に、英布が孫権に生まれ変わったとする転生譚であるところに大きな違いがある。羅貫中は、『三国志平話』の荒唐無稽な部分を取り除き、より真実味のある歴史小説へと書き換えていった。

もうひとつ『演義』と異なるのが張飛の扱いである。『平話』では、**張飛は主人公とも思えるような活躍ぶり**を見せる。劉備を侮辱した定州太守の一族郎党を皆殺しにし、事件の調査にきた督郵をも殴り殺す。当代きっての猛将・呂布との一騎打ちでは一歩も引けを取らない。劉備と関羽が出陣し、留守を預かる張飛が大酒を飲んでいるあいだに呂布に徐州を奪われるという大ポカも演じ、小沛へ拠点を移して再起を図ろうとするが、再び呂布の金品を強奪して呂布の怒りを買い、小沛を取り囲まれる。関羽に「なにもかもお前のせいだ」と罵られると、張飛は呂布の包囲網を突破して曹操のもとへ援軍要請に走る。曹操がその話を信じないと、再び呂布の包囲網を破って小沛へ戻り、劉備に援軍依頼の手紙を書いてもらい、また曹操のもとへ向かうのだ。

痛快なのは、長阪橋でわずか20騎の兵を従え、曹操の大軍を敗走させたときの話である。張飛が「戦う者はおらぬか？」と大音声で叫ぶや、あまりの声の大きさに橋が真っ二つに切れてしまう。これにはさすがの曹操も慌てて30里も引いてしまうという始末。ともあれ、張飛の八面六臂の活躍ぶりには、劉備も関羽も影が薄くならざるを得ないのである。

『三国志平話』の基本コンセプト

前漢時代の劉邦や韓信、彭越らが、献帝や曹操、劉備らに生まれ変わって活躍するというお話。

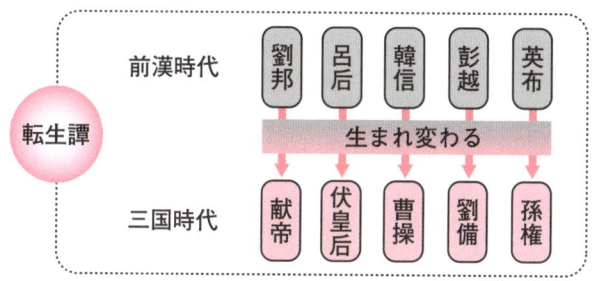

転生譚

前漢時代：劉邦／呂后／韓信／彭越／英布

↓ 生まれ変わる ↓

三国時代：献帝／伏皇后／曹操／劉備／孫権

荒唐無稽な話が多いのが特色
▼
羅貫中がこれをカット

『三国志演義』が完成

張飛の八面六臂の活躍ぶり

まるで張飛が主人公とも思えるような大暴れぶり。張飛の大喝で、橋が真っ二つに割れるというのもすごい。

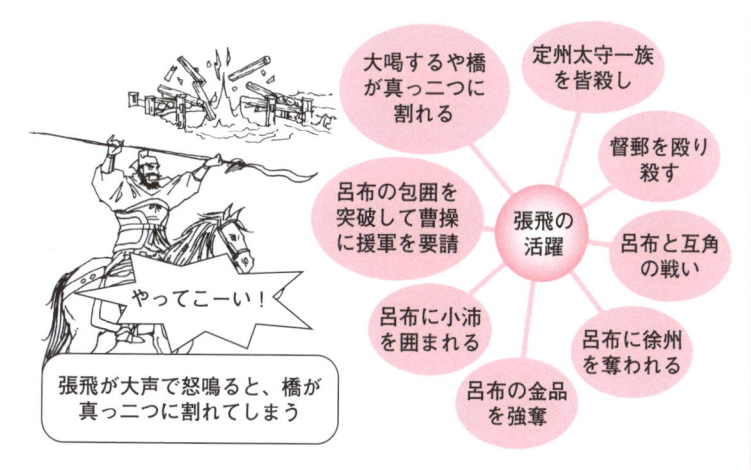

張飛の活躍
- 大喝するや橋が真っ二つに割れる
- 定州太守一族を皆殺し
- 督郵を殴り殺す
- 呂布と互角の戦い
- 呂布に徐州を奪われる
- 呂布の金品を強奪
- 呂布に小沛を囲まれる
- 呂布の包囲を突破して曹操に援軍を要請

やってこーい！

張飛が大声で怒鳴ると、橋が真っ二つに割れてしまう

関連項目

●蜀書「関張馬黄趙伝」第6→No.053

No.102
正史『三国志』の記述の不正確さが邪馬台国論争を巻き起こした

魏書「東夷伝」に記された倭までの行程の記述が、のちに大きな論争を巻き起こすことになる。行程に記された水路10日、陸路1か月という曖昧な記述が原因である。

●水路10日、陸路1か月で行程が追えなくなる

　魏書「烏丸鮮卑東夷伝」にある「東夷伝」に倭のことが記されている。倭とは日本である。当時、日本ではまだ文字が使用されておらず、この「東夷伝」が日本に関する最古の記録と見られている。鬼神崇拝の祭祀者・**卑弥呼**が女王として君臨しているという記述のほか、男子は皆入れ墨をし、夏冬にかかわらず生野菜を食べ、誰もが裸足であると記している。その倭への行程が冒頭に記されているが、この記載が不明確なため、のちに大論争を巻き起こす。**邪馬台国九州説**と**大和説**の対立である。

　ともあれ、その行程を見てみよう。記載された里数は現在の1里約4kmではなく、**西晋代の短里（1里＝76m）**が使用されているともいわれる。まず、朝鮮半島の帯方郡から海岸沿いに狗邪韓国までが7000里（532km）。海を渡ると1000里（76km）で対馬国に着く。そこから1000里（76km）いくと一大国（壱岐島か）、さらに1000里（76km）いくと末盧国（九州北部か）へ着く。ここまでは、現在の地図と照らし合わせてもほぼ正確である。しかし、ここから東南に陸路500里（38km）で伊都国に、さらに東南の奴国まで100里（7.6km）、東へ100里（7.6km）で不弥国に着くというあたりで場所の特定が難しくなるが、およその見当では国東半島あたりと見ることもできる。しかし、このあとの投馬国まで水路20日、さらに水路10日と陸路1か月で邪馬壱（台）国に着くというところで、場所の特定が全く不可能になる。朝鮮半島の帯方郡から邪馬台国まで1万2000里（912km）という記述があるが、九州説、大和説のどちらにも当てはまりそうな数値だけに、余計に厄介だ。さらに、邪馬台国から東に1000里（76km）海を渡ると別の国がある。邪馬台国から4000里（304km）で侏儒国、その南へ船で1年ほどのところに裸国と黒歯国があるというくだりでは、もはや当てはまるところもなく、ますます謎が深まる。

倭への道のり

朝鮮半島の帯方郡から邪馬台国までの距離が記されているが、後半の水路10日、陸路1か月あたりで、場所の特定が難しくなってくる。

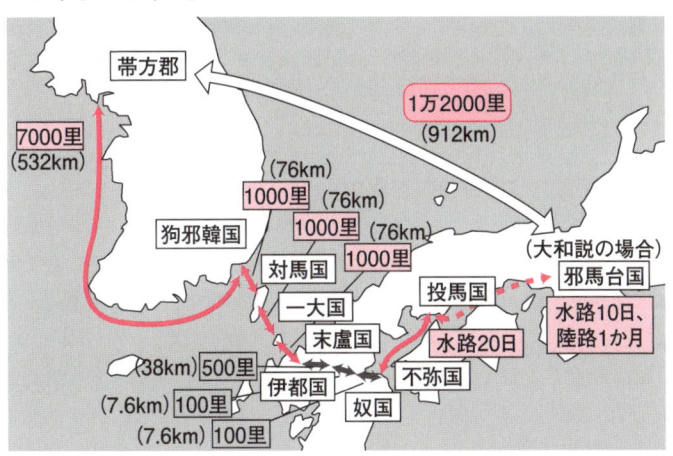

地図内ラベル:
- 帯方郡
- 1万2000里（912km）
- 7000里（532km）
- 狗邪韓国
- 1000里（76km）
- 1000里（76km）
- 1000里（76km）
- 対馬国
- 一大国
- 末盧
- 投馬国
- 水路20日
- （大和説の場合）邪馬台国　水路10日、陸路1か月
- 500里（38km）
- 伊都国
- 不弥国
- 100里（7.6km）
- 100里（7.6km）
- 奴国

「東夷伝」に記載された倭人の様子

女王・卑弥呼が君臨する倭の男たちは、皆、体に入れ墨をして裸足で歩き、夏冬にかかわらず生野菜を食べていたと記している。

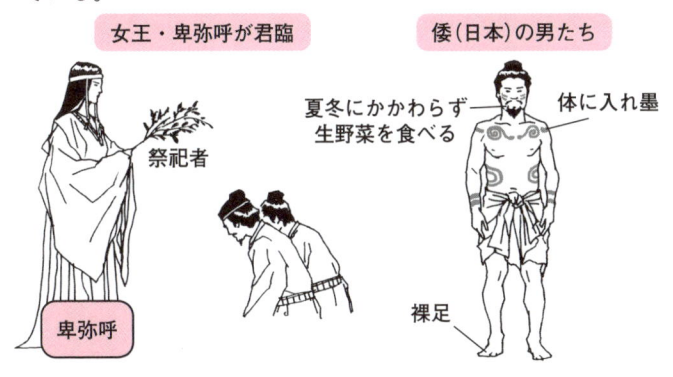

女王・卑弥呼が君臨
- 祭祀者
- 卑弥呼

倭（日本）の男たち
- 夏冬にかかわらず生野菜を食べる
- 体に入れ墨
- 裸足

関連項目

●魏書「烏丸鮮卑東夷伝」第30→No.046

No.103
魏呉蜀三国の国力比較

魏呉蜀の兵力を比較してみると、45万：23万：10万になるという。さらに、統率の取れた魏軍と結束力の弱い蜀軍では、比較にならないほど兵力の差があった。

●魏軍が圧倒的な強さを誇る理由

　最初に魏呉蜀の人口、兵員数、官吏数を単純に比較してみる。いずれも三国時代末期の数字だが、**呉は人口230万人**、兵員数23万人、官吏数3万人、**蜀は人口94万人**、兵員数10万人、官吏数4万人である。対して**魏は、人口443万人**、兵員数の記録は見当たらないが人口の1割とすれば45万人で、官吏数は10数万人と見られている。兵員数だけを比較すれば、呉蜀合わせても33万人で魏に遠く及ばない。わずか10万でしかない蜀軍が、その5倍にも及ぶ魏に単独で長期にわたって戦い続けた諸葛亮や姜維の北伐が、いかに無謀なものだったかがわかる。数字を比較しただけでも、呉蜀が歩調を合わせて両面作戦を取る以外、蜀が魏に勝つ確率はかなり低いといわざるを得ない。

　単純な数字の比較だけでなく、蜀軍にはさらなる弱点があった。兵士の結束力の弱さだ。魏は中央集権的な体制を早くから打ち出し、豪族の部曲と呼ばれる**私兵集団を解体**して直属軍へ再編成し、**強力な常備軍**を編成してきた。そのため中央からの統率が行き届き、兵を無駄なく自在に動かせた。これに対して蜀軍は、劉備自身が基盤としての私兵集団を持たなかったため、戦いのたびにいく先々で兵をかき集める寄せ集め集団だった。南方の異民族なども多く、忠誠心が低く結束力に欠けるという決定的な弱さがあり、兵員数の実数よりも兵力は低く見積もっておく必要があった。一方呉軍は、豪族たちの私兵集団をそのまま連合体として結集した従来型の軍隊組織を継承した。孫権は、政権の中枢にいる豪族たちの首領を統括していればよかったので、他国と比べて官吏の数も少なくてすむ。しかし、各豪族たちとの関係がいったんこじれると、その私兵集団ごと失うことになるので、豪族たちに対する気の遣いようも大変である。こうやって見ていくと、中央集権を確立して最大勢力を誇った魏軍が、なんといっても圧倒的に強かったことがわかる。

魏呉蜀の人口、兵員数、官吏数比較

魏の人口は443万人で兵員数45万人。対して蜀の人口は94万人で兵員数は10万人。5分の1近くにしかならない。

蜀
- 人口　94万人
- 兵員　10万人
- 官吏　4万人 ── 人口に比べて多い

蜀の兵員は魏の5分の1近くにしかならない

魏
- 人口　443万人
- 兵員　45万人
- 官吏　10数万人

魏が圧倒的に有利

呉
- 人口　230万人
- 兵員　23万人
- 官吏　3万人 ── 人口に比べて少ない

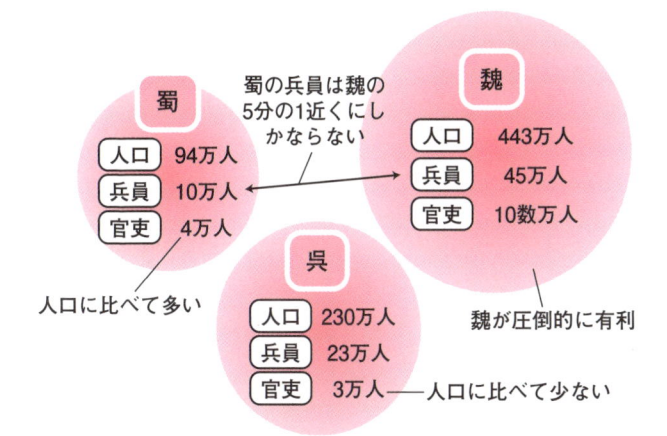

兵の強さの比較

仮に兵員数が同じだとしても、中央集権を作り出した魏軍が強く、次いで豪族を統括する呉軍の順。蜀は寄せ集め集団で一番弱い。

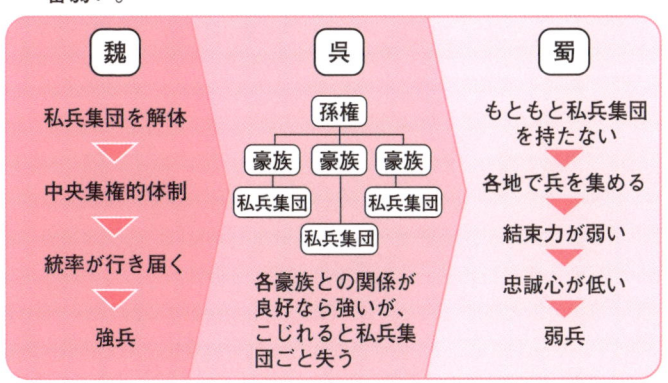

魏
私兵集団を解体
▽
中央集権的体制
▽
統率が行き届く
▽
強兵

呉
孫権
├ 豪族 ─ 私兵集団
├ 豪族 ─ 私兵集団
└ 豪族 ─ 私兵集団

各豪族との関係が良好なら強いが、こじれると私兵集団ごと失う

蜀
もともと私兵集団を持たない
▼
各地で兵を集める
▼
結束力が弱い
▼
忠誠心が低い
▼
弱兵

関連項目

●人口変遷から見えてくる三国時代のお国事情→No.096

No.104
英傑たちの身体測定

207cmもあった関羽に対して、曹操は161cm。見栄え重視の風潮が強かった当時としては、曹操はかなりハンディを背負っていたといわざるを得ないのである。

●関羽が一番の長身

『三国志演義』の武将や軍師たちのなかで、ダントツの背丈を誇っていたのは**関羽**である。身の丈**9尺**というから207cmだ。これほどの大男なら、82斤（18kg）の青竜偃月刀を軽々と振り回したのも納得がいく。次いで8尺（184cm）が張飛、諸葛亮、趙雲らである。劉備は7尺5寸（172.5cm）というから、彼らのなかでは目立つ存在ではない。意外なのは**曹操**で、**7尺（161cm）**だったという。見栄えを重用視した当時としては、曹操はかなりハンディを背負っていただろう。曹操が魏王となって匈奴の謁見を受けたとき、威厳が示せないと悟った曹操は、容姿に優れた崔琰を身代わりに立てたほどだ。ただ、これは悪者の曹操をわざと小さくしたという作者の意図があるかもしれない。

容姿に恵まれていたのは**呂布**である。身長に関する記録はないが、紫金の冠、紅の錦の戦袍、獣面呑頭模様の鎧、獅子の模様をつけた帯を身に纏い、方天画戟を小脇に抱えた姿は、並みいる将兵たちが感嘆の声を上げたほどの華麗さだ。名馬・**赤兎**に跨ったその勇士は「**人中の呂布、馬中の赤兎**」と称えられた。凛とした風情では諸葛亮も負けていない。顔は冠の白玉のごとく、頭に綸巾、鶴氅を纏い、神仙の観があるとある。常に羽扇を手にする姿は、まさに眠れる竜のごとき神々しさ。また、眉太く目大きく、威風堂々としていた趙雲も現代版イケメン風だったかもしれない。逆に、異様な風体で描かれたのが劉備、関羽、張飛、孫権、董卓らだ。劉備は両方の耳が肩まで垂れ、手は膝まで届くほど長かったという。関羽も真っ赤な顔に2尺（46cm）もある髭を伸ばし、張飛は豹のような頭に虎のような髭という顔立ちである。角張った顔で口が大きく、碧眼紫髯（緑色の目に赤紫色の髭）で短足という孫権もかなり異色。丸々と太り、死後臍に灯心を差して火を灯すと、脂が流れ出ていつまでも燃え続けたという逸話の持ち主・董卓もかなりのものといえる。

英傑たちの背比べ

一番背が高かったのは関羽で9尺(207cm)もあった。次いで張飛、諸葛亮、趙雲の8尺(184cm)、劉備は7尺5寸(172.5cm)、曹操は7尺(161cm)であった。

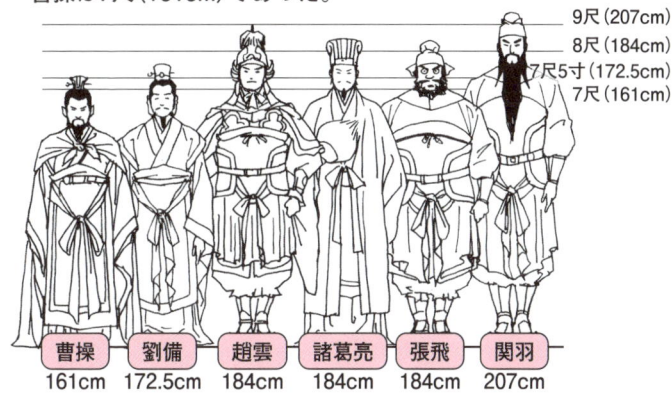

曹操	劉備	趙雲	諸葛亮	張飛	関羽
161cm	172.5cm	184cm	184cm	184cm	207cm

9尺(207cm)
8尺(184cm)
7尺5寸(172.5cm)
7尺(161cm)

容姿に恵まれた男と異様な風体の男たち

容姿に恵まれていたのは呂布と諸葛亮。ともに凛とした華やかさが漂う。異様だったのは劉備、関羽、張飛、孫権、董卓である。

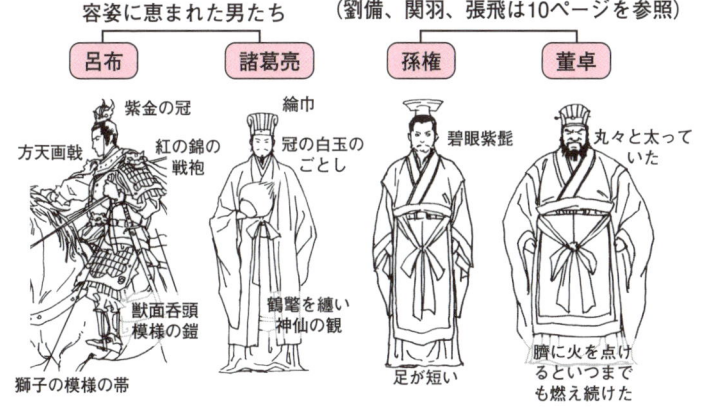

容姿に恵まれた男たち： 呂布、諸葛亮

異様な風体の男たち（劉備、関羽、張飛は10ページを参照）： 孫権、董卓

呂布
- 紫金の冠
- 方天画戟
- 紅の錦の戦袍
- 獣面呑頭模様の鎧
- 獅子の模様の帯

諸葛亮
- 綸巾
- 冠の白玉のごとし
- 鶴氅を纏い神仙の観

孫権
- 碧眼紫髯
- 足が短い

董卓
- 丸々と太っていた
- 臍に火を点けるといつまでも燃え続けた

関連項目

●桃園の宴→No.002　●小覇王・孫策の死と孫権登場→No.012

索引

あ行

阿会喃……………………………………66
阿斗……………………………………→劉禅
伊籍……………………………………34
『異同雑語』…………………………78,80
夷(彞)陵の戦い……8,62,64,66,124,152,206
「烏丸伝」……………………………100
于吉…………………………8,30,152,206
于禁………………………20,32,38,94,180,190
「于禁伝」……………………………94
『英雄記』……………………………84,122
袁術………………14,16,22,24,26,84,86,114,122,
154,188
「袁術伝」……………………………84
袁紹………………8,14,26,28,32,34,76,80,84,86,
88,92,100,102,140,154,164,
176,188,190,192,196,198
「袁紹伝」……………………………84,176
王允………………12,18,84,86,98,150,188,208
王植……………………………………28,150
王平……………………………………66,68

か行

街亭の戦い……………………………68,70,162
蒯良……………………………………16
賈詡…………………………………20,60,92
郭嘉……………………………………20,102
「郭嘉伝」……………………………102
郭汜………………………………14,20,26,84,92
楽進…………………………………42,54,94,96
「楽進伝」……………………………94
「賈詡伝」……………………………92
夏侯淵………………42,90,114,182,196,198
「夏侯淵伝」…………………………90
夏侯傑………………………………8,42,178
夏侯尚…………………………………90
「夏侯尚伝」…………………………90
夏侯惇………………32,38,42,56,90,96,180,196
「夏侯惇伝」…………………………90
夏侯覇…………………………………118,198

夏侯蘭…………………………………38,180
何進……………………………………12,94
華佗………………………………30,60,102,114
「華佗伝」……………………………102
華雄……………………………………122,154
関羽…8,10,14,24,28,30,36,38,50,58,60,62,
64,76,90,94,96,102,106,114,124,132,
134,136,142,150,154,156,172,176,180,
182,184,190,192,196,206,214,220
「関羽伝」……………………106,114,176,192
『漢紀』………………………………78,82
毌丘倹…………………………………98
「毌丘倹伝」…………………………98
関興……………………………………62,152
韓浩……………………………………38,180
「甘皇后伝」…………………………110
『漢晋春秋』……………78,98,108,112,118,144
韓遂………………………………20,26,132,152
闞沢…………………………………46,50,170
韓当……………………………………134,138
官渡の戦い……32,34,76,80,92,94,140,164
甘寧…………………………………54,134,152
「甘寧伝」……………………………134
甘夫人………………………40,42,110,114,140
関平…………………………58,114,150,156,180
顔良…………………………28,50,92,176,192
管輅……………………………………102,206
魏延…………………………66,70,118,120,174
「魏延伝」……………………………120,174
『魏書』……………………80,84,90,146,158,162
魏続……………………………………176
姜維………………72,98,118,174,190,200,218
「姜維伝」……………………………118
許貢……………………………………30,152
許褚……………………………………32,42,96
「許褚伝」……………………………96
許攸…………………………………32,76,92,164
『魏略』………78,108,120,124,162,166,174
金環三結………………………………66,150
献帝(陳留王)………………12,14,20,26,80,82,
106,154,198,214
黄蓋……………16,22,46,48,50,132,134,138,
150,168,170,188,196,212
「黄蓋伝」……………………………134,170
「高貴郷公紀」…………………………82
黄巾の乱……10,20,76,106,122,144,164,196
黄皓………………………72,108,110,120,190,200

孔秀	28
「後主伝」	108,110,202
黄祖	16,122,124,134,152
公孫瓚	14,84,88,154,164
「公孫瓚伝」	88
黄忠	56,62,114,152,182
「黄忠伝」	114
『江表伝』	106,124,126,130,132,172
孔明	→諸葛亮
孔融	92,138,146,154
高覧	32
呉景	22,128
「呉主伝」	124,168
『呉書』	134,156
五丈原の戦い	70,182,186
兀突骨	66,150
胡班	28,150
呉滅亡	74,126
顧雍	130,136

さ行

蔡和	34,46,150,170
蔡中	34,46,170
蔡瑁	16,34,44,46,106
『雑記』	80,158
沙摩柯	62,152
『三国志平話』	150,214
「三少帝紀」	82
司馬懿	60,68,70,82,90,148,162,182,190
司馬炎	74,82
司馬師	82,98
司馬昭	72,82,98,108,200
周倉	28,150,156
周瑜	22,44,46,48,112,124,132,134,140,148,160,168,170,172,190,196,198,208,212
「周瑜伝」	124,132,168,170
祝融夫人	150,208
朱儁	20,122
荀彧	20,32,92,164,188,196
「荀彧伝」	92
淳于瓊	32,94
荀攸	92
「荀攸伝」	92
蒋琬	68,70,118,174,190,200
「蒋琬伝」	118
鍾会	72,98,108,118

「鍾会伝」	98
小喬	198,208
少帝	12,84,154
『襄陽記』	116,208
諸葛恪	126,138
「諸葛恪伝」	138
諸葛瑾	58,130,138
「諸葛瑾伝」	130
諸葛誕	98
「諸葛誕伝」	98
諸葛亮	8,36,38,40,44,46,48,52,56,64,66,68,70,72,78,108,112,114,116,118,120,124,130,140,148,150,160,162,166,168,172,174,180,182,184,186,190,194,200,202,206,208,210,212,218,220
『諸葛亮集』	108,186
「諸葛亮伝」	112,166,172,186,202
蜀滅亡	72,108,200
徐晃	32,50,58,94,152,176
「徐晃伝」	94
徐庶	36,112,166
秦琪	28
審配	32
「斉王紀」	82
成都の戦い	52,104
赤壁の戦い	8,50,52,54,80,106,124,130,132,134,140,148,150,168,170,172,182,188,198,206,212
『世語』	80,106,158
「先主伝」	104,106,110,168,172
「鮮卑伝」	100
曹叡	82,106
曹奐	82,196
曹休	136
「曹休伝」	90
宋憲	24,86,138,176
曹洪	32,60,90
臧洪	86
「曹洪伝」	90
「臧洪伝」	86
曹真	90
曹仁	24,38,42,58,90,94,134
「曹真伝」	90
「曹仁伝」	90
曹爽	82,90
曹操	8,14,20,24,26,28,30,32,36,38,40,42,

223

44,46,48,50,54,56,58,60,76,80,82,
86,88,90,92,94,96,100,102,106,108,112,
114,124,132,134,140,142,146,148,150,
154,158,160,162,164,168,170,172,176,
178,180,182,188,190,194,196,198,
204,210,212,214,220
曹丕（文帝）…………82,90,96,106,108,142
曹芳……………………………………………82
曹髦……………………………………………82
孫和………74,124,126,128,136,138,204
「孫和伝」……………………………………138
孫休………………………………74,126,128
「孫休伝」……………………………………126
孫堅……………12,14,16,22,110,122,128,
152,154,196,198
孫権………30,44,54,58,60,62,94,96,106,112,
122,124,126,128,130,132,134,136,138,
140,156,160,162,164,168,172,184,
190,194,196,198,208,214,218,220
「孫堅呉夫人伝」……………………………128
「孫堅伝」……………………………………122
孫晧……………………………74,126,128,196
「孫晧伝」……………………………………126
孫策………8,22,26,30,122,124,128,130,136,
138,152,196,206,208
「孫策伝」……………………………………122
孫峻……………………………………126,138
孫覇………………………………124,136,138
孫夫人…………………………64,110,198,208
孫亮……………………………………126,128,138
「孫亮伝」……………………………………126
孫綝……………………………………126,134

た行

大喬………………………………………198,208
太史慈……………………………………22,138
「太史慈伝」…………………………………138
朶思大王……………………………………66,150
趙雲…………8,28,34,38,40,42,48,50,56,64,
66,114,140,162,182,190,202,220
「趙雲伝」……………………………………114,202
張英……………………………………………22
張角…………………………………………206
張嶷…………………………………………66,208
張郃………………………………………32,42,68,94
張繡………………………………………26,84,88,198
張昭…………………………………………130

張松…………………………………………104,116
「張昭伝」……………………………………130
貂蝉………………………………18,24,150,188,208
張超………………………………………86,94,154
長阪坡の戦い……………………40,42,112,140
張飛…8,10,14,24,28,36,38,40,42,50,52,62,
64,76,102,106,110,114,136,140,144,154,
172,178,180,182,190,196,198,214,220
「張飛伝」……………………………………114,178
張布………………………………………74,126
張苞………………………………………62,152
張楊………………………………………88,154
張遼………8,32,42,50,54,94,96,124,152,176
「張遼伝」……………………………………94,152
張魯………………………………26,52,84,88,104,198
「張魯伝」……………………………………88
陳宮………………………………………24,158
陳寿………78,84,104,106,108,110,112,120,
124,126,128,142,148,174,200
「陳留王紀」…………………………………82
程昱………………………………………20,50,102
「程昱伝」……………………………………102
丁原…………………………………………24,86
程普………16,22,30,48,112,124,134,168,172
丁奉………………………………………8,58,134,152
典韋………………………………………20,96,196
「典韋伝」……………………………………96
田豊……………………………………………92
『典略』………………………………84,106,122,144
「東夷伝」……………………………………100,216
董允………………………………………120,174,200
「董允伝」……………………………………120
鄧艾………………………………72,98,108,118,120
「鄧艾伝」……………………………………98
陶謙………………………………………24,88,154
「陶謙伝」……………………………………88
藤甲軍…………………………………………66
董卓……12,14,16,18,20,24,76,80,84,86,88,
90,92,94,122,150,154,158,188,
190,196,208,210,220
「董卓伝」……………………………………84
董荼那…………………………………………66,150
督郵………………………………………76,106,144,214

な行

南蛮平定戦………………………………66,150,206

は行

裴松之 ····· 8,78,80,82,84,86,88,92,106,108,
120,138,142,144,146,148,156,
158,162,164,166,174,186,202
白馬の戦い ·································176
博望坡の戦い ······················38,40,96,180
馬謖 ············64,68,78,94,112,120,162,202
馬岱 ···52,66,174
馬忠 ···58,62
馬超 ···············20,52,56,96,114,132,190
「馬超伝」···114
馬騰 ·······················14,20,26,104,114,154
馬良 ···120,184
「馬良伝」···120
万彧 ··74,126
范彊 ···62,114
潘璋 ···58,62,134
費禕 ···································70,118,174,190
「費禕伝」···118
糜芳 ···62
卑弥呼 ··82,100,216
傅士仁 ···58,62
普浄 ··28,206
「武帝紀」·························80,88,124,164,168
文欽 ···98
文醜 ······························8,28,50,92,176
「文帝紀」···82
文聘 ····································42,50,96,162
卞喜 ···28
「方技伝」···102
鮑信 ··20,154
法正 ··104,116
「法正伝」···116
龐統 ···································36,52,116,188
「龐統伝」···116
濮陽興 ··74,126
歩騭 ···130

ま行

「明帝紀」···82
孟獲 ··66,112,208
孟達 ···52,152
孟坦 ···28
木鹿大王 ······························66,150,206

や行

邪馬台国 ···································100,216
楊儀 ··································70,118,120,174

ら行

羅貫中 ················8,76,142,144,150,152,
162,170,180,214
李傕 ·······························14,20,26,84,92
陸遜 ······························64,130,136,182,206
「陸遜伝」···136
李厳 ···64
李粛 ···18
李典 ··························38,42,54,94,96,180,190
「李典伝」···96
劉永 ··64,110
劉焉 ··104,110
「劉焉伝」···104
劉璋 ··································26,52,104,116
「劉璋伝」···104
劉禅 ········40,42,64,72,98,106,108,110,112,
114,118,140,174,184,196,198,200,202
劉岱 ··154,190
劉備 ·······8,10,14,24,26,28,30,34,36,38,40,
42,44,46,52,54,56,60,62,64,66,68,76,80,
86,96,102,104,106,108,110,112,114,116,
120,124,132,136,140,142,144,146,148,
150,154,156,160,166,168,172,176,
178,180,182,184,188,190,196,198,
200,206,208,212,214,218,220
劉表 ·······16,26,34,84,122,132,140,160,188
「劉表伝」···84
劉封 ···180
劉繇 ···22
劉理 ··64,110
凌統 ··50,134
呂公 ····································16,122,152
呂伯奢 ································80,146,158
呂布 ······14,18,24,84,86,94,96,114,150,
154,188,196,208,214,220
「呂布伝」···86
呂蒙 ········50,54,58,60,132,134,136,184,196
「呂蒙伝」··132,136
魯粛 ·······················44,48,112,116,132,150,
156,160,172,184,196
「魯粛伝」··132,156

参考文献

【史書】

『正史三国志』 陳寿 著／斐松之 注／今鷹真、井波律子 他訳／筑摩書房
『世界古典文学全集 第24巻 三国志Ⅰ～Ⅲ』 今鷹真、小南一郎、井波律子 訳／筑摩書房
『正史「三國志」完全版』 岩堀利樹 著／文芸社
『魏志倭人伝・後漢書倭伝・宋書倭国伝・隋書倭国伝』 石原道博 編訳／岩波書店
『世説新語』 目加田誠 著／長尾直茂 編／明治書院

【小説】

『三国志演義』 羅貫中 著／立間祥介 訳／徳間書店
『秘本三国志』 陳舜臣 著／文藝春秋
『吉川英治全集 第26～28巻 三国志1～3』 吉川英治 著／講談社
『興亡三国志』 三好徹 著／集英社
『反三国志』 周大荒 著／渡辺精一 訳／講談社
『三国志：完訳』 羅貫中 著／村上知行 訳／角川書店

【人物関連】

『正史三國志群雄銘銘傳』 坂口和澄 著／光人社
『三国志素顔の英雄たち』 易中天 著／鋤柄治郎 訳／冨山房インターナショナル
『三国志ものしり人物事典「諸葛孔明」と102人のビジュアル・エピソード』
　　陳舜臣 監修／立間祥介、丹羽隼平 著／文芸社
『三国志・歴史をつくった男たち』 竹田晃 著／明治書院
『もう一度学びたい三国志』 渡辺精一 監修／西東社
『呂蒙：関羽を討ち取った、知勇兼備の名将』 芝豪 著／PHP研究所
『関羽：「義」に生きた知勇兼備の武人』 菊池道人 著／PHP研究所
『陸遜：孫権を支えた呉の大軍師』 太佐順 著／PHP研究所
『孫策：呉の基礎を築いた江東の若き英雄』 加野厚志 著／PHP研究所
『周瑜：「赤壁の戦い」を勝利に導いた呉の知将』 菊池道人 著／PHP研究所
『龐統：孔明と並び称された蜀の大軍師』 立石優 著／PHP研究所
『馬超：曹操を二度追い詰めた豪将』 風野真知雄 著／PHP研究所
『荀彧：曹操の覇業を支えた天才軍師』 風野真知雄 著／PHP研究所
『三国志孔明死せず』 伴野朗 著／集英社
『三国志傑物伝』 三好徹 著／光文社
『三国志人物外伝：亡国は男の意地の見せ所』 坂口和澄 著／平凡社
『諸葛孔明：三国志の英雄たち』 立間祥介 著／岩波書店
『「三国志」軍師34選』 渡邉義浩 著／PHP研究所
『英傑たちの『三国志』』 伴野朗 著／日本放送出版協会

【関連書・辞典】

『三国志』 横山光輝 著／潮出版社
『三国志：正史と小説の狭間』 満田剛 著／白帝社
『三国志の世界：後漢三国時代』 金文京 著／講談社
『三国志英雄録：万夫不当の剛勇、機略縦横の智謀』 学習研究社
『演義三国志：知略冴え猛将奔る群雄絵巻』 学習研究社

『図解三国志ミステリー：25大合戦の謎を解き明かす！』　綜合図書
『大三国志：中原に覇を競った英傑たち』　世界文化社
『横山光輝「三国志」大百科：永久保存版』　横山光輝 著／潮出版社コミック編集部 編／潮出版社
『図解三国志群雄勢力マップ：三国志を時系列でビジュアル解説！』　満田剛 監修／インフォレスト
『市民の古代15『三国志』里程論・「九州」論』　新泉社
『もう一つの『三国志』：『演義』が語らない異民族との戦い』　坂口和澄 著／本の泉社
『面白いほどよくわかる三国志：英雄・豪傑たちの激闘の軌跡と三国興亡のすべて』
　　阿部幸夫 監修／神保龍太 著／日本文芸社
『徹底図解三国志：カラー版：群雄割拠の時代を駆け抜けた英雄たちの物語』
　　榎本秋 著／新星出版社
『ひと目でわかる！図解三国志』　来村多加史 監修／川浦治明 著／学習研究社
『早わかり三国志：時代の流れが図解でわかる！』　原遥平／日本実業出版社
『読み忘れ三国志』　荒俣宏 著／小学館
『三国志おもしろ意外史：諸葛孔明99の謎』　加来耕三 著／二見書房
『「新訳」三国志：激動・波乱の時代を勝ち抜くための百言百話』　丹羽隼兵 編訳／PHP研究所
『三国志 勝つ条件 敗れる理由』　加来耕三 著／実業之日本社
『歴史地図で読み解く三国志』　武光誠 著／青春出版社
『三国志 将の名言 参謀の名言』　守屋洋 監修／青春出版社
『あらすじで読む三国志』　別冊宝島編集部 編／宝島社
『読切り三国志』　井波律子 著／筑摩書房
『「三国志」のツボがわかる本：いまさら聞けない三国志の権謀術数渦巻く舞台裏』
　　村山孚 著／日本文芸社
『「三国志」の迷宮：儒教への反抗有徳の仮面』　山口久和 著／文藝春秋
『三国志と日本人』　雑喉潤 著／講談社
『真実の中国4000年史：侵略と殺戮』　杉山徹宗 著／祥伝社
『絵解き三国志：どこから読んでも面白い！』　歴史の謎研究会 編／青春出版社
『三国志曼荼羅』　井波律子 著／岩波書店
『三国志演義』　井波律子 著／岩波書店
『三国志新聞：三国時代の激闘をまるごとスクープ』　三国志新聞編纂委員会 編／日本文芸社

【紀行】
『三国志行』　立間祥介 著／潮出版社
『中国三国志巡りの本』　近畿日本ツーリスト
『三国志を行く 諸葛孔明篇』　井波律子、山口直樹 著／新潮社
『三国志の舞台』　渡邉義浩、田中靖彦 著／山川出版社

F-Files No.031

図解　三国志

2011年6月26日　初版発行

著者　　　　　　藤井勝彦（ふじい　かつひこ）

編集　　　　　　新紀元社編集部／堀良江
カバーイラスト　諏訪原寛幸
図版・イラスト　川島健太郎
DTP　　　　　　株式会社明昌堂

発行者　　　　　藤原健二
発行所　　　　　株式会社新紀元社
　　　　　　　　〒101-0054　東京都千代田区神田錦町3-19
　　　　　　　　楠本第3ビル4F
　　　　　　　　TEL：03-3291-0961
　　　　　　　　FAX：03-3291-0963
　　　　　　　　http://www.shinkigensha.co.jp/
　　　　　　　　郵便振替　00110-4-27618

印刷・製本　　　株式会社リーブルテック

ISBN978-4-7753-0916-2
本書記事およびイラストの無断複写・転載を禁じます。
乱丁・落丁はお取り替えいたします。
定価はカバーに表示してあります。
Printed in Japan